U0940402

清华园里的退伍老兵

史宗恺 主编

清華大學出版社
北京

图书在版编目（CIP）数据

清华园里的退伍老兵 / 史宗恺主编 . — 北京：清华大学出版社，2017
ISBN 978-7-302-48298-7

Ⅰ . ①清… Ⅱ . ①史… Ⅲ . ①军人 – 回忆录 – 中国 – 现代 Ⅳ . ① K825.2

中国版本图书馆 CIP 数据核字（2017）第 217330 号

责任编辑：纪海虹
封面设计：王晓丽
责任校对：王荣静
责任印制：杨　艳

出版发行：清华大学出版社
网　　址：http://www.tup.com.cn, http://www.wqbook.com
地　　址：北京清华大学学研大厦 A 座　　邮　　编：100084
社 总 机：010-62770175　　邮　　购：010-62786544
投稿与读者服务：010-62776969, c-service@tup.tsinghua.edu.cn
质量反馈：010-62772015, zhiliang@tup.tsinghua.edu.cn
印 装 者：三河市君旺印务有限公司
经　　销：全国新华书店
开　　本：160mm × 230mm　　印　　张：26.25　　字　　数：384 千字
版　　次：2017 年 11 月第 1 版　　印　　次：2017 年 11 月第 1 次印刷
印　　数：1~2000
定　　价：75.00 元

产品编号：076935-01

【清华园里的】
退伍老兵

清 华 大 学

序言

PREFACE

关于忠诚、勇气、血性和荣誉

史宗恺

一直很期待这本书的出版，现在终于看到了。

清华园里有一群退伍老兵，并且这个队伍在不断扩大着。我有许多机会与他们交流。每次与他们在一起，听他们谈起在部队的各种经历，讲他们的各种故事，我都会很激动，很感动，会从心底里涌起敬意。

老兵们有许多故事。我听过杨淇耀同学讲，他在空军服役期间，被选上参加比武，训练的时候，摔断了腿，但仍坚持继续训练，别人下午就结束训练，而他爬到了半夜，才完成训练科目。李高杰是清华第一批在校生入伍当兵的学生，立了三等功，回到学校后，他确定了要再次从军的志向，申请转为国防生。毕业前一年，他去新疆南疆海拔五千米的哨所实习了几个月。毕业时，他坚决申请到南疆边防部队，后来，成为了原兰州军区的英雄连队——“进藏英雄先遣连”的连长。贾娜是清华在校生入伍的第一位女兵，她在通信站参加比武训练时，打字打到指尖出血，血染红了键盘，而她却全神贯注，浑然不觉。郑玉昆和王超在部队两年的锻炼，是他们人生中的重要经历，是在此之前他们从未有过的经历，一种打铁成钢的经历，也使得他们具有了钢的意志和品质。我想起了吴毅恒在西藏边防海拔五千米哨所站岗的故事；想起袁苏苏万里巡海疆的故事，想起了陈炬写的《士兵日记》；想起了刘新华找我谈他的毕业选择；想起了王晓丽和李振华的传奇爱情故事以及我知道他们没有写出来的、让他们刻骨铭心一生的那些故事，等等。他们的故事启发了我，也鼓励和鼓舞了我，给我一种力量。

我喜欢听他们讲故事。每次在欢迎退伍老兵回来的座谈会上，看着他们标准的军姿，标准的军礼，黝黑的面孔，结实的身体，坚毅的目光，分享他们在部队的经历和收获，我从心底里高兴和开心。每次照例会为同学们安排一顿晚餐，照例要请大家喝酒，在属于军人才有的“干干干”的吼声中，我听到了，我看到了，我深刻地感受到了他们在部队经历锤炼而打造出来的“忠诚、勇气、血性、荣誉”的品质。

军队是一所大学校，这所学校为同学们的成长提供了一类重要的教育资源，这是清华园里没有的教育资源，也是清华园里没有的一种环境，是让同学们可以把自己打铁成钢的环境。

清华的学生，大多是乖乖孩子，从小成绩优异，是被呵护长大的，经常处在一片赞扬声中，很少有机会在一种严酷的环境里经受锻炼。到部队后，没有了来自老师和亲友的呵护，不能靠学习成绩证明自己，而更多地要靠体力、精神和意志，重建自信。这是一个非常艰难的过程。很多同学告诉我，这是一个打碎自己，再重塑的过程，一个锻造自己的过程，其中的艰难困苦可想而知，不少同学参军之前未曾料到会是这样的一个过程。我欣喜地看到，这些同学经受住了各种艰难困苦的考验和锻炼，而有了与在校同学不一样的成长体验，让他们一辈子都不会忘记的经历，他们也因此会一辈子获益。

“忠诚、勇气、血性、荣誉”，是清华的学生在经历了军队这所大学校的锻炼后，展现出的共同品质，它与清华学生“家国情怀”的特质融为一体，渗透着清华“又红又专，全面发展”的培养特色，渗透着“自强不息，厚德载物”的校训对学生品格意志的教育影响。他们退伍回到学校后，把这些品质带到了清华的校园里，在学习、科研和生活中呈现出来，影响着其他的同学。有些退伍老兵担任了国防生班级的辅导员，发挥着重要的作用，也使得“忠诚、勇气、血性、荣誉”成为清华国防教育与人才培养的重要特征。

这些年来，我们设计了一系列的因材施教计划，鼓励学生发展他们的个性，针对他们的不同特点，全过程匹配不同的教育资源。而送学生去当兵实际上也是一种因材施教，我们所要做的，除了他们在部队所进行的锤炼之外，需要进一步为促进这些同学的成长，匹配有针对性的资源。

期待着一批又一批的退伍老兵回到学校，给我们讲更多精彩的故事，在清华的学习、生活中，以及在未来的人生旅途中，给清华的同学们树立起“忠诚、勇气、血性、荣誉”的示范和榜样。

2017年7月，工字厅

目录

CONTENTS

第一章　忠　诚

第二章　勇　气

目录

CONTENTS

第三章 血 性

第四章　荣　誉

第一章　忠诚

忠诚，是人对特定对象真诚无私、尽心竭力的思想觉悟与道德操守。一个忠诚于事业的人，坚守岗位尽职尽责；一个忠诚于理想的人，其心所向虽远必行；一个忠诚于祖国的人，在主动履行使命中展现自身的价值。绝对忠诚，是军人的本色所在。

清华有这么一群人，他们毅然放弃大学校园的自由生活，选择当兵入伍，到“虎狼云集”的军营中去经受血与火的锤炼，便是源自内心对祖国与理想的忠诚。清华大学土木工程系的李高杰与新闻学院的门良杰两次从军铸就无悔人生，只为对火热军营的热爱与向往；新闻学院的贾娜2007年应征入伍，两年后退役返校，主动申请成为一名中国国防生；新闻学院的周浩和法学院的陈熹同是退伍老兵，他们因共同的部队经历走到了一起并喜结良缘，周浩研究生毕业后自愿选择去西部选调，陈熹继续留在北京工作，面对长期异地分居的煎熬，他们执手与共，毫无怨言；自动化系的万一主动选择到野战部队服役，退伍返校后继续在清华园服务学生；法学院的常悦坚守职责，为保卫“战鹰”站岗18小时不曾退缩；“警卫连”新兵精仪系的汪洋孟杰在高寒的乌拉山上平均每天站岗7小时，只以坚强自慰；五道口金融学院的博士生李冲退伍返校后选择国家金融安全作为自己的研究方向，坚持把理想抱负与祖国前途命运结合在一起；航院定向生房圣友曾是扬威的蓝水兵，如今是铸剑的军工人；精仪系的姬存宝回想训练场上流过的血泪，不禁在笔记本上写下“当兵光荣”。

他们主动选择经受磨难，不是不喜欢“小确幸”的幸福，而是无法按捺胸中熊熊燃烧的爱国之心，因此忠诚理想，义无反顾地执着追求。

雪劲亦知松高洁

个/人/简/介

李高杰，男，汉族，中国共产党党员，1987年10月12日生，河南禹州人。清华大学首批义务兵，现任新疆军区某团装甲步兵营副营长。2005年8月考入清华大学土木工程系，同年12月应征入伍，服役于武警8630部队侦察连。服役期间，被评为师优秀共青团员，加入中国共产党，连续两年被评为优秀士兵，荣立个人三等功一次。返校就读期间，转入建设管理系工程管理专业，于2008年被评为奥运会优秀志愿者标兵，曾担任国庆60周年群众游行方阵中队长。2011年6月毕业于建设管理系，自愿二次入伍，到最偏僻荒凉的某机步师工作；2011年6月，任进藏英雄先遣连排长；2011年9月至2012年6月，在边防学院步兵指挥专业学习，被评为全优学员；2012年8月，赴西藏阿里普兰县执行任务。2013年5月任进藏英雄先遣连连长；2013年6月，带领全连赴昆仑山高原驻训演习，2014年10月，带领全连赴帕米尔高原执行边境任务。任连长期间，足迹遍布南疆五地州，连队连续被评为军事训练一级连、基层建设标兵连，2013年9月，荣立个人三等功一次，并于2014年被评为师“十佳连长”。2016年4月任所在营副营长。

每个人的人生追求不同，但无论所处的平台大小，都应当砥砺自我、胸怀崇高，而我，只不过和很多人在不同道路上向着同一个目标前行，我只希望，能和这高原上的雪菊一样，把高寒扛过，把缺氧扛过，然后开出自己的花。

——李高杰

陈毅元帅在《青松》中用“要知松高洁，待到雪化时”来讲经历了风雪荡涤和洗礼之后的青松将更显其高洁本性，而李高杰将这两句诗化为一句，“雪劲亦知松高洁”，即便在风雪之中，青松也要铮铮傲骨，高洁如初，这句诗写在他的笔记本上，这正是他军旅生涯的真实写照。

初入行伍，渐露锋芒

2005年8月，李高杰走入了清华园，成为河南省禹州市郭连镇几十年来第一个考上清华大学的农村娃。进入清华的时候，他是抱着“读书改变命运”的坚定信念来的。而事实正是如此，作为一名身处清华重点院系的学生，如果不出意外，光明灿烂的前景对于他来说触手可及。然而一切奋发向上的“有为之法”，很快都被李高杰视为梦幻泡影。就在入学3个月后的一天中午，学校主干道上的一条横幅改变了他的人生轨迹——2005年11月，国家出台了面向高校学生招收新兵的规定，当他骑着自行车，倏然晃过“依法服兵役是每个公民应尽的神圣义务”的征兵条幅时，尽管漫不经心，但眼角余光滑过的刹那已经让他热血沸腾，“服兵役？几个意思！”

心里满是激动的李高杰猛然间一个掉头，直接冲向了征兵咨询台。充分了解情况后，他直接报了名，就这样，偌大的报名征集表上终于有了第一个名字。征兵负责人本着负责的态度让他再考虑考虑，他却说，“我父亲曾经是军人，从小我就想当兵。”“家里人不同意？怎么会，从小到大我都处于自由生长状态，我自己的事情都是自己做主，家里人从来不干预我。”看着这个小伙子一脸的认真，负责人将体检政审表提前给了他，入伍的过程十分顺利，正如他自己所说的那样，当听到他即将入伍的消息后，开明淳朴的父母只有“好好干”三个字。

初到部队，带着清华的光环，李高杰一时成为连队里的风云人物。然而，李高杰平时在班里训练、做事却有点马马虎虎，刚下连队的时候没少挨班长训，这多少让他有点下不来台，慢慢地李高杰心里对班长产生了埋怨。“班长天天盯着我一个人，干这干那，工作干得比较多，训练上要求也比较严，而平时的表扬却给得很少。因为当时年龄还小，时间长了就形成了一种逆反心理。”一天，班长因为一个漏扫的蜘蛛网狠狠地批评了他，这让当时心高气傲的他有些受不了，几个月积累下来的对班长的不满瞬间爆发，最终言语冲突升级成了一场打斗。一场冲突之后李高杰在连队里更出“名”了，然而这个“名”却让他不堪重负，走到哪里都是议论纷纷，言语之间充满了讥讽和不解。这些都被李高杰看在眼里，半夜他辗转反侧，难以入眠，难道要因为自己不恰当的行为让学校的名声、自己的声誉都毁于一旦吗？他悄悄地叫醒了班长，两个人在操场上聊了一夜，误会解开了，李高杰如释重负，从此李高杰开始变得谦逊，无论是在训练还是在生活中，做事都认真起来。他明白，只有干出成绩，才能赢得战友们的真正尊重，而班长对他要求严，是为了他好。

李高杰开始真正地融入部队的生活、学习、训练，他越来越有归属感。“夏天穿着防化服，顶着超过40℃的高温进行防护训练，怕中暑天天喝藿香正气水；当侦察兵，每天做几十个前扑、后扑、侧摔，累得腰都直不起来。”2007年1月，寒风凛冽，部队组织100公里徒步拉练，作为连队的擎旗手，李高杰一直举着旗子走在队伍前面。行至中途，他已是手臂发酸，满脚血泡。战友们劝他去坐收容车，但他没有答应，愣是咬牙走完了全程。

在武警天津某部服役的两年中李高杰入了党，连续两年被评为“优秀士兵”，荣立三等功一次，在部队的日子里，他变黑了，也更壮实了。

二次入伍，再回军营

退伍重返清华后，紧张的学习确实很快便填充了李高杰的生活，但他心里仍然对部队充满了眷恋。为了给自己一个安慰，他把手机铃声设置为“军营集合号”，将军功章摆在床头，“作为永久告别军营的纪念”。

清华大学“奥运会志愿者”军训负责人、国庆60周年大学生方阵分队长、二等奖学金……李高杰退伍后的大学生活异彩纷呈。

然而，李高杰还是忘不了部队，他甚至想要到最艰苦的部队去看看，看看那些地方到底是什么样子的，那里的兵又是什么样的兵。说干就干，于是，2010年暑假，李高杰通过陈忠怀老师联系到了新疆军区和田军分区的政委杨小康，然后就直接来到了和田。到了之后，组干科长就把他安排到了部队大院的机务站。

李高杰心想，机务站可不是体验边防官兵生活的地方，“不安排我去，我就自己找！”千方百计打听之后，李高杰才知道，从机务站到边防团，道路情况很差，交通也不发达，坐大巴要一整天的时间，那单程的车费就得60多元，可是当时的李高杰身上压根凑不出来那60元的车费。不过他可不信邪，“虽然身上没钱，但我可以挣啊！”

他就来到一个工地上，扛水泥、运沙子、搬砖头……所有杂活累活他都干下来，每天干活14个小时，李高杰这个来自最高学府的大学生，愣是在这个人生地不熟的工地上埋头干了6天，挣到了500元钱。

有了车费，他请军分区的组干科长帮他联系了边防团，然后就一个人坐着大巴去报到了。没想到他坐了十几个小时找到的还是山下的连队，依然不是山上的边防连。后来，边防团政委宗建民到连队视察，看到了这个主动要到最艰苦的部队体验的年轻人，听说了他的情况之后，就问了问他的情况，他说：“体验生活不去山上边防连，那你还体验个啥！”“我就是想去边防

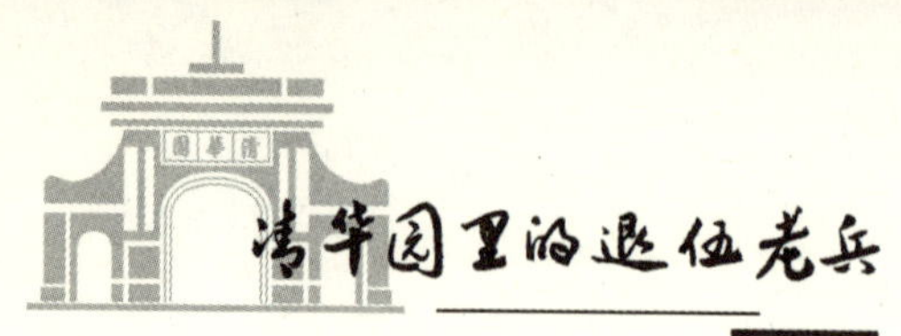

连，可是我不知道怎么去！”宋建民说：“明天刚好有车上去，你可以跟着去！”

一波三折，李高杰终于来到了某边防哨所体验生活，与边防官兵“零距离”接触了一个月。就是这一个月，再一次改变了他的人生轨道。

在海拔5390米的西北边防哨所，李高杰爬雪山、翻达坂，第一次亲身体验边防官兵的艰苦生活，经历的这一切都让他心生敬意。回忆那一个月，李高杰说，苦和苦还是不一样的，尽管自己当兵时吃过不少苦，但边防官兵的苦仍然超出了他的想象：没有电视和网络、高寒缺氧、头疼得要命、紫外线强、饮用水矿物质超标几百倍，身体机能的损耗甚至使连队一些“90后”战士都被环境折磨得早早脱发……李高杰曾连续半个月没有洗漱，因为生活用水是从20多公里外的冰河里取回来的，冰冷彻骨。“记忆最深刻的，就是每天中午午饭过后，这里就是10级以上的大风。”

这里条件的艰苦和四周壮阔的荒凉让李高杰久久不能平静。而边防官兵对知识的渴望、军队信息化建设对边防一线高层次人才的需求更引发了李高杰长久的思索，让他觉得这里正是建功立业的好地方。回到北京后，已成为大学四年级学生、即将面临就业或继续深造等选择的李高杰，又做出了令人震惊的选择：申请转为国防生，再次入伍。为表明决心的强烈，他还特意加上了一句：“毕业时，请把我分到最艰苦的一线部队。”

“大家都听过放羊娃的故事”，李高杰解释着自己的初衷。为什么放羊？娶媳妇。为什么娶媳妇？生娃。为什么生娃？放羊。“现在很多人不也是这样吗？读书，考好大学，找好工作，再让下一代重复这样的生活”，李高杰有自己对于人生价值的解读，是谋求个人事业的成功、给家人生活带来改善、齐享天伦之乐更重要，还是充实边防高层次人才需求、默默为无数家庭守望安宁、必要时挺身而出更重要？他说：“这个故事大家应该都听过，其实人生真正的意义是啥，都是我们需要思考的。”“每个人的不同选择都值得尊重，但请相信，我不是逞匹夫之勇，而是经过了慎重考虑。”

2011年7月18日，作为总部唯一一名特批的大学四年级国防生，李高杰重新穿上绿军装，如愿走进了喀喇昆仑山脚下的军营，走进边防哨所，成为新疆军区某师进藏英雄先遣连的一名基层排长。

建功边疆，青春无悔

千里边关，巍巍昆仑。广阔天地在面前铺就，初到岗位的李高杰再一次面临选择。

来到新疆军区后，上级机关考虑到李高杰毕业于土木工程专业，准备安排他去总部后勤院校进修，专业对口，正好能让他发挥在清华所学专业特长，而且对于李高杰来到的这片艰苦地区来说，后勤部门是受外界条件影响最小的单位，对新排长来说，能到机关工作实属难得。然而，矢志边防的李高杰婉言谢绝了去后勤院校的机会，强烈申请到西安边防学院接受任职培训，“当一名指挥员才是我真正想要的”。领导看他态度坚决，又将计划追回来，专门为他做了调整，终于，他走进了位于西安的中国人民解放军边防学院，为成为一名优秀的边防指挥员打基础。这第三次选择，同样无悔。

“晴天一身土，雨天一身泥。”作为全军唯一一所培养边防指挥人才的专业院校，边防学院对学员体能、军事指挥能力、理论水平、政治素养的培训更是高于部队标准，“确定下来的训练课程，就是天上下刀子也不会更改”，边防学院第三学员大队政委王波说。李高杰和其他学员在地形复杂陌生的山区中，共同接受着红蓝模拟对抗、野外生存训练、战术演练，“作为未来的指挥员，走、打、吃、住、藏必须样样精通”。

在中国人民解放军边防学院，李高杰默默承受着严格的训练，文武兼修，很快便成长为模拟连的骨干，并在2011年底被评为全院200余国防生中唯一一名“全面发展先进个人”，用出色的成绩证明了自己。在即将重返边关之时，李高杰没有对未来的忧虑，也没有盲目的乐观，他说：“真正漫长而艰辛的考验才刚刚开始。”

任职培训结束后，李高杰直接跟着团队到高原驻训，苦练的劲头依旧不减。为了练好装甲车快速精确瞄准射击，他一有空便耗在车上练动作，有时候实在练得不耐烦了，便围着装甲车转几圈，然后接着练。他练得认真、练得刻苦，练不好不罢休，因此战友们称他为“拼命三郎”——“拼命学习为荣誉，拼命工作为责任，拼命训练为打赢。”正是凭借这样的劲头，李高杰很快在排长中脱颖而出，2013年6月，李高杰被军区特批，破格提拔为进藏英雄先遣连第25任连长。

上任连长之后，李高杰全身心投入到连队建设中，热烈而赤诚。

在连队建设上，他为了提高团队的凝聚力不遗余力。他所在连队有很多少数民族战士，他们中很多人汉语水平很差，为了提高他们的汉语水平，李高杰利用自己的优势，在军营里开起了汉语补习班，把全连汉语水平较低的战士们召集到一起学习汉语。同时自己加班加点，了解少数民族的风俗习惯，学习维吾尔族语，以融入到战士们的生活中去。

在连队作风上，他更是不断给自己加码。平时训练的时候，值班员下口令，他就跟着一起入列，“该训练训练，该爬的爬”，战士们说，“连长好几次手都划烂了，还继续爬。”他就这样和战士训在一起，然而，战士们长期以来一直训练的科目，他练过的却比较少，他就利用别的时间加班加点地练。军姿训练三天下来，因为天气寒冷，李高杰的脚底板冻了、裂了，裂的口子就像被刀割了一样；冰天雪地里爬战术，李高杰一边讲，一边卧倒，有不会的就对着教科书边爬边学，他在雪地里爬，爬上十几分钟“身体一热，雪一化，衣服上就全是泥巴”；有一年冬天，连队所在团组织野外训练，全团统一以连为单位携带帐篷、火炉，用来在夜间防寒保暖。原本在高原野外条件已经非常艰苦，李高杰却觉得还不够，“我们既然选择来干这个，就得去经受最严酷的考验”，他的连队放弃了领取帐篷火炉，到了晚上，他们就在车的侧面，把车篷布斜拉到地面，搭成一个个“车体帐篷”，他和战士们就睡在车上，睡在雪窝里。通过这样的方式，他自己，和他带领着的连队成为高原上真正的不畏艰险、不怕牺牲的边疆卫士。

这位众人眼中的“拼命三郎”，为荣誉而拼，为打赢而拼，为青春无悔而拼。他用高标准严要求为自己拼出了一片天，拼出了青春无悔。

奉献青春、建功边疆、圆梦军旅，李高杰让自己的青春在这片苍凉的土地上熠熠生辉，却也让自己远离了家人。一年只能回一次家，一次只能待上半个月，连自己的儿子出生时，他都没能陪在妻子身边。他心里有思念吗？当然有。他后悔吗？绝不！

在喀喇昆仑山海拔2600米以上地区，长年生长着一种名为雪菊的植物。每年8月，在裸露苍茫的高寒山地间，它会傲娇地开出鲜黄的小花，一簇簇、一团团，将生命的亮色张扬得分外饱满而热烈，令人惊叹，让人感动。

李高杰说：“每个人的人生追求不同，但无论所处的平台大小，都应当砥砺自我、胸怀崇高，而我，只不过和很多人在不同道路上向着同一个目标前行”“我只希望能和这雪菊一样，把高寒扛过，把缺氧扛过，然后开出自己的花。”

参军入伍是一个正确且关键的选择

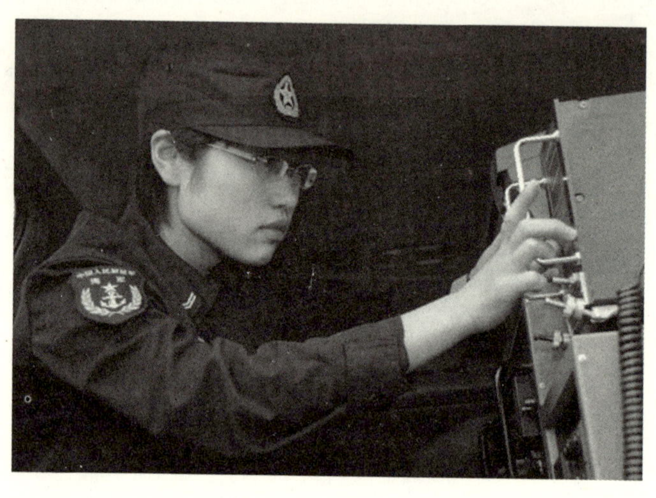

个/人/简/介

贾娜，女，汉族，中国共产党党员，1986年12月出生，山西永济人。2013年毕业于清华大学新闻与传播学院，现工作于中国人民解放军战略支援部队。2007年参军入伍，服役期间，荣立个人三等功一次；被评为军事优等个人两次；获嘉奖4次；被评为岗位成才标兵一次。在校期间，曾获得人民网奖学金，先后被评为2009年中国大学生年度人物、2010年中国大学生自强之星、清华大学“一二·九辅导员”。担任新法1班思想政治辅导员、新闻与传播学院党建辅导员和心理辅导员。

在宝贵的青春岁月里，我选择参军，选择转为国防生成为一名后备军官，选择毕业后加入中国人民解放军。在我将步入中年时，我希望自己依然能够保持大学时的那份勇敢、坚定，在关键时刻做出正确选择。

——贾娜

随着年龄的增长，人总是爱回忆往事、重温旧梦。距离我大学参军入伍已经十年之久，我也从“清华第一女兵”变成了一名妻子、一位母亲。身份角色更加多元，但我依旧是一名军人，对军队爱得深沉。

此刻的福州，阴雨绵绵，看着办公桌前自己在清华参军入伍的照片，思绪又飘回到2007年10月份，想起了参军入伍时的坚定、部队生活的艰辛、异于常人的坚持、退伍离别时的惆怅……

参军入伍不需要理由

在入伍前，我和大多数清华女生一样，每天奔波于教学楼和图书馆之间。喜欢漂亮的衣服和时尚的装扮，同时丝毫不放松专业知识的学习。我的梦想是做一名像杨澜、柴静那样美丽大方、秀外慧中的才女记者。

但命运的车轮没有按照预定的轨道前进。有一天骑车经过校园主干道，我看到红色横幅上有几个醒目的大字——2007年大学生应征入伍报名通知。只是一刹那，我告诉自己：“贾娜，也许你可以去试试。”

报名、体检、政审，一切都忙完后，我才将当兵的消息通知给亲朋好友。意料之中，很快我的手机就被打爆。无一例外，抛过来的第一个问题都是：“为什么要去当兵？”

当时，关于我当兵的原因有很多种说法。家乡的朋友认为我因为家庭经济条件不好，当兵是为了减轻家里的经济压力。也有人认为我是因为成绩太差，为了保研才入伍。当然，还有人认为我是为了出名，毕竟作为清华第一位参军入伍的女学生媒体采访扑面而来。转眼间，我从一位极其普通的学生变成了为人称道的“清华第一女兵”。

入新兵连不久，网上开始盛传一句话——“清华女生当兵原是为减肥。”因为此说法更具娱乐性，所以传播的速度也最快。在我给家里打电话时，哥哥很生气地说：“你用女孩子最美好的两年时光来当兵，为了减肥值吗？”闻此我真是哭笑不得。

既然以上说法都不成立，大家不禁要问，那你到底为什么来当兵？不可能没有理由。说实话，没有为什么！当时的我仅仅出于年轻人的猎奇心理，部队对我来说是神秘的，我想去体验一种全新的生活方式，丰富自己的人生经历。

现实开不出想象的花朵

入伍前，我想象中的军旅生涯是既艰苦又有趣，既激烈又神圣。夏天，骄阳似火，我们大汗淋漓地进行各项高难度的体能训练；冬天，寒风凛冽，大雪弥漫中仍旧有我们傲然屹立的身姿。三个月新兵连结束后，部队会考虑我的新闻特长，把我分配到某个宣传部门做个小记者。这样就有机会去孤山野岛和远海高空，生活一定是既新鲜刺激又充满乐趣的。

但很快，美梦就破灭了。入伍第一天，心爱的披肩长发被班长一下剪成了齐耳短发。第二天一大早，我因被子叠得不好受到批评。接下来的每天都在战战兢兢中度过，生活的全部内容就是叠被子、打扫卫生、训练队列，做任何事情都要向班长打报告。每周写1封信，打5分钟电话，吃1次零食，同年兵之间平时不允许说笑聊天，而且经常听到诸如“清华大学生了不起吗”之类的话。心理上最大的落差，是那双原本用来写文章的双手，现在却用来叠被子和扫地、洗碗；原本充实而又丰富多彩的大学生活，现在却被单调、乏味又似乎没什么价值的基础劳动而取代。

虽然早已做好了身体上吃苦的准备，可心理上的压抑却是真正的始料未及。

为了不让家里人担心，我每次打电话还是会调整好心态，说些“一切都很好，不用担心”等安慰的话，一挂上话筒就忍不住失声痛哭起来。但军队里从来都不同情弱者。班长的口头禅就是“哭有啥用！部队里最不值钱的就是眼泪！”我只好继续忍着，晚上躲在被窝里偷偷哭，又不敢发出声音。那时最大的愿望就是时间过得快一点、再快一点，早点退伍，早点离开部队这个“鬼”地方。

初入军营，美好的幻想被现实无情地浇了一瓢冷水，我想我是有点儿后悔了。

一本书带来的改变

3个月新兵连生活结束后，我被分配到海军东海舰队航空兵某通信站学习报务专业。这和我想进入宣传部门的初衷相去甚远，于是更加心灰意冷。就在这时，同学给我寄来几本书，其中一本是《士兵突击》。收到书后，刚看完第一章，我就被许三多这个人物形象深深吸引住了。接下来的一天做什么事情都是心猿意马，一心只想着书中情节。终于听到熄灯哨，赶紧钻到被窝里看书，一口气读完全书时已经是凌晨4点。

安静的宿舍里可以听到战友们均匀的呼吸，偶尔夹杂有打鼾声，但此时的我却异常的清醒和兴奋。许三多，他似乎就站在我面前。他的坚韧、他的隐忍和单纯都深深地震撼了我。联想到我入伍以来的生活，第一次意识到也许问题不在于部队这个环境，自己的态度才是最关键的。3个月，除了抱怨和抵触，我还做了什么？又收获了什么？我来部队又是为了什么？

是的，既然来了，就不能虚度两年时光。与其消极颓废，无奈地品尝失败的苦涩，何不尝试着转变态度，积极适应部队的生活。

媒体的关注、清华的光环造成的压力，再加上骨子里天生的好胜心，都促使我打起精神，转变心态，重新投入到部队生活之中。

首先是学习业务。报务员第一步是定位，经常一坐就六七个小时，每次练习结束，双腿麻木、腰酸背痛是唯一的感觉。因此，有些战友支持不住，经常趁班长不注意将手搭在键盘上休息，但我从没偷过一次懒。后来练习击键，为了培养手感，班长说击键一定要重。很快我的10根手指全被击破，键盘上滴满了血自己却毫无知觉。再后来练习五笔打字，为了熟悉字母键分工，晚上熄灯后我会打着手电筒钻在被窝里摸键盘，好几次不知不觉就抱着键盘睡着了。课后练习五笔拆字，班长规定一天拆一页共80字左右，我一般都要拆两页以上。

不管怎样，业务学习毕竟是单纯的个人行为，我只要把在清华学习的精神搬过来即可。对于我，最难的还是过生活关。

刚来时，连里新老兵都有意避着我，同年兵也不大愿意和我聊天儿。我知道大家是把我当作“异类”了。但我不能对着所有人大喊：“我不是你们想象中的那样！我想和每个人成为好朋友。”要想改变这种处境，我必须“先下手为强”。因此，打扫卫生时，刷厕所的活一般都被我抢先去做；帮厨时，什么活大家都不愿干我就上。

我们全连只有二楼洗手间有一个热水器，而大家都住在四楼。冬天天气很冷，就只能用热水瓶打了热水提到四楼洗漱用。于是我每天早上4点半起床，把全连的热水打好。5点半以后当战友们陆续起床时，已经可以看到四楼走廊里摆放整齐的50多个热水瓶。而且，平时有战友需要帮忙我都是有求必应，不久就被冠以“大妈”的称号，以“特别能吃苦、特别能干活”而著称。

时间长了，大家对我的为人有了了解，不少人主动找我聊天儿，说以前觉得大学生心高气傲不好接近，没想到生活中的我却像“大姐姐一样善解人意”。与此同时，我在业务上的优势也日益显露。很快就在一次集中考核中脱颖而出，取得了第一名的成绩，第一个达到新兵跟班的要求。跟班后又再接再厉，第一批考出工作代号，并可独立担负值班。年终评比，因为各方面表现突出，我荣立了三等功，是中队有史以来第一个荣立三等功的义务兵。

义务兵也能带集训班

都说部队里只有新兵最辛苦，到了第二年就可以“舒舒服服得当老兵”。但对于我，如果说第一年是在储存能量，那么第二年才算得上真正的释放和起飞。

2009年3月，14名新同志被分配到我们通信站。按照连队惯例，初学业务都要集中训练两个月。因为这两个月是打基础和适应连队生活最重要的时期，所以历来领导都会选择经验丰富、业务突出的第五年兵当集训班班长。考虑到我的文化水平和平时的为人处世能力，领导决定让我作为副班长来带那一年的集训班。而我也有幸成为连队历史上第一个带集训班的义务兵。

记得当时有新兵说，“贾班长生活中是只温柔的猫，工作中却变成了凶狠的老虎”。的确，我对新兵们在工作上的要求几乎到了苛刻的地步。我要求她们工作态度必须严谨认真，平时必须进行大量的重复性训练。

俗话说“三个女人一台戏”，一个女兵连50多个女孩子，生活中难免有磕磕绊绊闹别扭的时候，但只要有一颗宽容大度的心，遇到问题时站在对方角度考虑，想动怒时告诉自己先冷静5分钟，就能产生“化干戈为玉帛”的效果。因为初入军营，各方面有待适应，又要学习新的专业，新兵普遍压力较大。为此，我提出“好事减压法”，建议每人每天帮同年兵做一件好事，便可从中获得巨大的快乐和满足。第二天，就有一名新同志找到我，兴奋地说：“班长，谢谢你！”摸不着头脑的我很奇怪，她继续笑着说：“班长，我刚刚把所有同年兵的迷彩鞋晾到楼底去了，现在我感觉很开心。”慢慢的，更多的新同志向我表达她们做好事后的愉悦心情。

部队里的新老兵关系是个敏感话题，我不赞成完全的平等，更不同意绝对的等级，而是强调平等基础上的尊重。新同志尊重老同志，但这尊重绝不是巴结和讨好，而是尊敬。

作为班长，打扫卫生、帮厨、打水等我都和大家一起干，休息时和她们围坐在一起讲笑话、聊天儿。为此有些老班长私底下不无担心：“这样带兵她们怎么会怕你？那还管得住吗？”我说：“带兵不是管兵，更不是让兵怕我，只要她们服我就够了。”

两个月集训班结束考试，14个人的成绩全部合格，而且平均速度比去年同期提高了7~8组。班长们也惊讶：“原来这样也能带好兵！”并将此归结为“贾娜快乐训兵法”。

身体力行带动战友

集训班结束后，我回台位值班，开始每天的上下班生活。我发现身边的班长们为了打发时间，闲暇时间几乎都用来绣十字绣。由于工作性质的关系，我们上班时都是坐着，这倒好，下班后又一坐几个小时。所以不少战友年纪轻轻就得了颈椎病。我想，也许可以鼓励大家干点别的。

于是，我去阅览室借了几本名著和励志类书籍，然后在聊天儿时给她们讲其中的故事，尽量将内容描述得精彩纷呈、趣味横生。不出意料，听完故事大家都抢着问“你从哪里看到的啊”，我就将书名道出。遇到有借书意向的立马顺水推舟地搬出“阅览室”三个字。此后，无人问津的阅览室变得“门庭若市”了。

有的战友想学计算机，我就主动找到她说：“我买了一本关于计算机操作的书，但一个人学没意思，我们一起学好不好？”对方自然乐意。于是两人相约去电脑房，从最基本的WORD、EXCEL、PPT到比较高端的电脑配置、改装等，我们都是在叽叽喳喳的讨论中一步步攻克，最终，我自己也有了不少长进，而且逐渐形成了一种风气，陆续有战友找我借书。后来我又用节余的津贴费买了几本，现在还放在我们的电脑房里。

攻读硕士学位，二次入伍

部队两年的时光匆匆而逝，退伍季来临前，

徒弟问我：“师傅，你舍得离开这里吗？”

班长问我：“回到美丽的大学校园，还会怀念部队吗？”

领导问我：“贾娜，有没有想过留下来继续为部队作贡献？”

我当时的回答是：无论走到哪里，两年军旅生涯都是我人生中最美好的回忆。我舍不得离开部队，只是现在需要回到学校完成未竟的学业。学到更多的知识和技能后，我会再回来。

我没有食言，我真的回来了。在2011年6月份，临近本科毕业时，我提交转成国防生的申请，在研究生阶段成为了一名国防生。如果说大学入伍时，我仅仅是因为想丰富自己的人生体验，那么选择二次入伍，就纯粹是因为军人情结，两年的部队生活让我真切地感受到了军营的魅力。士兵们对军人身份的强烈认同、对艰难困苦的无所畏惧、对使命责任的无比忠诚，都深深地感染了我，吸引了我。

2011年8月，我被保送成为本校本院的研究生，同时转为国防生，并担任新闻和法学专业国防班的辅导员。

我记得带班没多久，班上的一位学生就出现了迷茫、焦虑的状况，当时我和他聊天时，告诉他：当你迷茫不知所措时，一定不要停滞不前，你去做两件事，绝对不会错——健身和阅读。这也是我在大学阶段一直努力坚持的事情，我从中受益颇多，也想让我的学生们能够感受到体育锻炼和阅读带来的改变。

在带班的阶段，我继续着自己研究生的学业，深入研究国内外局势、学习舆论战经典案例、了解新型作战模式、去解放军报社和人民日报社实习、实践，带领国防生们学习军事理论、训练军事技能。

生活忙碌且充实，但目标异常坚定。

成为一名后备军官，一切都是为了再次回到军队而储备能量。

平淡充实的当下

如今的我，作为一名中国人民解放军现役女军官，已经在部队内的网络新媒体部门工作了3年多。3年多的时间里，我结识了现在的爱人，组建了自己的小家庭，养育了一个天使宝宝。与此同时，我对国家和军队的感情、对军人身份的认同、对新型战争的认识却愈发深刻。

随着高科技的日新月异，未来战争与传统战争会迥然不同。软实力的传播影响、网络战场的隐蔽斗争、高新武器的精准打击、跨领域的联合作战等，都对我们这个时代的军人提出更高的要求。

虽然已年过而立，又担负着养育子女和经营家庭的任务，但我感觉自己对军人这份职业的责任感和紧迫感更加重了。也许，正是因为母亲这个全新

的角色，让我对战争更加回避、对和平愈发珍惜。我比以往任何时候都希望祖国强盛不衰、社会清明和谐、国土庄严安宁，因为我希望我的女儿以及我们的下一代都在如此的环境中成长、发展。

我相信，军人最大的成功不是能杀敌无数，而是有能力去阻止战争、遏制战争。

所以，我投入更大精力来研究新型战争和心理战谋略。我是一个传统的中国女性，相夫教子占用了我很多时间和精力。但我同时又是一名接受过清华大学最前沿教育的硕士生，我也是一名肩扛责任和使命的新时代军人，这就意味着我要以更高的效率、更辛苦的付出来平衡多个角色之间的关系。

为了能够下班后全心全意陪伴女儿，我必须竭尽所能把所有工作任务在上班的8小时内完成。为了保持充沛的体力和昂扬的精神面貌，我坚持每周高强度锻炼3~5次。为了把有限的时间用来做更多的事情，我几乎屏蔽了逛街、闲聊、无意义的网络浏览等诸多可有可无的娱乐项目。为了保持头脑的灵敏和思想的前沿，我坚持每周读书1~2本。

于是，我在喂奶的时候阅读，在哄娃睡觉以后去健身，在别人看手机聊天的时候搞研究写论文。此外，我还做了大量的实地采访和一线调研。

是的，当妈妈以后的我工作效率更高、身体更加健康、自控能力也更强。

10年前，我选择在大学期间参军入伍。10年后，我依然认为当初的选择正确且关键。

这个选择改变了我的人生轨迹，让我有幸进入中国人民解放军这个神圣的组织。这个选择也重塑了我的人生观和价值观，让我懂得如何去守护家与国。这个选择赋予了我自信和能量，让我拥有了对抗挫折和解决问题的力量。

我今年31岁，未来还有很多变数，亦会有新的选择。无论如何，我都会不忘初心、砥砺前行。

我愿做扎根西北的马兰花

个/人/简/介

周浩，男，汉族，中国共产党党员，1987年6月28日生，安徽蒙城人。2005年考入清华大学，2013年毕业于清华大学新闻与传播学院，现工作于宁夏石嘴山市平罗县，在脱贫攻坚一线担任乡镇党委书记。2007年参军入伍，服役期间，获得优秀士兵称号两次、荣立三等功一次。在校期间担任国防生辅导员，先后获得“好读书”奖学金、研究生国家奖学金、“一二·九”优秀辅导员等。

金色韶华，有如一方印章的刻画，生命中从此有了当兵的历史。从象牙塔到砺剑园，从南国风物到黄土高坡，离开了军营，才理解军营的意义，感谢我的军旅岁月，它是我心灵深处永不消逝的涛声。

——周浩

“当兵后悔两年，不当兵后悔一辈子。”对于很多人来说，这句话可能只是一句宣传口号；可对于我来讲，却是一段实实在在的经历，一种发自内心的认同。

记得那是2007年的征兵宣讲会，当时还在读大三的我第一次听到这句话便深受感染，伴随着这句话，要当兵的想法深深地印到了我的心坎里。“我要去当兵！”几乎在第一时间，我就做了这个决定。

但没想到的是，出发的命令来得太突然。当时我正在上课，收到准备出发的通知后，只得匆忙间收拾行装赶往火车站。第一天还在清华的课堂，第二天便到了大山深处的军营，这种转换让我感到不适应。刚进部队的当晚，我就被班长拉去剃成了光头，开始体会艺术里的部队和生活里的军营。在部队的两年里，入伍不再是一个口号，我从跑步拖全班的后腿、体能不达标开始，每一分钟都变成了具体的行动：每天4点起床叠被子、饭前扯嗓高歌、早八晚五的训练、每晚就寝前的班务会……虽然入伍确实圆了儿时的军营梦，但毕竟在学校待久了，习惯了四体不勤、五谷不分的生活，我感觉自己与新兵连有些格格不入。现在追忆起那段岁月，我的心情仍然有些沮丧，沮丧于自己对于环境没有预想中的适应，沮丧于自己高估了自身的应变能力。为了排遣内心的苦闷，当时我常常给老师和要好的同学写信，他们都鼓励我咬紧牙关坚持下去。我用了一个多月，到了2008年春节前后，我已经彻底适应了部队的生活，变成了普通一兵。后来我下连队，被分配学习无线电专业，面对新的挑战，我投入得几乎忘记了自己，很快就啃完了5本专业教程，能够默画近百个电路图、熟记近千个电子元件。3个月后，我成为全旅唯一能独立操作实装的义务兵。在部队期间，我先后做了报道员、摄像员、电子对抗兵、副班长、政治教员、电子对抗专业教员等。为了奔赴西北

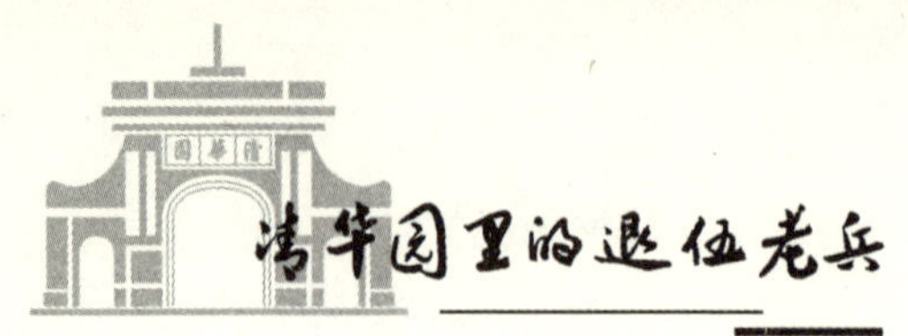

戈壁参加联合演训，我放弃了参加国庆60周年阅兵的机会，作为演训分队负责人，带领5名战士顺利完成了多项作战任务，荣立三等功。我想，在部队这种强压的生存环境下，谁能迅速转变顶住压力，敢于直面遇到的困境，就能赢得他人的尊重。幸运的是，我坚持做到了。从最初的格格不入到适应部队的一切，再到后来的融入、离别时的不舍与离别后的感激，都让我愈加坚信，人的潜力是无限的，越是艰苦的环境越是考验一个人的意志力与经受压力时的弹性。

回到学校后，我担任了国防生辅导员，用自己在部队练就的素质带领国防生这群准军官走在通向军旅的路上。因为习惯，我第一次带他们开展体能训练时就亲自带队跑5公里，后来班里有同学私下跟我说，看着我在前面奔跑时的身影，不少人都对我竖起大拇指，暗下决心要跑得比我更快。这种担任辅导员的日子从2010年夏天一直延伸至2013年夏天我和他们一起走出校园。他们中有的人在南疆，有的人在北国，有的人投身军营驻守戈壁深处，也有人走上军舰远航蔚蓝大海，他们的选择和成长是我永远的骄傲。

2013年5月的一个周末，校园原创话剧《马兰花开》在清华大学新学堂演出，我和大部分观看话剧的同学一样，感动得流下了泪水，邓稼先埋名戈壁28年的生活就像入水的石子，在我心里掀起了阵阵涟漪，让我坚定了跋涉于现实和理想之间的步伐：如果一个人不能将自己融入时代，融入国家和民族的历史进程，他的人生价值将会打折扣。我决心到西部去寻找“大同爰跻，祖国以光”的人生梦想。2013年8月，我告别生活学习了8年的清华园，来到了平罗县。

平罗县位于银川以北的贺兰山与黄河之间，是石嘴山市唯一的下辖县，而我所在的红崖子乡是全县最偏远的乡镇，距离县城65公里，与内蒙古有40多公里的边界线。到红崖子乡工作，我只有两个想法：一个是为官一任造福一方；一个是带领群众脱贫走上小康的路子。这个深处沙漠的偏远乡镇担负着全市70%的脱贫攻坚任务，尽管物质条件差、基础设施落后，工作和生活也很清苦，但是一想到自己能够带领全乡近2万群众搞脱贫，我就发自内心地觉得充实，就会很有幸福感和成就感。

但生活毕竟不是纸上的图画只有意境和意象，它需要来得柴米油盐、来得琐碎具体。初来西北，气候不适、语言不通，工作上也遇到了不少的阻碍，一度让人感到失落，加上与父母妻子聚少离多，难免会有些磕磕绊绊。我妻子陈熹是法学院六字班的师妹，她比我晚一年入伍，在部队服役时是名话务员。我记得她曾跟我讲，当过兵的女生基本上就只看得上兵哥哥，她很喜欢我身上的军人气质。硕士毕业前，我把选调宁夏的想法跟她说了，没想到她很坚定地支持我。在出发去宁夏前，我们一起去民政局领取了结婚证。2013年8月12日下午陈熹送我到北京西站，去往宁夏的火车汽笛一响，我扭头看到窗外的她已经泪流满面，我的眼泪也哗的一下落了下来。后来陈熹说她一共就见我哭过3次，这算是其中一次。两个人都在学校时，有些矛盾见一面就可以解决，但是一旦异地生活，而且从事不同的工作，两个人就很难生活在一根轴线上。有时候我忙，有时候她忙，交流变得少了起来。后来陈熹受公司委派去广东长期出差，我也因为工作忙很长一段时间没有联系她，她打了很多次电话我也以工作忙为由就匆匆挂断，后来感觉挺伤她的心。直到有段时间我突然觉得很安静，她开始不接我的电话，我感觉这次可能真的让她伤心了，不等假期便一路跑到广东，飞机、火车、长途汽车、出租车、公交车全都坐了一遍，一天一夜的时间，我终于到了陈熹所在的那家工厂，她很感动，原谅了我。我对她说，其实我心里很在乎她，但是确实因为疏忽，没能好好关心她和家庭。那几天连同整个中秋假期我都在那个小镇里陪她，跟她一起吃当地的美食，陪她一起跟同事玩耍，弥合了我们之间的情感间隙。经过这几年的磨合，即便现在仍相隔千里，但我们已能够各自为了事业和家庭而认真执着地奋斗，每天打电话、每天视频聊家长里短、聊事业工作，这种温馨的理解和沟通，让我们一起度过了许多困难。

2014年11月，我父亲患癌症住院，整整几个月，我因为工作繁忙陪在床边的时间都很短，直到父亲去世后很久我仍对此心存歉疚，我的孤独感和对妻子、父母的亏欠感也伴随着这些事情开始变得很强烈，时常会有想多陪伴他们而不能做到的无奈感和无力感，对于一个人抛妻离子在外奔波的生活也逐渐变得动摇起来。曾经有几次我和陈熹提起想把她和我妈都接到宁夏来和我一起生活，这样一家人既能团聚，又能陪伴在一起，可是我妈肺部有病不适应这里的环境，陈熹也有自己的一份事业，不能因为陪我而全盘牺牲。后来我还专门填了一首词送给陈熹来抒表这种困觉，后来她又劝解了我很多次，成为我继续扎根基层的精神依托：

定风波·霜降

秋风萧瑟秋叶黄，
早花尽落暮斜阳。
贺兰初雪无痕了，
归鸟，无奈幽梦近关乡。
解语何需求教坊，
草长，独倚空栏望山苍，
本是身上罗衾少，
休扰，何必年年恨秋霜。

在基层，工作辛苦而繁杂，尤其是在脱贫攻坚的主战场，“5+2”“白加黑”更是常态。但我总觉得只要对群众充满感情，只要能给老百姓真正谋福利、谋福祉，再累也值得。被任命为乡党委书记后，我迅速摸清底数、理顺思路、找准方法，从产业发展、就业创业、劳务输出、社会兜底、教育扶贫、移风易俗等方面形成一整套开展脱贫攻坚工作的思路与方法，提出的“信息畅通工程”“互助资金部分担保杠杆贷款”以及“小群多户与集中园区相结合”等思路都正在有序推进中。在红崖子乡工作一年多的时间里，我几乎把所有的周六周日都用在了入户走访上，有时一个周末就走访三四十户村民，拉家常、出主意、想办法，“锅里吃的是什么”“搞的什么种养产业”“收入来源有哪些”“娃娃有没有读书”是我最关注的几个问题。我始终觉得在基层工作，脚下沾有多少泥土，便对基层有多深的了解，心中便对群众有多少真情。

从清华园到宁夏银川、从学生到乡镇干部，我把“梦想照进现实”这6个字写在了自己日记本的扉页上。这里面既有对明天的憧憬和渴望，坚韧而执着，同时也有它带来的朴实的美和平凡的真，让人觉得踏实而可靠。

在忙碌的工作之余，我和爱人还共同资助了两名家庭贫困学生和1户困难户，去年，其中1名学生以优异的成绩考入了浙江工商大学，我又通过各方的努力争取资金2.6万元，顺利将学生送进大学的校门。

5个年头的基层乡镇工作生活，春风化雨、百炼成钢，让我变得更有目标、更有思想，也更有决心。如今，我已经成为一名卸下光环、沾满泥土的基层干部，正扎根在西北脱贫攻坚一线，为全市2/3贫困人口的明天而努力奋斗着；将来，我愿意继续扎根，就像沙漠中的马兰花一样，只要碰到一滴雨水，就会抓住机会把根扎得更深、更牢，把花开得更盛、更美，只有这样，才能经得起烈日的烘烤、风沙的摧残，真正成长为适合西北气候的栋梁。

三件礼物

个/人/简/介

陈熹，女，汉族，中国共产党党员、1988年1月出生，河北迁安人。2006年考入清华大学，2014年毕业于清华大学法学院，现在同方股份有限公司工作。在校期间，伴随着“祖国终将选择那些选择了祖国的人”这句话，携笔从戎，在沈阳军区空军93303部队当起了普通一兵，先后获得“优秀士兵”“感动军营”年度人物等荣誉并荣立个人三等功。在校期间，获得校优秀共产党员称号、“一二·九”辅导员奖，以及学业、文艺多项奖学金。

我带着光环到一个陌生的环境，不但没有使我骄傲起来，反而让我变得更加谦虚慎微和刻苦认真，再苦再累也没有怨言；再难再险也会勇敢前行、执着坚持。当兵期间磨砺出来的这种态度，让我受益终身。

——陈熹

常常有人问起我去当兵的故事。如果要说当时做出这样选择的原因，其实既有一时的冲动，觉得当兵很飒爽帅气，也是因为我想体验另外一种别样的生活，让自己的人生经历更加丰富。入伍不久，我就被分配到沈阳军区空军的一个基层连队。现在想来，在一群初中或者高中学历的战友们面前，顶着光环当兵的日子不但没有使我骄傲起来，反而让我变得更加谦虚慎微和刻苦认真，再苦再累也不敢有所怨言。

这两年的日子里，作为一名普通的话务员，我争取将话务业务的一切都做到最好、做到精湛、做到精美，几乎将近1万组号码融成我大脑的一部分，直到退伍后很久，我的脑袋里还不停地被数字和号码所充斥。也许正是因为这种精益求精与沉着冷静，部队领导多次安排我参与重大演习和重大会议的通信保障任务。我没有给母校丢脸，每项任务都顺利完成，也成为部队唯一被任命为副班长的新兵蛋子。回到母校后，重新适应之前的生活着实又耗去了一段时间，因为很多生活习惯早已在部队就已养成，比如，每天4点多钟我就自然醒来，这是我们在军营里早起叠被子的时间；9点多我就熄灯休息，这是我们在军营熄灯睡觉的时间。另外，我也抓紧时间赶学习，因为这两年当兵的日子让我对专业有点略为陌生了。直到后来去同方工作，我才更加深刻地领悟到两年的军旅生涯带给我的改变，这不仅体现在思想、意志、作风上，还有带给了我健康的体魄、良好的作息和优秀的心态，这些素质保证了我能够在工作奔波的压力之下始终保持乐观、开朗与豁达。

回到学校后我担任了辅导员，这是我在清华这个园子里的6年中印象最深刻的一段日子。它辛苦而丰满，也是我在校期间做的最有意义的事情之一。法新零班大二下学期时，我作为继任辅导员接下这个班级，但作为一名女辅导员，要在一个男生比例95%的集体中树立威信、赢得信任，需要时间的积累。另外作为国防生的辅导员，如何提升同学们扎根军营的决心和情怀，因势利导地引导每一位同学即将到来的就业选择也是一个需要去学习与思考的问题。在工作上，我做得很努力：每周四早上，我都会早早起来准时参加国防生的早操，准时参加班级每周3次的晚操，适时组织他们搞一些队列和体能训练，带队参加暑期革命精神现地教育。如此一来，半个学期还没过去，同学们口中的“陈导”就变成了“熹姐”，而且我和他们也结下了深厚的友谊，直到现在工作，我还经常和在校读书深造的学生一起吃饭聊天，只是那时亦师亦友偏于师，现在亦师亦友重于友。我的以身作则也逐渐影响了班里的同学，慢慢改变着这个集体的精神面貌和精神气质，他们很团结务实，而且严肃、活泼并重，身上充满了清华人的敬业和奉献精神、充满了军人的刚性与情怀、也充满了凝聚力和战斗力。在校期间，学校的“先进党支部”“优良学风班”“甲级团支部”“先进毕业班集体”等各种荣誉他们都能揽入怀中。而作为个体的他们，也从未让我感到失望，有的是赴美国、巴基斯坦，以及中国的香港等国家和地区交换实践的外语高手，有的是学分成绩始终排在年级前3名的学术大牛，有的是重要的社会工作骨干，61%的同学获得各项奖学金，累计获得37项校级荣誉。在最后的职业选择中，不少同学选择了扎根军营，成为立志基层、一线成长的优秀指挥军官。

在大学的校园里，大部分女生都向往遇见一段真挚的感情，这应该是清华园里最温婉动人的曲目之一。我和周浩相识在2008年，那时他还在部队，距离现在已经快要10年了。共同的经历把我们集合在一起，我们恋爱6年，结婚4年，在学校时一起上课、一起泡图书馆、一起锻炼身体、一起排队吃小桥，就像很多老师同学讲的一样，“自行车篮筐里装的是知识，后坐上载的是爱情”。临近毕业，周浩跟我说要去基层工作，想去西北或者西南，对此我虽早有准备，但仍然犹豫了很久，我和所有的女孩子一样，毫不喜欢“天之涯海之角”那种分居的生活方式，可是那时的我还是很想支持他，因为我知道他是个有理想有追求的人，他想成长为一名顶天立地为民造福的男子汉，如果珍惜他，就要珍惜他的理想。后来我思虑再三，再加上对自己独立生活能力的信心，就支持了他到西部基层去的选择。

婚后3个月整，我们俩开始了“牛郎织女”般分居异地的生活。我们都是刚刚离开学校，来到陌生的环境开始新阶段的奋斗。这其中既有温暖如春的瞬间，也有冷脸相对的时刻，既有和睦相处，也有争吵不休。有时回想起当初对他的职业选择的支持，尤其是自己一个人日子过得很艰难的时候，也不免会有些怨言和抱怨。独自生活越来越让我感受到一位女性只身漂泊在社会上的艰辛和无助：有时生病了无人照顾时，他不在身边；有时工作生活遇到了难处需要他帮助时，他不在身边；有时一个人在家很想念时，他还是不在身边。有次我外出回家，站在陌生的路边又冷、又冻、又害怕，没有公交，也打不到车。在这些艰辛的日子里，我也会开始质疑支持他去基层工作的选择到底对不对，是不是高估了自己对一个人生活难处的承受力，是不是并没有想象中那么坚强。

也许是因为已经根植于我们内心中的信念，我们坚持过了那段最艰难的岁月。这种信念里，有行胜于言，自强不息厚德载物，有忠诚、勇气、血性和荣誉；有对更好生活的向往和憧憬；也有为之踏实努力的执着与坚守。我们开展批评与自我批评，不断磨合，彼此适应，我变得更坚强一些，他变得更体贴、更顾家一些，两个人终于找到了生活的平衡点，我们一起爬山看日出、一起散步逛公园，一起努力想着把小家怎么经营打理好，一起商量如何度过生活中的一个又一个难关，在不断的磨合与相处中，我们都学会了体谅和体贴对方，逐渐成为彼此生活中不可或缺的一部分。

一直到今天，我仍常常回到母校，走在校河边的林荫小道上，我会不由自主地感念这座园子：因为它，我走上了一条美丽的人生道路，既有充满希望的起点，又有沿途曼妙的风景，在这里我碰见了一群优秀的学生，我教育他们，他们也教育了我，我们一起度过了一段充实而有意义的日子；因为它，我有了一段刻骨铭心的军旅记忆，生命中从此有了当兵的历史，让我更有勇气、血性、担当、更纯粹；也正因为它，我遇到了人生的伴侣，他善良、正直而有担当，成为我精神的寄托，我们为各自的精彩事业奋斗，携手度过生活与情感上的坎坷，从容平淡地面对得意与失意。

我想，这座园子给我的三件礼物，值得我永远珍藏。

野战部队来了个清华生

个/人/简/介

万一，男，汉族，中国共产党党员，1989年1月出生，吉林长春人。2007年考入清华大学；2015年毕业于清华大学社会科学学院，现工作于清华大学学生职业发展指导中心。2008年参军入伍，服役期间，荣立二等功一次；在校期间，多次获得奖学金，被评为北京市优秀毕业生、北京市优秀学生干部、清华大学优秀共产党员等，担任校学生会副主席、校团委社团协会部部长、社会科学学院新生辅导员等。

清华和军队的双重经历使我明白，无论何时何地，都应该忘记自己是一名“清华人”，一名“解放军人”，忘记清华和军队带给自己的“光环”，以平常心融入每一个集体、每一个环境，从零做起，从点滴做起；也应该在内心深处永远牢记自己是一名“清华人”，一名“解放军人”，忠于祖国，忠于人民，不怕困难，不怕挫折，为“让更多人生活得更好、更幸福”贡献自己的一分力量。

——万一

虽然退伍已久，但是我仍能感觉到那两年当兵的时光在我心里延续着。这两年永远值得我珍藏。

“什么？！”

还记得当我跟辅导员说出要去野战部队当兵的想法时，辅导员睁大眼睛从上到下仔仔细细地打量了我一番，顺着他的目光，我心里明白，圆圆的脸蛋、胖胖的身材以及鼻梁上横挂的一副眼镜，这样怎么都不像能去野战部队的料！果不出我所料，辅导员脱口而出一句“什么”后，忽而冷静语重心长地跟我说，“万一啊，去当兵是件光荣的事，可是何必去野战部队，让自己接受太大挑战呢？你还是要结合自己的情况慎重考虑啊，但不管怎么样，只要你想清楚了，我就坚定地支持你。”

听了辅导员的话，虽然心里明白他是设身处地为我着想，但是我心里也很不是滋味。其实我看到学校贴出的征兵启事就立马涌生出一腔热血要去“携笔从戎，参军入伍”的想法，也是源自当时写入党申请、写自传时前前后后修改了13遍，让我不断坚定自己的信念。现在既然要去野战部队当兵的想法已经萌生，我就觉得是个男子汉就不能轻易退缩，于是我没管周围人善意的规劝，甚至拒绝了某解放军机关的邀请，还是直接在志愿表上填上了野战部队4个字。

现在还清晰记得正式从军的那天，北京火车站人头攒动。入伍新兵的家属都很舍不得，纷纷到站台上来送别。一路陪着我的母亲，之前听说我要去参军时，还表示绝对支持，怎想到亲眼看到我穿上一身军绿，就忍不住眼泪

哗哗直下。后来我上车坐下不久，“哐当”一声，车厢摇晃列车就要启程，透过窗户，我望着站台上越来越模糊的母亲的身影，心里其实也很不舍。但是一想到是要去基层卫戍祖国，心中还是满怀期待。

一路风尘仆仆，终于被接我们的老班长带到了驻地的寝室。本以为可以坐下稍微休息一会儿，怎想到放下行李后，屁股一会儿都没沾过床板，铺床、叠被、整理衣柜、扫地倒垃圾……忙碌了好久，我和同寝室战友整理好卫生终于长舒一口气，没想到这时班长突然走进来，对我说：“万一，等会儿检查卫生，你赶紧再把厕所扫扫。”当时我真是有苦说不出。

这些都还是艰苦军营生活的开始。记得一次全队挖战壕，我和战友们都手拿铁锹奋力铲土。旁边来自农村的战友，使得一手好锹，“哗哗哗”，几分钟就挖好一个大号掩体。从小就没怎么干过活的我立马就慌了神。我不仅挖一个坑的时间里别人挖了两三个，而且因为自己身材“硕大”，一次铲土，就淋得自己满身是泥。还有一次全队要攀爬麻绳，旁边的战友一个个像升降机一样“嗖嗖”就爬了上去。我得克服自己的体重艰难地向上爬了几米，而后只感体力不支，双手抓着粗厚的麻绳在离地不远的空中就吊着不动了，那时我往上看，还有像是登上“天路”的距离；往下看，几米的距离让我双手直哆嗦。“万一，赶紧往上爬啊！”哪想班长在我身后一喊，然后就地抓起一根长棍，往我屁股上直戳。戳得我连声“哎哟哎哟”直喊疼，只能奋力往上爬。还有一次野外驻训，我在篷子里翻来覆去睡不着觉，转过头，只见一只小壁虎从枕头上爬过，我第一次如此真实地感觉到，原来一个人可以如此贴近自然。

其实，后来我发现什么挖战壕啊、爬麻绳啊、野外驻训跟壁虎睡啊都只是些零碎的小事，反倒是自己来自清华大学的身份给我在军营里招来不少“麻烦事”。战友们一听我来自清华，啥事都去找我。比如，一次上野外驻训的课，战友们看到黑板上一个不认识的字，脸“刷刷”地都转向我，问那个字怎么念。其实这可苦了我，我也好久不写字，况且这个字我也确实不认识，结果弄得自己尴尬不已。因为身处作战部队，武装5公里越野是训练的主要科目。那时我后背背着厚厚的被子在驻地的操场上奔跑，斜挎在肩上的水壶随着脚步上下颠摆。一公里、两公里、三公里……一圈更比一圈长，我感觉双脚越来越重，眼皮越来越沉，这时突然听到背后一阵乱七八糟的呐喊，“清华加油！”虽然我心里知道战友们是一片好心，但是不知道为什么心里还是有点不是滋味。

不过，虽然清华这个标签给我在部队带来了不少“忧愁”，但更多的是“甜蜜”的味道。比如，第一次去野外投掷手榴弹的时候，我连及格线都没过，但是后来通过班长带我每天训练，到下次考核的时候，成绩就已及格。这些努力在跑步上也有所收获。不仅如此，我后来还当上了单位有史以来年龄最小的军械员，又主动请缨发挥自己自动化专业的优势，参与一批新装备的试验和改造。慢慢地大家都认可我这个清华来的士兵也是条汉子了。

然而，虽然在军营过得越来越好，但可惜的是，军营毕竟还是有它的铁纪律。我所在的单位是卫戍京城的军队，因此过年的时候，所有的人都必须战备值班。过年的时候，我也没有自己的生活。除夕那天，单位组织留守士兵坐成一排一排，一起看春晚，欢度新年。过年有家不能回，这让我心里颇为遗憾。因为我生在元旦，所以爸妈给我取名为一。元旦那天，恰好是我20岁生日，没想到的是，班长竟给我买了一盒康师傅西红柿打卤面。一盒方便面对于当时已习惯军营固定餐饭的我而言，不对，对于整个队里的战友而言，都是一种“奢侈的享受”。我泡好面后，队里30多个人都轮上一口，最后一个人还津津有味地喝着汤。虽然最后这碗面我只吃上了一口，但是心里却感觉很温暖。现在回忆起当兵以来的点点滴滴，其实都不是靠着自己一个人就能走过的。

战友、朋友，一路相互支持。虽然军营里没有在月下跟女友打电话、说情话的浪漫；虽然军营的生活充实而仓促，没有过多自己的时间，但是，一路走来，我收获了成长的勇气，勇敢面对未知的勇气，还结识了一帮一直照顾自己的朋友。

还记得退伍离开军营那天，我与昔日的战友道别。好多战友流下了眼泪，新兵时的排长甚至还连赶了30多公里路来送我。想起参军前一位退伍回来的学长跟我说过的话，“当兵受苦两年，不当兵后悔一辈子。”那时我有了切身的体悟，“虽然过程艰难，但是毕竟坚强走过，我不后悔，我感恩这段经历。”

退伍之后，部队的这段经历也让我更加坚定在未来去基层公共部门工作的选择。一来是因为跟来自天南地北的战友们打交道时，从他们身上不同的特性我初步感受到了社会的多元，使我对象牙塔之外的世界有了更多的认识；二来也是因为我发现其实有些战友和家人的生活并不如意，所以我也想通过自己的努力为社会带来一些改变；最重要的是，清华一直鼓励我们要有社会担当，部队的经历让我感受到了服务国家和人民的幸福，使我坚定了“我要让更多人生活得更好”的信心和决心。

返校后，我积极投入学校的社会工作当中，先后担任自动化系团委组织副书记、校学生会分管外联以及办公室的副主席、社科学院新生辅导员以及校团委社团协会部部长等职位。在部队经历与学习到的事情同样也在指导着我如何开展社会工作。举例而言，首先，众所周知部队带兵很讲制度与纪律，我在部队曾当过班长，因此更加注意工作的制度规范化开展。在担任自动化系团委副书记期间，我组织修订了系里的《团支书工作手册》，在学生会工作期间，我带头推动《学生会工作制度汇编》的制定，使得学生会的财务、宣传、值班以及定期学习制度更加完善、规范化开展。在担任社团协会部部长期间，我牵头启动修订全校的社团管理方案，尤其是在工作中重点突出要凝聚社团的力量，重点培养一批社团学生骨干，同时将社团文化节等大型活动举办得更加出彩，非常荣幸在我任职期间全校正式注册的社团数量突破200家。

再如，在部队我也学会注重沟通，在社科学院担任新生辅导员时，我就注重根据每个学生自身的特点给出相应的建议，真诚地对待每一个人。最重要的一点是，在部队我学会了不轻言放弃。一开始进部队时，我的体能基础并不好，但是这并不意味着我不能去改变，所以一次又一次的5公里训练中，我咬紧牙关最终成功达到自己的目标。在学生会担任副主席时，我就给自己定下目标要全情投入，那时我正是在大三年级学习关键的一年，每次在学生会开会到两三点才能回寝室，第二天又要早起去上课。有时在办公室坐班时，一不注意就闭着眼睛睡着了，早上起来又得工作。但所幸的是，当兵时的那股“拼”劲仍在，所以再苦再累也得咬牙坚持过去。

清華園

那些成长，与军营有关

个/人/简/介

门良杰，男，汉族，中国共产党党员，1990年3月16日出生，吉林延边人。2008年考入清华大学，2015年毕业于清华大学新闻与传播学院，现工作于海军某舰艇部队，2009年12月入伍，服役期间，先后被评为优秀士兵、十佳退伍战士，获得连嘉奖一次，荣立个人三等功一次；在校期间，曾担任国防生大队联络部部长、新法3班政治辅导员、原定向生工作办公室辅导员，获评清华大学勤工助学先进个人、清华大学优秀国防生、清华大学优秀共产党员等荣誉。

成长，从来不是一件容易的事。两年军旅生活带给我的成长，让我永远感恩这身军装，让我对这份事业爱得深沉。成为一名合格的军人，是我此生不变的信条。

——门良杰

2017年初，陆军某部“大功三连”被中宣部授予“时代楷模”荣誉称号。春节前夕，习近平主席又到连队视察，让这个位于塞北小城的陆军连队着实“火”了起来。

看着新闻联播里的画面，我也按捺不住心中的激动，那正是我曾生活和战斗过的地方啊！那里，有我的激情澎湃，有我的热血青春！直到如今，对邂逅在青葱岁月里的两年军旅生涯，我始终心怀感激。

8年前的秋天，我在校园里看到“好儿女，参军去”的标语，许多年后回想起来，那必是影响我人生的一个瞬间。是啊，正因为那一次驻足、那一段凝望、那一阵悸动、那一腔义无反顾，才有了后来的那段无悔青春，有了直至今日仍身着戎装的我。

2009年冬天，一列绿皮火车把我送到了那个陌生的北国小镇。早上还在清华的宿舍里畅想着军营的样子，晚上便真真切切躺在了连队的床上，在军营的第一个夜晚，骤然改变的生活没有让我感到一丝慌张，彼时彼刻，我该是为梦想实现而兴奋过头了吧。

后来的事实证明，我这心心念念的梦想并没有让我失望。直至现在，我仍然清楚地知道，自己的很多成长都与那两年军旅生活有关。

钢铁意志钢铁汉

身在连队，我不愿被别人唤作“书生”，总觉得那带有“头脑发达、四肢简单”的不屑，带有“百无一用是书生”的嘲讽。而事实上，从5岁入小学便从未离开校园的我，可不就是个“书生”么？或者说，还不只是“书

生”，更是个“书呆子”。

很多大学期间去部队服役的战友，都有着属于自己的士兵突击，我也一样。5公里跑道上，战士们如骏马般飞奔，唯有一人只能远远望尘，那便是刚入伍时的我；器械训练，我双手紧握单杠、身体一动不动，行话叫做“挂死猪肉”；手榴弹投掷，用班长的话说，我“从来没有扔出过自杀半径”……我经常对身边的人讲，自己当兵从没后悔过，那即使不算是假话，也绝对是“后话”了。前些天翻看当兵时写下的日记，也曾在疲惫与困顿时质疑自己的“自讨苦吃”。然而，尽管牢骚抱怨，我还是坚持了下来，而这份坚持，很大程度上要归功于一句8个字的口号。

当兵之前的那个夏天，我在学校参加了国庆60周年群众游行方阵，方阵里清华的师生们常常呼喊一句口号——“祖国万岁，清华加油”，每当我在部队遇到困难的时候，这句口号总能带给我力量。

当兵第一年的年终考核，我的所有军事科目都达标，还代表连队参加单杠卷身上、步枪射击的比武，在一般的故事里，大概要写一写这背后闻鸡起舞披星戴月的汗水和泪水，可实事求是地讲，我只牢记两个字，那就是“坚持”。

这份“赶鸭子上架”的勇敢

我不善言辞，面对不很熟悉的亲友都不肯张口，更别提公开演讲了。新兵连集体看新闻联播，结束之后由战士们进行新闻点评，一排、二排的战友们争先恐后、踊跃发言，我所在的三排，战友们安然端坐、稳如泰山。没有谁明文规定点评新闻的人数代表着一个排的先进程度，但基层连队就是处处都有这样无声的较量。不出意外地，当晚点名，针对新闻点评时全排没有人主动发言一事，排长说了这样一段话：“咱们排差什么？咱们也有大学生啊，也有名校的学生啊，怎么就不如别人？”排长的原话大概没有这样客气的语气，总之深深刺痛了我。

我也曾羡慕舞台上挥洒自如的演说家，也曾努力尝试突破自我站在聚光灯下，但都没有那一次点评新闻之后使我定下的决心更大，“清华”两个字让我不再退缩，我不愿让别人因我而小看了“清华”。后来，主题演讲、诗歌朗诵、演小品、说相声，在首长视察时带领解说，一人撑起了连队的广播站……

退伍回到学校后，我作过报告、主持过晚会，为了申请国防生，我去找各位领导、老师毛遂自荐，后来，我又做了辅导员，经常与学生谈心交流，也少不了在队列前、会议上讲话……每当我淡定地将自己所想清晰地表达的时候，总会想起曾经结结巴巴的自己，想起那个点评新闻的夜晚。我深知自己远非能言善辩、伶牙俐齿，但如果你认识从前的我，一定也会惊诧部队带给我的成长。

现在想想，如果没有排长那一番话的激励，没有为了集体争荣誉的动力，我可能至今仍然怯于在众人面前讲话。

经常讲部队是个“大熔炉”，进来是铁，出去是钢，我对此深信不疑。其实道理很简单，把你这块铁扔到炉子里，这个熔炉便由不得你“炼”与不“炼”，你可以选择自己怎么炼，炼成什么形状，但总归是更纯粹了，更出色了！

我的“血性”与“情怀”之源

2011年4月，河北抚宁突发森林大火，连队接到紧急救援任务。连长立即召集全连人员进行情况说明，指导员进行任务动员，而后大家迅速整理行囊，准备工具。当汽车连的卡车开到连队门口时，全连已经整装待发了。

“为确保连队日常工作的正常开展，需选10人左右留守连队，暂不参加此次救援任务，点到名字的同志请出列。”指导员说完这句话之后，整个队伍安静了，似乎在等待某种“宣判”。

当听到自己名字的那一瞬间，我的眼泪突然涌了出来，扑簌簌地滴落在刚刚穿好的作战靴上。

我找指导员陈情，然而留守名单已定，没有办法更改，指导员对我解释留守工作的重要意义，还说“毕竟这不是儿戏，一旦有什么意外，怎么向你的学校交代？”这些话我完全听不进去，只想着这样光荣而艰巨的任务如果错过了必是一生的遗憾。

虽然最后由于灾情得到控制，我连的救援任务取消，但我却是从那一次开始，才忽然间意识到，曾经胆小怕事的自己，已经开始有点视死如归的血性了，已经开始有点为国为民的担当了。

人们常说，军队是国家的铜墙铁壁，“为人民放哨站岗”“一家不圆万家圆”，听起来确是“使命光荣、责任艰巨”，言辞中总带着些许牺牲奉献的味道，可自打走进部队的大门，我便把每一天都当成自己生活中理所当然的一部分并乐此不疲，从来没有感觉到自己从事的事业有多么崇高，这正应了那句“光荣在于平淡、艰巨在于漫长”。直到那次救火任务，我才真正感受到，“军人”这两个字，确实承载着人民的嘱托和信任；军帽上的红五星，是祖国和人民颁发给我们的熠熠生辉的勋章。

此时的我，常被那些为了祖国事业鞠躬尽瘁的英雄感动，常勉励自己做于社会有益之人、行于国家有益之事，大概也源自那时朴实的情感。

父母的爱与凝望

出门在外，难免想家。“游子思归”“征人思妇”是中华文化长河中跃动着的永恒的旋律。我12岁离家求学，从电话另一端的父母那里寻求安慰，是常有的事。“当兵时候有没有想家？”更是大家与我聊到部队生活时总会询问的话题。

新兵连时，第一次和家里通电话，我还是没能忍住自己的泪水，不是受了委屈，也不是不习惯突然变化的生活，大概只是想念那个叫作“家”的地方，想让父母知道，我需要他们。

入伍半年之后，全团去朱日和基地演习，任务比较紧，加上野外通信不便，等到终于得以跟家里报个平安时，已经是两个月之后了。

拨通电话那一刻，妈妈哭了，刚刚20岁的我，在她眼里仍然是个孩子，她担心我训练累、担心我吃不好……而那一次，我却告诉她战友们待我如何好，我又得到了班长的表扬；也是那一次，让我发觉，与曾经对家、对父母的依恋不同，我开始担心父母，担心他们因为挂念我而悲伤。

我常常把那一次通话，当作自己从“男孩”成长为“男人”的转折点，至少从对父母的情感由依恋转为保护这一点上看，这个转折点应该是合适的。

说到父母，我真的感到十分幸运。报名参军的时候，家人开始并不支持我，其实我也不记得自己是怎样说服了他们，只清晰地记得母亲说的这样一句话：“我相信儿子的选择。”这种信任叫我如何不感动，在部队的时候，我会经常想起母亲的这句话。所以无论有多困难，我都坚定地前行，因为我知道，我的身后有母亲那双凝望的眼。这双凝望着的眼，从来不会在别处聚焦。

退伍之后，爸妈看到我两年来的成长，也都感到很欣慰，但当我提出要转国防生回到部队时，他们再一次沉默了。我理解他们的不舍，他们只想我平安快乐，他们知道军人保家卫国的光荣，知道军人默默奉献的伟大，可他们舍不得让自己的孩子扛起这份艰巨的使命。然而，当他们看到我穿上军装时的兴奋不已，当他们看到我聊起部队时的神采奕奕，他们知道，我的很多快乐都源于那身军装，便坚定地支持我去追寻自己的梦想。父母的爱，总有着让人无法抗拒的力量，走得再远、飞得再高，那个叫作“家”的地方永远都是我最温暖的避风港。

我人生的又一个起点

说部队改变了我的人生，这丝毫不夸张。

当兵之前，我不知道自己想要成为什么，和许多同学一样，踏踏实实学习、按部就班上课，可心里总是觉得不甘，索然无味的生活让我打不起精神，我急切地想要在那易逝的青春里做出点这辈子都觉得精彩的事。所以，与其说参军入伍是我境遇困顿不前时的“救命稻草”，不如说它是我内心起伏跌宕时的“定海神针”。

而这一“定”，便成了我笃定要完成的人生。

退伍之后，我仍然感激那两年军旅生涯，总是想回到那个地方，不只是在梦里。部队，成了我的根、我的魂。

回到清华，我便努力申请成为一名国防生，2012年6月，我如愿以偿。也正是在这一年9月，中国首艘航空母舰“辽宁舰”正式交接入列，这便燃起了我心中又一个梦想——“到航母上当海军”！

虽是一个不切实际的梦想，但并不影响我为之而努力。自那以后，我把握一切机会关注海军、走进海军，还曾冒昧写信向海军首长毛遂自荐，直到临近毕业两个月的时候，幸运再次垂青于我。

当双脚踏在歼-15滑跃起飞的甲板上，双手触到甲板两侧的栏杆，我终于知道，曾经的那个梦想，正是我的又一个起点。

前几天，我曾服役的“大功三连”来到清华，在大礼堂作先进事迹报告，母亲连队遇见母校，这份无与伦比的激动大概很少有人能够体会。看着那些熟悉的画面，听着那些熟悉的故事，我又想起了三连的那句老话：“走进三连的门，就是三连的人；走出三连的门，带着三连的魂。”“三连魂”，这三个字承载了这个光荣连队的厚重历史，承载了一代代官兵的不朽精神，我不知道自己的身上是否还带着当初的“三连魂”，但成为一名合格的军人，将是我一生不变的信条。

同很多朋友一样，如果有机会，我也想问一问，当初那个在主干道参军标语前驻足的少年，为何这身军装会让他如此留恋？穿了脱、脱了又穿，从橄榄绿到浪花白，从戈壁草原到茫茫大海，我终究没有寻到答案。

“门班长，门班长，起来站岗了。”列兵小杨拍着我胳膊，轻声喊着。

“好，知道了，我马上起来。”在深夜起床站岗这件事上，老兵总是不如新兵麻利，磨蹭了两分钟，我挣脱了困意勉强坐了起来。然而眼睛还是不情愿睁开，于是我闭着眼摸寻昨夜叠放在床边的迷彩。

迷彩服怎么不见了！

我猛然睁开了眼。

……

微笑毫无征兆地爬到嘴角，我又梦回连队了。

清華園

为战鹰在哨位上坚守18小时

个/人/简/介

常悦，男，汉族，中国共产党党员，1991年6月出生，河南濮阳人。清华大学法学院2009级本科生；2012年12月至2014年12月服役于海军东海舰队航空兵第六师；服役期间参与多项重大军事演习演练，圆满完成任务，连续两年获得“优秀士兵”，所在班级获得“集体三等功”一次；现为法学院在读硕士生，担任清华大学五字班带班辅导员，曾担任清华大学法学院学生组组长。

部队里的苦和累不值得抱怨和炫耀，在当兵报国的信念面前，所有的挫折、不顺和利益纠葛都不足挂齿。

——常悦

我的心路

两年军旅生涯是值得我一生铭记的宝贵经历，短短一篇文章包容不了这两年中的汗水、欢笑、痛苦与泪水。因此，我要把最重要的——我的心路——放在第一部分，接下来的文字中不仅有一个过去的我，而且也是我目前内心的真实写照：

和平时期的兵难当，战争年代士兵只求以死报国，而和平年代还需要考虑很多关于活着的问题。回首4年的军旅生涯，我虽没有直面过生死，但我始终在寻找那种久违的战斗感觉。初入军营时，我只有一个念头：就是要到基层、要到最艰苦的地方去锻炼、磨砺自己。在这种意识的影响下，新兵训练结束时我毅然选择到东航某场站警卫连去做一名普通战士。在第一年的新兵生涯中，无论是站岗执勤、军事训练、公差劳动我都一丝不苟地完成任务。我深深感觉到越是基层，越能考验一个人的品格，在缺乏监督的环境下，军人职业的神圣、纪律的执行，完全要靠个人的信念和笃守才能实现。能在繁琐的工作任务、肮脏的工作环境中坚持到最后的人才是真正的军人。

第二年当上副班长后，我愈发感到时间的珍贵，想为连队作更多的贡献。为此，我放弃了连领导为我安排的轻松、舒服的文书工作，决定做一名普普通通的基层带兵人。因为我觉得无论处理再多的文件、写再多的稿子，一旦我脱下这身军装，所有贡献也就此停止，只有带出一个班的好兵，才能把我的努力留在部队。我尽力把当新兵时的所学所悟交流传递给自己班里的战士，希望他们少走弯路、少吃不必要的苦，成长为一批“嗷嗷叫”的兵、一批“招之即来、来之能战”的兵，在我离开后，他们还能继续将这种精神、气质传递下去。个人的成败得失在集体的兴衰荣辱面前是微不足道的，连续两年的集体“三等功”才是对我最大的褒奖。

在部队很多人都说基层难干，但我认为只有全心全意地干过了才能对基层做出更切实的评价，基层的土壤不是一天形成的，改变因此也不可能一蹴而就，只要基层带兵人的传承意识尚在，强军的目标终有一天会实现！

我的选择

为什么弃笔从戎？这是我经常被问到的问题，抛开当众谈论自己时的局促不安，脱离个体对宏大背景的迎合，我想从“人之为人，我之为我”的角度谈谈我当时的选择和选择背后的理想与追求：

2009年，我如愿考上了清华大学，成为法学院的一名学生。在本科前三年里，我和身边的同学们一起上课、自习，规划着自己未来的职业生涯，而就在临近毕业的关头，一幅红红的标语撩起了我心中埋藏已久的激情——“好男儿当兵去！”这句话在那段日子里始终回响在我的耳旁。

当时我正在为毕业之际的选择感到矛盾与焦虑，我的父母希望我能找到一份稳定的工作，成家立业，过一种平凡而幸福的生活。而我自己却始终不甘心就这样离开清华、就这样放弃清华人“爱国奉献、追求卓越”的精神品格。那段时间里，我蜷曲在图书馆的角落重读了《平凡的世界》，动情时一遍一遍默念着《钢铁是怎样炼成的》中保尔深沉而动情的演讲……经过一番思想斗争，我最终决定瞒着父母递交了参军入伍的申请。

现在回想起来，我非常理解2012年年底时我的心理状态，那应该是青年的躁动——就像孙少平一样——内心的躁动。当时在我的心中，青春不是属于我个人的，青春是一种献祭，“我的青春献给谁？”是迫切需要回答的问题。现在我很庆幸当时我选择把青春献给祖国的国防事业，“哪怕到部队去站岗，也是在为祖国作贡献”，至今回想起当时的誓言依旧热血沸腾。

我与祖国

部队里的苦和累不值得抱怨和炫耀，在当兵报国的信念面前，所有的挫折、不顺和利益纠葛都不足挂齿。在我已经度过的人生中有两次真切地感到自己和祖国离得如此之近：一次是在新中国成立60周年阅兵仪式上随群众游行方阵走过天安门的时候；另一次就是参军入伍。这里我想讲一个当兵时真实的故事：

2013年是我当兵的第一个年头，那一年中、日两国在钓鱼岛问题上的分歧日益严重，军事斗争的形势也日趋紧张。一天晚上，连队刚组织看完新闻，突然上级电话通知进入一等战备状态，全连官兵立刻准备进场，从接到通知到佩戴装具集合完毕不到两分钟的时间，一些同志甚至等不及乘车直接奔向了自己的战位。由于形势紧急，当我刚向连长报告就位的时候，战机已经呼啸而起。望着深邃的夜空，我的内心久久不能平复，既为自己参与了保卫祖国的事业而感到激动，又为远方飞行员和战机的安危感到担忧。就这样那一整晚我孤独地守护着哨位，一批又一批的战机升空，而换岗的战友却迟迟不来。后来得知由于情况紧急，连里甚至没有多余的战士来替换自己。等到战备状态解除，通知退场时，我已经在哨位上坚守了整整18个小时。

这次经历给了我很大的触动，后来我才明白原来从那时起自己的命运就和祖国的命运连在了一起，试想如果自己没有当兵，怎么会在如此特殊的境遇之下产生顿悟从而有这么强烈的感受？

士兵的柔情

和平年代部队的生活是紧张而有规律的，部队的环境又相对比较封闭，营区之中自然少了一些市井的喧嚣与浮躁，也让我有充足的时间去思考军队、军人甚至人生。我很庆幸两载军旅生活中我的代入感始终很强，我的情感也因此变得敏锐，能够把一些事件转化为感悟，影响我的一生。

我想分享在部队时写下的一些话，下面这一段是某次飞行事故发生后默默记下的，是我——作为一位守卫战鹰的警卫战士——内心真实的写照：

战鹰已去，留下寂静的库，宛如墓穴，留人凭吊。战鹰啊！你在哪里？

蔚蓝的天空难觅你的行迹，云霄间也不闻你的声息。战鹰啊！你在哪里？

我曾一次次目送你直入云霄，赞叹你势如疾风、声如雷电；我曾一次次盼你归来，你触地的瞬间能填满我苦熬几小时的空白。而今你竟忍心不再回来，只留我在。你可知月寒日暖煎人心肺。

战鹰，我把青春献给了你，甘愿做一名卫兵，只因能默默守护你，静静地望着你。这是多么宝贵的青春啊！我的心灵负债累累，只因你在，我便不觉虚掷，无数次回眸也不曾生悔。

战鹰啊！你在遥远的海空迷了路，误认了天为海，海为天。那是怎样的奇幻仙境、碧海蓝天？莫非这秘境中暗藏杀机，还是你狂驰恣肆被美所迷。海面上巨大的漩涡直通海底，你本是空中的灵翅，却沦为龙王私藏的宝物。我愿像那500年前的猴儿，大闹水晶宫，将你夺回。

战鹰啊，你的离去压弯了卫兵的脊梁，暗淡了钢枪的光芒。卫兵的悲情，他不能驾驭你翱翔，只能贴着你的翅膀猜测天际廓然的风光。你的离去为这场独幕剧画上了句点，自此再无转折的生机。

战鹰已去，再不会有同在的欢愉，只剩下独在的悲戚。

除了保卫战机的本职工作，在当兵的第二个年头，我还担任了连队的代理班长，成为了一名基层带兵人。在带班的过程中，我积累了一些经验，一些从那时起产生的理念至今还体现在我所做的辅导员工作之中。

现在我做着类似教书育人的工作……我有8个学生（战士），他们有着不同的经历，有的年纪相仿，有的像孩子一样。我不奢望能教给他们什么，只是希望他们不再走我走过的弯路，能更好地保护自己，在严酷的环境下生存下去。他们都有独特的天性，能够创造属于自己的价值，只是缺乏引导。我很高兴他们能各取所长组成一个互补的集体，也很头疼他们不能完全按照我预设的轨迹行走。不过人毕竟不是机器，我只能不断观察着他们的变化，他们就像我发现的新元素。最近我深深地感到能力有限，也不断反思第一年的种种，既希望他们模仿我，也希望他们超越我。

两年的时间很短暂，很难给部队留下什么或者带来什么改变，唯有我带的这几名战士，希望他们能不断地完善自己、积极地看待问题，也希望他们再带兵时能够真正地关心战士，理解他们的辛苦和不易，发现他们身上的优点，知道要把他们培养成什么样的人。

我与我的“兵”

退伍返校后我加入了学生工作队伍，成为一名带班辅导员，我所带的法5年级有80多人，以前在部队带一个班，现在可以说是带一个连了，这对我来说着实是不小的挑战。当班长的时候班里最多时有十几位战士，平时同吃住、同训练，我可以仔细地观察每位战士的行为、了解他们的心理、感受他们的需求、解决他们的问题，而当面对一个年级时，就需要耗费更多的精力和时间。虽然学校生活不像部队生活那样简单划一，但我仍然愿意抽出时间多和法5的同学们在一起，听听他们遇到的问题和困难、了解他们对某些事情的看法、和他们讲讲我自己的故事和经历。对我来说这是一种享受，这种精神上的愉悦和反哺也许就源自我这一颗带兵人的心。学校和部队是不同的环境，缺乏外在的纪律约束，因此辅导员和同学之间心与心的沟通就更显重要。虽然早已脱下了军装，但身着军装的我对于现在的我而言就像是一个“他者”，我会情不自禁地将现实与过去进行对照：当我送书给同学的时候我会想到当年休息的时候班里的战士们围坐在我的床边看书、看报的场景；当同学生病或者遇到困难不管多晚我都会匆匆赶去，在我眼中他们就像我们班的战士……学生的思想是多元的，统一起来会遇到非常大的困难，况且他们也不需要服从某一个权威的指挥，也许作为辅导员我永远也不会找回和带兵时同样的感觉，但我依旧执着于待人真诚、关爱下属的带兵铁律，因为在某种意义上法5的同学们就是我带的兵。在部队的经历让我知道如何能够更好地引导和教育学生，让我知道如何能做一个好的辅导员，同时也把在部队学到的那些东西传递给我所带的学生们。

部队的经历已经成了过去，但军人的精神和品格还留存在我的心中。感谢清华圆了我的从军梦，感谢部队给了我一段精彩的人生！

过去，我是扬威的蓝水兵；现在，我是铸剑的军工人

个/人/简/介

房圣友，男，汉族，中国共青团团员，1992年7月出生，山东潍坊人。现任中国飞行试验研究院助理工程师；2010年进入清华大学航天航空学院学习；2012年参军入伍，在海军某部服义务兵役两年；2014年服役期满，返校完成学业。服役期间，连续两年被评为“优秀士兵”。

军旅生活的磨砺，使我在做出人生选择时，能够更多地听从自己内心的声音，把自己的未来和家国的需要联系在一起。

——房圣友

2012年10月初，正在读大三的我为了实现自己多年以来的军旅梦想，同时也带着到军营接受磨砺、提高自身素质的想法，毅然报名参军。每个男孩都有一个穿军装的梦想，我也一样，我认为依法服兵役是每个公民义不容辞的责任和义务。我是一个比较内向的人，在学校的时候很少参与课外活动，每天就是简单的宿舍、教室、食堂三点一线的生活，就希望可以有所改变，到部队锻炼一下。在高三的时候，我受一本军史书的影响，被海军这种百人一舰、百人一枪的作风，这种战时对战友无条件的信任，以及同生共死、荣辱与共的精神所感动。凭借着对大海的热爱，我毫不犹豫地选择了海军。在学校的支持和帮助下，经过层层选拔，最终如愿以偿地成为了一名光荣的海军战士。从此，我便憧憬和想象着与海为伴的日子。

12月12日晚，我踏上前往上海的列车，经过15个小时的颠簸，终于到达了位于上海宝山的水兵训练基地，正式拉开了我军旅生涯的大幕。

对每一个刚入伍的新战士来说，新兵连都是一个让人又爱又恨的地方，苦也是它，乐也是它。曾因为内务差而被扔被子；曾因为没有完成班长交代的任务而一起受罚；也曾因为训练艰苦而偷偷掉眼泪。按照惯例，训练基地将在新兵连结束时以阅兵的方式检验新战士的训练成果。为了捍卫集体的荣誉，早在新兵连结束前一个月我们就开始了阅兵分列式的集训。为了踩好乐点，我们可以从早上8点一直练习齐步走直到晚上9点，其间只有吃饭时间可以休息；为了保持队形，我们经常要原地踏步十几分钟。当然，最痛苦的还是正步练习，作为阅兵式的重要组成部分，正步练习自然是重中之重，一天的训练结束后，整条腿都是麻的，只能拖着沉重的双腿入睡。第二天一早，双腿的麻木稍有缓解，然而随之而来的训练再次让双脚麻木不堪，晚上继续拖着沉重的双腿入睡……但天道酬勤，有付出就会有回报，新兵连的刻苦训练换来的是阅兵式第一名的好成绩。新兵连很快结束了，3个月里的辛酸与

苦涩也都随着战友间的分别而成为彼此永恒的回忆。

新兵连虽然结束了，但作为一名解放军战士的生涯才刚刚开始，紧接着，就进入了为期6个月的专业学习。作为一名海军战士，要想成为一名合格的水面舰艇兵，除了要接受新兵连的磨炼完成由民到兵的转变，还要在专业训练期间实现由普通战士向合格水兵的转变。专业训练，顾名思义就是进行舰艇专业的理论学习，使新战士初步成为一名合格的水兵。每天的主要任务是背着书包去教室上课，恍惚间让我有一种又回到学校的感觉。这让曾梦想追求火热军旅生活的我一度十分的不适。专业训练期间，海军首次组织全军范围内的共同科目（灭火、堵漏、战救、绳结、防化、撇缆）大比武，这6个月里，我们来往在宿舍、教室、食堂、操场之间，顶着上海数十年来最炎热的太阳，进行着枯燥的共同科目训练。即使是在午休或是周末，班长一旦心血来潮，我们也要拿上器材，跑去训练。为了这次比武，部队上下一心，刻苦磨炼。个个都摩拳擦掌，准备在比赛上一展雄风。遗憾的是，后来的共科大比武因为是初次组织，计划不周，最终是草草了事，没能实现大家为集体争夺荣誉的愿望。但总归百炼成钢，刻苦的训练换来的是我们的共同科目技能巨大的提高，为将来上舰储备了能力。

3个月新兵连，6个月专业训练，经过9个月培训之后我被分配到海南某巡逻大队，终于如愿成为了一名水兵。在我上舰后的1年多时间里，我舰先后完成了两次南沙值班任务、一次西沙值班、博鳌海上安保等多项重大任务，总航程1万多海里，海上总值班时间180多天，连续航行最长时间达100多天。这样的任务对一个有着30多年舰龄的老船来说，着实是一项艰难的挑战，但在全舰官兵的共同努力下，克服重重困难，顺利完成了上级赋予的各项任务，得到了上级的高度赞扬。在海上漂泊，必须要过的一关是晕船，记得我第一次出海航行风浪并不是很大，我却因初次出航的原因在短短8个小时的航程里大吐了5次。这次出航，使我真正对海军战士的艰苦生活有了切身的体会。乘舰扬波在广袤无垠、蔚蓝如墨的大海上，在接受完晕船的洗礼之后，也极其有幸见识到了大海的壮美。夕阳西下，落日的余晖将海天映照得一片金黄，海面上水波微兴，映照出粼粼的日光，方才察觉出海天的分别；皓月当空，如水的月光倾洒在广阔的海面上，万籁皆寂，侧耳静听，有时能清楚地听到海豚的换气声和哗哗的划水声。还有那归航时所见的随舰低飞的海鸥和那星星点点的渔船，向我们展示着南海的美丽与富饶。这样一块瑰宝，岂能落入他人之手?

南海宽广的胸怀蕴含了无尽的宝藏，但它的富饶也引来了眼红的“恶狼”，平静无波的海面下涌动着无尽的暗流。2014年5月，自主研制的981钻井平台在西沙海域进行石油勘探。对我领海垂涎已久的越南心存不满，在西沙海域纠集大批军民舰船对我勘探平台进行干扰。为维护国家主权，捍卫我南海权益，中国组织大批海军力量与越南在西沙形成对峙局面。当时，我舰正担负南沙海域的战备值班任务。南海问题牵一发而动全身，而我们当时身处西沙南方的南沙海域，距离祖国万里之遥却与越南近在咫尺。西沙的紧张局势让我舰遭受了越军的严重威胁。然而，我舰作为当时我军在南沙仅有的机动作战力量，一旦西沙发生战事，我舰必将承担保卫我南沙群岛的主要职责。当西沙已剑拔弩张之时，我舰全体官兵也枕戈待旦、炮弹上膛，随时做好保卫南沙的准备。同时，为了防备越南蛙人的袭扰，我舰在舰船四周加装了探照灯，安排人员24小时值班警戒。晚上，持枪行走在甲板上，海风习习，星宇浩瀚，探照灯映照下的海面水波不兴，万籁俱寂之时海风拂过舰船奏响铮铮铁语。此时，孤舰凌海，孤心嘱舰，人与舰、舰与海融为一体。这美丽的南沙，是中国的南沙，也是我的南沙。心既属此，何惜此身。

在茫茫南海上，我舰纵形单影只，也誓将捍卫祖国的领土。三一四海战余音犹在，英雄们夺回的岛礁就在眼前。我舰虽与祖国大陆相距千里，越、菲、马强敌环伺，但因为有着强大祖国的依托，我们并不担心任务期间的安全，在那一时刻，我真正感受到了大国的力量。

两年的军旅生涯很快结束了，但它给我留下的影响却难以磨灭。它磨砺了我吃苦耐劳的品格，锻造了我勇敢顽强的意志，培养了我耐心细致的工作态度，同时也锻炼了我与他人团结合作的能力。在今后的学习生活中，我将以更昂扬的姿态迎接未来学习生活中的挑战。退伍后，我常常会这样想，我们之所以能够早上起床后吃完早饭安静地坐在教室中学习，在结束一天的功课后能够随心所欲地休闲放松，在晚上能够安然入眠，或者在入睡前雄心勃勃地筹划自己的未来，甚至是简单思考一下自己明天的早餐，这些看似再正

常不过的东西，却是与这样一群牺牲自由，放弃与妻儿团聚，甚至冒着没有明天的风险的人的守护是分不开的。

正是这一段参军的历程，让我切身感受到了他们的价值和奉献。现在我虽然离开了这一光荣而又充满奉献精神的集体，但每当夜幕降临，城市里歌舞升平之际，抑或是在传统佳节来临、亲朋好友欢聚一堂之时，我总会回想起那些驻守在海角天涯的日子，想起那依旧与孤独为伴、保卫国家安全的战友兄弟们。现在，我想以一个普通人的身份，向你们说一声：谢谢！

军旅生活的磨砺，使我在做出人生选择时，能够更多地听从自己内心的声音，把自己的未来和家国的需要联系在一起。当兵前，我对未来的规划十分简单：好好学习，本科毕业后继续读研，读完研之后找个体面的工作，轻松惬意地了此一生。或许是缘着一份对军旅的热忱和眷恋，退伍后我开始正视自己作为军工定向生的身份，也正视自己作为一个普通人能够爆发出的能量。同样也想到身为农民的父母，一直以来含辛茹苦养育我长大成人的艰辛。经过慎重考虑，我决定放弃保研，早日投身到社会中去，尽早地去实现自身的价值，反哺养育我的家庭和社会。大学毕业之后，我从心所愿进入了中航工业试飞中心工作，践诺履约成为了一名普通的军工人。参加工作后，我有幸参与到多个机型的研究任务当中，切身实地地感受到了中国航空工业的进步，也感受到了作为航空人肩上所担负的巨大责任。犹记得当年在海军船坞维修厂见到的一句话“军工铸利剑，水兵扬军威”。过去，我是扬威的蓝水兵；现在，我是铸剑的军工人。角色变了，但是心没变，梦更没有变！

清華園

没当过兵的人生太不完美

个/人/简/介

李冲，男，汉族，中国共产党党员，1990年8月出生，河南省商丘市人，中国共产党党员。2012年9月考入清华大学五道口金融学院读硕士；2012年12月参军入伍，服役于北京军区第65集团军“红一师”某机步旅；2014年12月退伍，服役期间连续两年被评为“优秀士兵”。在校期间获得校优秀学生干部、清华大学暑期社会实践金奖等荣誉。现任清华大学五道口金融学院党委研究生工作组副组长。

没有当兵扛过枪，没有流过血负过伤，对我来说，人生太不完整了。

——李冲

很小很小的我，就想穿绿军装。当过兵的爸爸，就是我的班长。长大以后等我，终于参军到边防。一身草绿军装，英姿飒爽……

——《绿军装的梦》

入伍，缘于一种年轻人的“冲动”

当初选择去当兵，其实脑海里理想化的东西是特别多的。我的父辈中有不少退伍军人，小时候经常会听他们讲起在军队中的故事，心中不时产生对部队的向往。接触互联网后，我喜欢上了看军旅、谍战题材的小说。高三时看的两部小说《终身制职业》《血色浪漫》对我走入军营产生了巨大的影响。《终身制职业》中一批加入“终身制职业”绝密计划的中国特战人员为我打开了神秘的特战世界，那是一批特殊建制、特殊身份、执行绝密任务、一旦加入终生不得退出的中国军人，他们身上的热血、忠诚以及精彩绝伦、扣人心弦的故事深深地吸引了我。而另一本《血色浪漫》中钟跃民等人的“侦察兵”形象让我对中国军人有了更真实、更具象的感受。书中的种种情节让我一直执着地认为，作为一个男人，没有当过兵、没有扛过枪、没有上过战场的人生太不完美。

2012年的冬天，我终于在内心的指引下下定决心要去参军。但当我把参军的想法告诉家里人时，家里有不少亲人反对，认为我都读研究生了，还是规规矩矩读书，好好学习、工作。而且我生长在一个农村家庭，家里人都特别希望我能够早点毕业、找到一个好工作。在我不断地劝说下，家人还是感受到了我要去参军的强烈愿望，最终同意了我的决定。就这样，我在学校武装部报名入伍，并主动申请去陆军的野战部队。最终，我如愿来到了65军集团军某机步旅。

部队大熔炉，炼体更炼心

进了部队，才发现真实的部队与小说里似乎不太一样。每天的生活不是战场杀敌的热血场面，而是训练、操课、内务等一些基础科目的叠加。而我也不是天生就是钟跃民那样的“特种钢”，能够优异地完成各项任务。刚进连队，由于生活作风还没有完全转变过来，我经常因为“没有时间观念”“不够利索”而被班长罚。而每天安排得满满当当的操课和活动，经常让我大脑的那根弦处于紧绷状态。高强度的训练、严苛的生活制度让我一度觉得日子很难熬。但就是那段日子真切地让我感受到了部队的大熔炉是如何将一块铁锻造成钢的。新兵班长曾说过这样一句话，“只要能吃苦，在部队没有什么干不了的事情。”入伍以来，紧急集合从10分多钟到6分钟，步枪分解结合从50多秒到20秒再到闭着眼睛30秒以内；卧姿举枪从5分钟到50分钟；集体武装5公里从25分钟到20分钟以内，我完成了一个个当初“不可能完成”的任务。

除了身体素质、军事技能的磨炼，部队对人的心性意志磨炼得更加彻底。在部队，没有谁再是父母的掌上明珠，这里只有长官与士兵、命令与服从。和石灰、抹土埂、刷大白、牙刷刷地板、刀片刮便池这些以前我想都没有想过的事情，在这里成为平常事。年轻人的眼高手低和自以为是会在整个过程中被撕得粉碎。在绝对服从的要求下，我作为一个士兵，只有忍下过程中所有的不服、委屈和愤怒，自我调整、立即执行命令。正是这样的磨炼，我变得更加能够吃苦耐劳，更加有战斗力。2013年连队改制换装，为使新编制、新装备尽快形成战斗力，连队官兵经常是“5+2、白+黑”都泡在训练场。我个子高，当时又患有腰椎间盘突出症，参加战术基础训练，卧倒起立、匍匐前进，经常痛得弯不下腰；班排战术训练，每天全副武装上下战车几十次、晚上睡觉翻身都困难，但是整个过程我都咬牙坚持了下来。我也成为了一块“特种钢”。

“有知识不等于有见识”

新兵连结束后，我被分配到大功三连。“大功三连”是抗日烽火中诞生的英雄连队，所在部队的前身是毛主席亲手缔造和领导的“红一师”，曾因官兵晚上点着煤油灯在坑道里学毛主席著作的事迹享誉军内外。“有知识不等于有见识，没有理论指导，思想就辨不清向，行动就赶不上趟”，大功三连一直有着优良的政治理论学习的传统。在这里，官兵自觉学、比着学，人人都有两把刷子。记得在连队初登“士兵讲坛”讲“法治军营”时，我滔滔不绝，引用了很多法律名词，罗列了罗梭、孟德斯鸠的法学名言，时不时还秀上几句英语，可台下一些战友却反应平平。等到一位只有初中文化的班长上场时，他用党的理论分析部队里发生的事情，大家一听就懂，反响非常热烈；而另一次在热点辨析会上，连队组织讨论“正风反腐怎么看”，我根据自己对时政的理解提出的“愤青”观点，再一次遭到了战友们摆事实讲道理的反驳。这两件事情深深地触动了我，从那以后，我开始热爱上了理论学习，一有空儿就钻进连队图书室，摘抄习近平主席讲话精神要点。而且我逐渐将理论学习融入生活，经常和战友结合政治理论交流讨论问题。时间长了，我越学越有兴趣，也越学越有收获。

很快我成为连队理论骨干，我决心发挥自己的知识优势，当好理论学习的辅导员。为帮助官兵原汁原味学习强军思想，我从习近平主席系列重要讲话中分类摘录重要思想观点，汇编成习近平主席系列重要讲话精神学习手册，受到普遍欢迎并在全旅推广使用。

军人是普通人，也是英雄

现在回想起在部队的日子，融入生活的政治理论学习让我更加接地气儿，艰苦的训练生活也让我对生活更加珍惜和感恩。新兵连时吃了不少苦，受了不少委屈，不过经历了之后再遇到一些艰难险阻时，我都会想起在新兵连的日子，然后告诉自己，新兵连都熬过来了，还有什么过不去的坎呢？也许恰恰是这些苦和委屈，教会我真的懂得知足、珍惜和感恩。在义务兵的生活中，很多原来微不足道的东西变成了奢求和幸福，比如，一周去一次的超市、一周10分钟的电话、一周洗一次的澡。返校以后，我明显感觉自己变得

特别容易满足，每次点菜时我脱口而出的“随便”真的是随便；过年时看春晚直播，虽然很多朋友在吐槽，我依旧看得津津有味，不管从颜值还是专业水平都比我们宣传队高多了。

两年的部队生活，让我对军人也有了更加全面的认识。去年看大阅兵直播时，身边的同学，特别是一些女同学非常仰慕那些威风凛凛的战士。其实，真实的战士远没有那么光鲜亮丽、高、大、全。他们像是魏巍先生形容的“可爱”，他们有很多缺点——有骂人说脏话的时候、有纪律管得太严翻墙头的时候，有为了一碗泡面争得脸红脖子粗的时候。但是当祖国召唤他们的时候，他们就是能“挺起胸膛站排头，就是当得了董存瑞，当得了黄继光”。我所在连队中有一位班长，是新型战车教练高手，是训练演习中的主力。连队参加训练场士兵对抗演习战斗前夜，他接到父亲病危的电话。为了连队在演习中的成果，他毅然对姐姐说：“部队有任务，3天后结束，告诉爸一定等我！”而当他赶回家时，父亲已经说不出话，第二天就离开了人世。这样的故事，在部队中还有很多很多。

军人是普通人，他们都有血有肉，有着普通人的一切情感。但他们又常常是英雄，在国家和人民面前勇于做出自我牺牲。

军营赋予我的家国情怀

两年的军旅生活，漫长又短暂，如今我回到清华继续学习。这两年来在部队的摸爬滚打，我不仅收获了战友情，而且对社会也有了更加深刻的了解。部队就像是一个小社会，各个生活阶层和文化背景的人都有，通过与战友之间的交流，我更深入地了解到社会中不同的群体在关注些什么。

2015年、2016年暑假，我在宁德、贵州和福州的金融办参加了实践和挂职。当时“互联网+”在各行各业广泛推进，互联网金融也蓬勃发展。但我在福州参与“互联网金融专项整顿活动”时却发现互联网金融行业的监管工作还有很多不到位的地方，对很多老百姓来说，他们根本不懂其中的运行机制，很容易上一些诈骗行为的当。看到这些，我会感受到我身上作为一名清华人的责任，我享受着清华的资源，我有义务去维护人民的利益。

如今，我已经完成硕转博，将继续在清华大学五道口金融学院攻读博士学位。我将珍惜清华教育的资源，继续学好、用好自己的专业知识，希望将来能用自己所学保护好人民的利益。

以身许国，矢志不渝；入伍两年，无悔青春

个/人/简/介

汪洋孟杰，男，汉族，中国共青团团员，1992年9月出生，湖南衡阳人。原精密仪器与机械学系2010级机械工程与自动化专业学生。2012年12月入伍，服役于中国人民解放军空军93721部队警卫连，历任警卫员、连值日员、军械器材员兼文书，获两年“优秀士兵”称号，一次“和平使命2014”个人嘉奖，2014年12月退伍。2015年9月参加清华国防生西点军校交流项目，2016年7月毕业。现就职于中国航空动力机械研究所。

清华的学生去部队，就是为了去看看、去锻炼，因此还是选择去最艰苦的地方。来都来了，选择轻松的岗位，那你何必去呢？

——汪洋孟杰

2012年12月的一个清晨，天蒙蒙亮，清华的学子们正准备去图书馆复习期末考试。然而，精密仪器系精05班的汪洋孟杰比他们起得还早。他穿着一身干净的军装，收拾好陪伴他两年的宿舍，打好背包离开了校园。是的，他要去参军了。

在校门前，他最后回头看了一眼这熟悉的校园，心中既不舍，又忐忑。从他做出参军的决定到现在的一个多月，不仅他的父母一直反对，连办理停课的老师都表示了不解，“你好不容易考来了清华，为什么不珍惜？报国也不一定要去部队”。

“我是真的想当兵”

“我是真的想当兵。”只要是汪洋孟杰认准了的事情，他就一定会去做。他一遍一遍和父母沟通，表明自己的决心，效果不明显，他就开始打“拉锯战”，不给爸妈打电话。这样简单粗暴的做法还真的起了效果，爸妈看到儿子主意已定，也就耗不住了，终于松了口。

在半年前，他绝对不会想到自己会参军，而现在，他已经坐在了前往部队的列车上。当时，也是在一列火车上，百无聊赖的他点开了手机里的小说软件，首页弹出了一个有关特种兵的小说，他竟读得酣畅淋漓，一发不可收拾，参军的想法那时就播种在了他的心里。在学校，骑车一向目不斜视的他，偶然瞥见了海淀区征兵的巨大宣传牌，“帅气乂美丽”，他说，宣传牌里女兵的照片强烈地震撼了他的内心。没过多久，10月中旬的时候，隔壁寝室一位同学忽然跑来激动地告诉他，自己要去参军了！心中的渴望如洪水猛兽，他当天就做了决定，并打电话告诉了自己的父亲。

人生中会有很多偶然，放手去做那才是青春。“有些东西必须是你自己经历过”，他说，“有人说部队不好，那为什么这么多人愿意去？想要了解部队，我就要自己去看一看。”前往部队的火车上，大家兴奋地交流自己参军的想法，汪洋孟杰也参与其中，但没想到，部队的磨炼已经在等待他的到来。

清华学子，在哪里都是表率

汪洋孟杰从上火车开始就一直在刻意隐瞒自己是清华学生的身份，因为他不希望别人因为他的身份而特殊对待他，但其实在他到达之前，新兵连的班长们就已经传开了。班里第一次开会，班长就当着所有人的面问：“你们这里谁是清华来的？”人怕出名猪怕壮，出名只有当好汉，他一直在心里告诉自己，要做出表率来，不能给清华学生丢脸。

新兵连是每一位士兵必须跨越的第一道坎。在这为期3个月的历练后，这些年轻人就会从一个普通人变成真正的军人，因此新兵连总是格外严酷。在零下二十多度的室外站军姿，身体不绷紧就会被冻僵；踢正步抬腿用细线对齐，一端就是半小时；俯卧撑撑在地板上，直到有汗珠滴下才能停；被子要叠成“豆腐块”，床单弄得有棱有角……

但是汪洋孟杰觉得新兵连最痛苦的地方是内心的磨炼。三个月里，每天都在做同样的事情，却几乎没有休息的时间。体能训练练完了，那就站军姿、爬战术，好不容易回到宿舍了，又得叠被子、铺床单、扫厕所，这些全都做完了，还要背三大条例。看似按部就班，实则又紧张、又枯燥，有些年纪较小的士兵，因为受不了新兵连的打磨而吵架，但汪洋孟杰总是默默地做好所有事，被子方方正正，军姿站得笔直，跑步名列前茅，践行着清华“行胜于言”的校风。

汪洋孟杰所在的部队属于空军，很多战友来参军，都以为自己是来开飞机的，来了以后却发现是维修工，甚至只能当警卫，警卫无疑就成了下连队时谁都不愿意去的岗位，因为它对身体要求更严格，训练更艰苦，工作也更枯燥。

新兵连3个月的磨炼过后，由于期间优秀的表现，汪洋孟杰有了自主选择岗位的机会，而他果断选择了警卫连。“清华的学生去部队，就是为了去看看，来都来了，选择轻松的岗位，那你何必去呢？”就这样，他选择了一个航空兵场站的警卫连，据说这里任务最重、管理最严，很多战友因为被分配到这里而不太高兴，但看到汪洋孟杰也在，就说：“人家清华的都去了，咱们还有什么怨言？”

为祖国站岗

汪洋孟杰所在的航空兵场站在山西朔州的深山里，这里气温很低，自然环境极其恶劣，即使夏天6月份，晚上也要穿3件衣服才能御寒，更不用说冬天了。恰好，汪洋孟杰所在的班，一年四季的岗哨都是深夜流动岗，零下三十多度的气温，会在手上留下犹如刀子划过的裂口，又细又深，哨兵除了多加衣服以外毫无办法，还有人会穿两三双袜子来给脚保暖。每班岗哨两个小时，最后半个小时是最难坚持的。幸亏汪洋孟杰他们班是流动岗哨，实在冷得受不了了，他就跑一跑、跳一跳，再打会儿拳，和黑夜的严寒抗争。

部队力求公平，即使是从清华来的学生，也要和其他战友一起轮流站岗。晚上12点到2点、2点到4点，4点到6点，岗哨时间不一样，睡觉时间就不一样。而他们班编制不足，原本五班倒、六班倒的岗哨，只能由4个人来站，最多的时候一天要站12个小时。担任哨兵的那一年里，汪洋孟杰几乎从来没睡过什么好觉，能够完整地睡一夜，竟成为了一种奢望和幸福。

警卫连的工作对身体素质的要求比新兵连更高，大量的时间花在了站岗、训练和劳动上。尽管半夜一直在站岗，白天的训练和劳动却从来也没少。一万米跑过，一万两千米跑过，背着30公斤负重爬山也没问题。下连队之后的4月份，汪洋孟杰跟着连队去植树，每天的工作是挖树坑。没想到，就像军被要叠成“豆腐块”一样，部队对于挖树坑也有标准，树坑必须挖成0.8米长、0.8米宽、1.2米深的长方体，遇到石块，就要把石块凿出来。连续干了20多天，每周只休息半天，汪洋孟杰出现了腰肌劳损，弯腰就会痛，疲惫感也随之而来。但他一直忍着，没有请求休息，这对意志力是一个强大的考验。

更大的挑战还在后面，部队的生活按部就班，没有变化，士兵们又没有机会接触外面的世界，下连队一个月，枯燥的感觉就渐渐爬满了每个人的心头，日渐加重。每天半夜，汪洋孟杰和战友一边站岗一边聊天，从国家大事聊到家长里短，将陈芝麻烂谷子翻了个遍，最后大家都听腻了，就开始静默无言向前走，聆听深山里黑夜的风吹草动。

对于这种孤独和焦虑，汪洋孟杰也有一套自己的解决方式。他是一个善于思考的人，为了打发时间，他在自己脑子里设立一些大的哲学命题，例如"人生有什么意义""我来部队是做什么的"，越是这样思考，他就越确定自己来部队的意义，信念也更加坚定。他还是王力宏的粉丝，站岗的时候，为了对抗黑夜的压抑，他把脑袋里存的所有王力宏的歌，一首一首大声地唱出来，歌声就在机场里飘啊飘，不知道飘往哪里去了。

两年春秋转眼过去，又到了一个11月，是汪洋孟杰离开部队的时候了。当你习惯一个地方的生活节奏和生活方式时，离开总是令人心里难受，更何况这还是在每个人心中留下了深深烙印的部队。出发前一天，汪洋孟杰和战友们全都睡不着觉。部队不让喝酒，但他们有说不完的话，他们约定，走的时候谁也不要哭。

汪洋孟杰离开清华那天是一个清晨，离开部队的时候也是。凌晨5点多，天还没有亮，也没有什么热闹的欢送会，老兵们静悄悄地坐在车里，汽车静悄悄地起步驶过了部队的大门。就在这时，不知从哪里传来了一声低微的啜泣，汪洋孟杰和其他战友们再也忍不住了，尽管他极力克制，还是有眼泪吧嗒吧嗒落了下去，他就这样离开了自己奉献两年青春的地方。

薪火相传，清华人的军营梦

2014年11月25日，汪洋孟杰回到了既熟悉又陌生的清华园。去武装部报道以后，他一溜烟儿就骑车来到了东大操场。在"无体育，不清华"的标语前，清华大学山野协会的同学们正在进行体能训练。参军以前的汪洋孟杰就很喜欢户外运动，因此在山野协会承担了一些工作，但这些工作由于参军而中断。他回来看到熟悉的协会旗子和陌生的队员们，恍如隔世。还好，部队的历练让他保持了优秀的体能素质，因此他会在周末带领山野的队员们外出拉练，也会参加协会的日常训练。他毕业时，山野的同伴在他的留言板上评价他："瘦瘦高高，英俊潇洒，体力超群，猛吃不胖。"

11月底回到清华，意味着汪洋孟杰耽误了两年半的课程，而雪上加霜的是，他所在院系的培养计划发生了很大的改变，这意味着他要补更多的课。第一个学期，他的成绩没有什么起色。但部队教给他的，除了早睡早起的好习惯和干净清爽的发型，还有沉着冷静的心态，他能静下心来，坚持去做自己认为正确的事情。第二个学期，他的学分成绩比以前高出了六七分！他认为这样巨大的飞跃都是源于自己在枯燥的岗位上的磨炼。除此之外，他觉得自己"胆子也变大了"，以前不敢去做、不想去做的事情，从部队回来以后，他都会抱着试一试的心态。2015年9月，他申请了清华在西点军校的交流项目，赴美国与西点军校学员一对一交流，深入了解美国的军校生活。

"部队所强调的是服从，是纪律，很多看似严苛无理的规定慢慢地磨平了人的高傲，消除了人的毛躁。而长期的训练更像是一种突破，去突破一个人给自己设定的极限，去让你发现一个更强大的自己。"本科最后两年的时光，汪洋孟杰一直在平静的勇敢中度过。偶尔有学弟来向他打听参军的事情，他会事无巨细地讲述自己的故事，如果对方真正愿意去部队，他会非常开心地鼓励他们。经过他的鼓励，最终有两位同学将内心的想法付诸行动，将清华学子的军营梦传递了下去。

"军魂永驻，信念如磐，以身许国，矢志不渝"，汪洋孟杰在离开部队时，把这句话送给自己，也表达了所有军人的心声。

一切向好，妙不可言

个/人/简/介

姬存宝，男，回族，中国共产党党员，1993年3月出生，新疆伊犁人。2011年考入清华大学精密仪器系；2013年9月入伍，服役于中国人民解放军66184部队，曾参加过“和平使命-2014”上合联演、“北剑1410”军事演习，2015年9月退伍；服役期间曾被评为“优秀士兵”两次、团嘉奖两次，曾当选团十佳年度人物；退伍后转入法学院学习，现为法学院大三年级学生。

入伍之前，我为个人的发展而迷茫；入伍之后，我为集体的发展而笃行，一切向好，妙不可言。

——姬存宝

有些人参军入伍，是想要实现儿时的梦想，披上戎装、英姿飒爽；有些人参军入伍是为了上军舰、开坦克，获得一种别样的体验；而我参军入伍是为了给当时的我换一个环境，理清自己接下来的方向。我在大学二年级参军入伍，那时我还在清华精仪系学习，专业课的压力让我越来越不清楚自己想要什么，自己未来应该走什么样的路，我很茫然。偶然我看到了学校的征兵宣传，像是看到了一丝曙光，我要去部队找寻答案。

当我把参军入伍的决定告诉家里人时，他们并不同意，认为我这是在逃避学习。但是我从初中一直在寄宿学校，生活一向比较独立，所以，最终他们还是尊重了我的决定。就这样，我来到了军营。

我有一些在部队的朋友，在进部队之前我对部队的训练、生活已经有了足够的思想准备。初入军营，与许多同学、朋友不同，我并没有感到太多“不适应”。相反，看到周围大部分都是年龄比我小的新兵蛋子，我决定我要在这批新兵中做最好的。

我所服役的部队是“步兵旅”，在这里，新兵的体能训练科目主要是轻装5公里和武装5公里。我在高中曾经是校长跑队的一员，在清华又经过“阳光长跑”的训练，长跑方面，我已经有了一定的身体基础。所以在新兵连期间，我在武装5公里、轻装5公里等项目上一直名列前茅，也由于我其他各方面素质也较为过硬，在最后的下连考核中我获得了“优秀新兵”的称号。

新兵连时期，我因为体能各方面素质不错，过得都比较顺。受到的第一次打击是在2014年初的团开训动员会上，当时每个连要出3名战士组队进行“400米扛连旗接力”，我由于身体素质较好被作为尖子进行选拔。但是我却刚好跑了全连第四，只能看着班长们代表连队出征，这让刚从新兵连获得阶段性成就的我很不是滋味。我意识到，做新兵中的佼佼者并没有用，要做

就要做全连最硬的，做全团最硬的……

在接下来的体能训练中，我给自己定了死标准。我告诉自己，要是哪次跑步没有跑吐，就说明自己没有尽全力跑。为了让自己有更大的突破，我穿30多斤的沙衣负重跑5公里（尝试了一个多月后由于沙子寒影响身体健康而放弃）。不负自己的努力，到第一年年底的时候，轻装5公里我能跑进18分半，400米全连没有人比我更快。又一年团开训动员会，我代表连队出征800米扛连旗接力。

2014年年末，老兵刚刚退伍，新兵还没有下连，连队整体处于较为散漫的状态，我对自己接下来一年的军旅生活也有一些茫然。冬季拉练前连队闹流感，许多战士病倒，我也因为高烧在卫生队隔离治疗了3天。这3天时间里，我认真梳理了这一年来自己的种种。这一年，我在体能上达到了全连前茅，军事技能也在全连战士中数一数二，战友关系上有了一群关系很铁的同年兵战友，可以说总体上符合自己当初入军营的期待，那么我接下来的一年呢？是继续追求更好的身体素质还是做一些更有意义的事情？

从卫生队出来回班的时候，战友们正在屋里擦枪，我发现了许多新面孔。原来是又一批新兵下连了。看着那一张张懵懂的脸，我想我找到了接下来一年的目标。参军第一年的生活总是充满苦涩，压抑、愤怒、难过的情绪一整年几乎没有断过，我们中有越挫越勇的，也有自暴自弃的。都说部队是个大熔炉，锻铁成钢，却很少有人看到在这过程中烧废了的炉渣。我想这一批的炉渣能不能因为我的存在而少一些。

因为在第一年的生活工作中，我不能接受一些老兵的所作所为而消极怠工、软抵抗，在第二年我没能当上班副。作为一名普通老兵，我只能管到自己班里的3名新兵（班副可以管全排的新兵），所以我对他们3个格外上心，每天的体能训练我都陪他们一起，休息时间会主动找他们聊聊天，希望他们能够少些压抑，对班长多些理解，以积极的态度去度过第一年。

一次偶然的机会，我得知连队支部建制中有“战士理论教员”这个职务，而由于以往士兵对这个职务并不积极，连队里的“战士理论教员”一直是空缺状态。我主动找到了指导员，向他申请当连里战士理论教员，指导员很支持我。

脑海里回想着训练场上新兵们的汗水和泪水，我在笔记本上写下了第一课的题目“当兵光荣”。第一次的授课我仍然记忆犹新，战友们都以部队“看新闻”的姿态听我在上边讲，一群汉子腰背挺直、眼含“杀气”地注视着我，让我压力倍增。当我小心翼翼地宣布结束授课的那一刻，战友们齐整的掌声给了我很大的鼓励。军营的战士们入伍时大都是十七八岁，辍学都比较早，对于外面世界的有限认知都来自于网络，而由于网络上对于美国士兵的过度吹捧，使得他们有“惰战”情绪。他们总是会问，“美国大兵那么厉害，装备那么先进，我们能打得过吗？”我知道作为一个清华学生，我在他们心里是值得信服的。每每这个时候，我都会坚定地告诉他们“肯定会赢”。

除了用自己的经历让他们对军营有着更深刻的认知，我还带着大家学习连史、了解清华的大学生活。到后来，他们中兵龄短的会叫我一声“宝哥”，兵龄长的会戏称我一声“姬老师”。

如今，我已经退伍。虽然脱下了那身绿军装，但是我依旧保持着在部队的习惯。回到清华，我坚持体能锻炼，几乎每两天会去操场跑一次5公里；坚持每天“强迫症”式整理内务，桌子上的书本必须按照大小排列，毛巾也按照部队习惯在毛巾架上整齐摆放；坚持每天早睡早起，晚上11点之前必须上床休息；坚持布置的作业、任务马上完成，不拖到deadline。我很高兴的是，这些“部队”的习惯似乎逐渐在影响着我身边的人，舍友们的作息更规律了些，寝室的内务似乎也更好了些。一些同学开始约我跑步，一些想要参军入伍的同学也专门找到我一起锻炼，并向我了解部队的情况，其中一名法学系的同学一直和我一起锻炼并打算在今年参军入伍。

我在宿舍墙上的小白板上写下这样一句话——“一切向好，妙不可言”，这是部队班长教给我的一句话。事情不一定要争个对与错，不一定要争取自己利益的最大化，但是一定要向着集体“好”的方向发展。我现在一直将这句话作为自己的座右铭，在自己的日常生活、学习中不断地提醒自己，这是部队赋予我的集体意识，也正是清华赋予我的家国情怀。一个人为自己谋求幸福的生活非常容易，但是如果能够为祖国的建设、为更多人的利益贡献出自己的力量，那样的人生才更加有意义。我找到了我的答案，不再为个人得失而过分焦虑。我申请转系到法学院学习，本科毕业后我想回到新疆，回到我的家乡，成为一名公职人员，投身于完善家乡政法系统的工作中。

清華園

第二章　勇气

勇气，是人面对挫折时敢于忍受与自我突破的坚韧气质。一个具备勇气的人，在外在或内心压力面前，敢于冒个人危险担当责任，与困难搏击。军人的首要品质，便是勇气。

自动化系陈炬初入部队，紧张的训练令他常常肌肉疼痛，但是他却坚信最艰苦的时候更应奋力一搏；美院女兵王晓丽为能充当导弹发射手，每天要练习上百次动作，在复杂的指挥操控台上一坐就是几个小时；人文学院火箭兵张毅成在部队头顶清华光环，却认为更多的机会意味着更大的责任；工程物理系吴毅恒在西藏查古拉哨所为祖国戍边，恶劣环境不曾将他击垮，反将他瘦弱的身躯百炼成钢；经管学院哨兵刘新华刚入军营被子就被丢在垃圾桶里，但他却坚信不能给清华丢脸；经管学院戴眼镜的狙击手朱昕岩在每日武装8公里中一点一滴地突破着自己的极限；经管学院武警崔作鹏和机械系防空兵郭冬冬新兵连3个月，经历了由一名社会青年向合格军人的巨大转变；美术学院刘军亮从清华的“红橙黄绿”到部队体验了“酸甜苦辣”；人文学院女兵刘婷在沙场红装铁血，巾帼不让须眉；工程物理系武警王欢在西南边境为祖国缉毒，与毒贩斗智斗勇，心无惧畏；机械系罗宏图“硬汉”出自军营来，每天高强度训练曾让他膝盖伤上加伤，但是他从未放弃。

他们怀抱热血报国理想，以书生之躯步履军营，虽然纪律如铁、绝对服从的军营无时无刻不在迫使他们神经紧绷，他们的生活被彻底“颠覆”，但他们没有选择临阵逃脱，而是牢记使命，勇敢以对。

永远在征途的士兵

个/人/简/介

陈炬，男，汉族，中国共产党党员，1988年2月出生，湖南浏阳人。2006年8月考入清华大学自动化系，2008年12月入伍，2015年11月退伍，曾服役于中国人民解放军原总参谋部防空兵学院。服役期间被评为“优秀士兵”两次、荣立三等功一次，被评为总参“四会”优秀政治教员，并于服役期间加入中国共产党。返校后担任自动化系国防生辅导员，所带自11班荣获全校体能比武、队列会操、军歌大赛等多项冠军，学业成绩名列年级第一，被评为北京市优秀班集体。毕业后自主创业，成立北京朝夕光年信息技术有限公司，公司已融资上千万元。

人生如同一次漫漫征途，勇敢的战士从一个战场奔赴下一个战场，在拼搏和磨砺中获得光荣和成长。

——陈炬

2006年，我从湖南考入清华大学信息学院自动化系。和清华所有的学生一样，我每天骑着单车背着书包行走在清华大学几千亩的校园里，繁重的学习任务和丰富的学生活动占据了我大部分的时间，我忙碌着、奋斗着。直到2008年秋天，学校的征兵宣传让对军营充满向往的我开始思考是否要尝试一下另一种陌生而充满挑战的生活。

2008年12月在经历报名、体检、政审等一系列程序之后，我踏上了南下的火车，我的战场从清华大学转移到了总参某防空部队。

军营的生活艰辛却充满激情，清华学生的身份并没有让我少吃多少苦，反而是我比普通士兵更加努力的理由。一年时间的摸爬滚打，我从一个文弱书生蜕变成一个各项军事成绩名列连队前茅的优秀士兵，也对军营这片广阔的天地产生了深厚的感情。参军第二年，我被选中到新兵连带新兵，成为全团唯一一个上等兵新兵班长。“这是荣誉，也是挑战，更是沉甸甸的责任！”在别人的质疑中我出色地完成了新训任务，我所带新兵班以优异的成绩夺得全团会操第一名，我也因为各方面的优异表现荣立三等功。

回顾这段经历，我说这是一个重大转折，不仅锻炼了自己的指挥和组织能力，还深刻感受到责任、担当、荣誉这些军人身上最闪光的东西。退伍前夕，我还代表单位参加总参谋部举办的“四会”政治教员评选，在这个几乎全是军官的舞台上以义务兵的身份拿下一等奖。我珍惜这些来之不易的荣誉，但更看重的是在一次次挑战中自己获得的成长和蜕变。

后来，自动化系的郑玉昆等学弟、学妹来咨询我，当兵究竟是怎样的一种体验。我一直都觉得当兵期间所锻炼出来的力争上游的精气神儿、奋斗不息拼搏不止的昂扬状态，成为了激发我不断探索和取得成绩的重要动力。

士兵永远在征途

脱下军装之后，我又开始了新的士兵突击。

回校之后我接到了新任务——担任清华大学国防生辅导员。从国防生入学那一天起，我就以军人的标准要求自己所带的国防班，每天早上6点准时带领大家出操训练，寒暑不断。在我担任辅导员期间，我带的班不仅军事成绩所向披靡，拿下了各种比武会操的全校冠军，就连国防生向来处于劣势的文化成绩也突飞猛进，由入学之初的年级垫底跃升为年级第一名，创造了清华大学国防生培养的历史纪录。

2012年，在本科毕业之际，当同学们都开始各种毕业旅行的时候，“不安分”的我又开始了新的挑战。这一次我决定独自一人骑行青藏线！

从西宁到拉萨，全程2000多公里，平均海拔4000多米，空气稀薄，长距离爬坡骑行对体能要求很高。不过对于经过部队锻炼的我来说，这并不是最大的困难。青藏线真正的挑战在于沿线人烟稀少，补给点之间常常隔着几十上百公里的无人区。七八月间高原气候多变，上午天清气朗，下午可能就刮风下雨下冰雹，夜间甚至会下小雪。高原上没有任何遮挡物，遇到风雨冰雹，只能硬扛着往前走，因为赶不到下一个点就得露宿高原，那是非常危险的。我有一次在一个挖煤工地上住过一宿，那是最惊险的一次。

漫漫旅途中，我走过风光秀丽的青海湖，翻过苍莽雄伟的昆仑山，曾在初次见到圣洁的雪山时热泪盈眶，也曾在穿过可可西里时邂逅传说中的藏羚羊。“寂寞和艰辛是难免的，但是与心灵受到的震撼相比都微不足道。”

我曾在途中作过小诗一首，以表心迹——

生平不负剑，岂知江湖远？
今作少年游，意气凭肝胆。
旷野少人行，长路多艰险。
单骑自驱驰，游子不顾返。

创业，考验并不比当兵小

青藏骑行回来后，我的硕士生涯开始了，研究方向是互联网和电子商务。在那互联网创业如火如荼的时候，我心中也蠢蠢欲动，想在这个风云激荡的时代干一番自己的事业。2012年年末，经过深思熟虑，我和两个同学正式开始合伙创业，方向是团队协同工作网站。

那真是激情燃烧的岁月啊，3个人躲在宿舍苦干了一个寒假，除了吃饭、睡觉就是编程，春节也只回老家待了不到一星期。寒假后，凝聚了团队辛勤付出的新产品——e朝夕上线了，网站集成了日程管理、任务管理、文件管理、即时通讯等功能，能帮助团队提高工作效率。网站推出之后，很快在校园里累积了3000多用户，团队规模也迅速扩大，一度达到了十几人。

当然，任何创业都不会一帆风顺，我们也很快遇到了瓶颈。

由于3个创始人都是技术出身，缺少产品和运营经验，我们犯了初创团队最容易犯的错误：把产品做成了大而全但是缺少核心竞争力，用户增长也越来越乏力。核心成员曾一度对未来发展方向产生了激烈的争执。

好在我们都是对事不对人，虽然意见分歧很大，但大家都是为了团队的未来着想。在经过一段苦闷彷徨的思索后，我和团队冷静思考，确定了转型方案：产品上大刀阔斧地做减法，集中精力做好社交化时间管理这一个点。顺应移动互联网的发展趋势，产品形态从PC端为主转向以移动端为主。

方向确定后，团队迅速转型，小团队的灵活性优势很快显示出来了。很短的时间内，我们就把社交日历APP——朝夕日历第一版研发出来了。团队也顺利入选清华大学创新创业基地x-lab。在x-lab，团队的产品获得了投资人的赏识，顺利拿到了天使投资。

做极致的产品，做正能量的事业

获得天使投资之后，我决定休学全职创业，这一次休学和3年前休学参军一样，我的抉择依然坚定。创业是高风险的，成功率很低，只有全力以赴才有希望。休学全职创业是对团队负责，对投资人负责，也是对自己负责。对

于创业者，每一次出发都是负重前行，新的困难和挑战层出不穷。创业过程中，我先后做过后台开发、移动端开发、项目管理，后来由于团队分工的需要，又从技术开发转向运营推广岗位。这次转岗对于理工科的我来说又是一个新的挑战。

创业者不能说我不会，也不能说我不行。每一个困难都必须克服，否则就有可能倒在成功的前夕。“做极致的产品，做正能量的事业”始终是我和团队的理念。

如今，我在创业的道路上拼搏着，就像那时候奔跑在部队里的训练场上一样，也像骑行在渺无人烟的青藏线上。如果你曾经和我擦肩而过，不妨去朝夕日历找一找我的身影。

部队这片热土 我爱得深沉

个/人/简/介

王晓丽，女，汉族，中国共产党党员，1988年4月出生，山东即墨人。2006年考入清华大学，2015年毕业于清华美术学院，现工作于清华大学党委武装部（校国防教育与人才培养办公室）；2009年12月入伍服役于火箭军（原第二炮兵某旅），服役期间，先后被评为优秀士兵、火箭军（第二炮兵）优秀大学生士兵、北京市海淀区优秀退役大学生士兵等，获得嘉奖一次、荣立个人二等功一次；在校期间先后担任美术学院12级带班辅导员、武装部辅导员，荣获清华大学“一二·九辅导员”奖。

青春是不可思议的伟大力量。走好青春之路，坚定自己的选择，才能无愧于自己，无愧于祖国，无愧于人民。如果再给我一次机会，我还是会选择当兵，当一名真真正正的军人，一名合格的女子导弹操作号手。

——王晓丽

参军入伍：儿时的梦想

每年的秋季，清华园里落英缤纷，是园子最美的时节。2009年10月，是我在清华度过的第三个秋，主干道的行道树开始步入凋零，我却觉得这是我迄今为止见到过最美丽的秋天。因为，儿时的梦想在这个收获的季节得以实现——我参军了！

当主干道两旁的树叶开始纷纷飘落时，清华园里每年一度的征兵工作拉开了序幕，树干间“好儿女，当兵去”的红色横幅格外醒目。看到它，当兵这一在我心中埋藏已久的激情再度涌起。没有丝毫的犹豫，我骑车直奔学校武装部报名。如今，回想起当时骑车穿过人群，内心紧张、兴奋、急切，我又抑制不住地激动起来。

报名结束回到宿舍后，我立即给家里打了个电话通知他们：我报名参军了！我的父母没有像其他家长一样怕我去部队吃苦而反对我，相反他们很支持我。尤其是我的父亲，从电话听筒中就能感受到他难以言表的喜悦与骄傲，仿佛是多年的梦想终于成真。

我的父亲一直有个军人梦，年轻的时候因为家人的反对没有穿上心仪已久的军装，所以这份投身军营的梦从小便寄托在我身上。在父亲的影响下，从小我的玩具就是各种枪，在别的孩子看动画片的时候，我跟着父亲几乎把所有的抗战电影看了个遍。

同班的同学在知道我报名参军后很不理解，他们不断地问为什么，面对他们的疑惑，我向他们解释：人的一生，宝贵的青春时光稍纵即逝。如果能在这有限的青春里将儿时的梦想实现，能在军营这所“大学”里历练成才，实现保卫祖国和锻炼自我的完美结合，真的是我梦寐以求的事情。如今，机会来了，我必须紧紧握住。

儿时的梦想也承载着父亲未尽的愿望。当兵两年没有回家，退伍第一次回家，母亲偷偷告诉我，向来低调的父亲从来不在别人面前夸女儿，即便是我考上了清华，也从不跟外人提起。但是这么低调的父亲却在我当兵之后，把部队发的“光荣军属”的牌子挂在了家门口。看着我穿着军装回到了家里，父亲眼里闪着泪光，看着他两年里两鬓又添了些白发，我一时语塞，只是庄严地向二老敬了一个军礼。

新兵连：苦中作乐

2009年的女兵体检异常严格，并首次采用百分制，还加入了面试及才艺展示的环节，这让很多人在网上吐槽：“去当兵又不是去选美，至于吗！”经过一系列的体检、政审和面试，我最终成为海淀区入选的30名女兵中的幸运儿。

如果要我用一个词来形容新兵连的生活，脑海中最先浮现的就是——灰色。新兵连的第一天，我就体会到了军队铁一般的纪律。因为我上厕所没有跟班长报告，被班长狠狠地批评，又由于自己的不服气导致全班的战友们陪我一起受罚。那时才知道，部队没有个人，有的只是集体共享喜悦和痛苦。

在部队，“清华”既是一种光环，也是一种无形的压力。因为这一身份，我得到了更多锻炼提升的机会，同时我也要比别人更加努力，做得更好，才能不辱没“清华”二字。比起校园中丰富多彩的生活，军营里的日子单调枯燥。每天都在做重复的事，整理内务、练队列、体能训练、打扫卫生。虽然已经做足了万全的心理准备，还是出现了不适应，我后悔过、苦恼过，也偷偷在半夜哭过，但心里那股不服输的劲儿告诉我要坚持，因为在部队我代表的就是清华，所以不管做什么一定要做出清华的标准。

每天早上睁眼后的第一件事，就是提醒自己今天一定要比昨天再努力些，再坚持一下，我代表的不是自己而是清华，无论是内务卫生还是队列体能我都要做到班级最好。大家不愿意去做的公差，我都会主动要求承担。渐渐地，班长们说我身上不再有娇滴滴的学生气，能吃苦肯受累，开始像个兵了。

新兵连的生活尽管单调，但每天都有做不完的事，分秒必争。每天吃饭只有5分钟时间，从坐下到起立5分钟，班长会在边上掐着表，对于一个之前吃饭细嚼慢咽的人来说，实在是巨大的折磨。但是高强度的体能训练不吃饱怎么能行，所以我和战友们就会在班长不注意的时候偷偷往作训服里装馒头，也不管作训服的口袋里是不是装着来不及扔掉的垃圾还是抹布，就是使劲地往里塞。等中午班长午睡或者晚上睡觉的时候，偷偷跟战友们分着吃，当把馒头塞到嘴里，慢慢咀嚼，那种满足感、幸福感难以言表。由于平时不准买零食，只能靠食堂的馒头来充饥，所以我的最高纪录是一天吃过11个手掌大的馒头，那也是我第一次体会到能好好地吃饱一顿饭是多么的幸福，那时候简直太想念清华的食堂了。

新兵连里的战友情是我最为珍重的。陈茜是来自城市学院的战友，我们在体检时相识，很投缘，新兵连也分到了同一个连队，只不过不在一个班。当时连队不让非同班的新兵有过多的交流，所以我们两个就经常互传小纸条。一天我去给班长打水，恰好她也去打水，她偷偷地把之前准备好的纸条给我，“中午扫厕所的时候见，有事！”短短几个字，简单明了。中午待班长午睡后，我们就开始打扫室外卫生、掐被子。我偷偷溜到厕所，陈茜已经在等我，我俩去到我们的秘密根据地——厕所的最后一间，关上门，她从口袋里拿出了一块已经皱皱巴巴的大白兔奶糖，显然已经藏了很多天。拿出来她笑着说：“吃吧，我们班长赏我的。”陈茜话一出，我的眼泪就开始在眼眶里打转。我把糖一分两半，我吃一半她吃一半，吃到嘴里是甜的，可是到心里却有种说不出的苦，就这样我们两个在厕所流着泪把那块来之不易的大白兔奶糖吃了，陈茜也成为了我一辈子的挚友。

新兵连的生活虽苦，却是新兵们蜕变、成长最快的阶段。经历过因为站了两个多小时军姿，战友腿抽了一下而没打报告全班受罚在寒风中对着风口喊一百声报告；经历过两个月没打电话，第一次拨通家里的电话眼泪止不住地流；也经历过因为着急集合把原本写给同学吐槽我受到的“虐待”的信寄给了家里。无论苦也好笑也好，新兵连是我当兵生涯的开始，从这里我变得强大、勇敢。

下连队：主动选择最艰苦的单位

新兵连结束后，所谓的下连之后的“好日子”并没有如期而至。我被分到司令部公勤队，负责公差勤务。公勤队有个惯例，新兵下连之前老兵会给新兵攒活，他们在新兵来之前把队里的卫生弄得很乱，等着新兵下连打扫。当时我们40个新兵住在一间屋子里，没有柔软的床铺，就在地上睡床板，由于人太多，平均三个人睡两个床板。每天的工作就是打扫卫生。早上4点钟我们起床，每天学习打扫卫生、会议服务、公差勤务专业技术等，那种感觉就像是古代进宫的宫女一样。尽管一开始辛苦，但等我们正式上岗后，主要是在首长身边工作，轻松了很多。这也是很多女兵期盼被分到的单位。

但是于我而言，到基层部队才是我想要的。在公勤队工作近4个月，正当我们的生活开始清闲舒服时，我找准时机向首长提出了我的想法。首长听完我的想法，并未表现出惊讶，好像知道会有这么一天。他只说了一句“小姑娘够有勇气”，便问我想去什么单位，“艰苦的、基层的、离战争最近的前线”我回答说。就这样，一周后我带上行李，与战友们挥泪告别，坐上了南下的火车，我不知道前方等待我的是什么，唯一能确定的是，我离成为一名合格的士兵越来越近。

导弹发射方阵：要做“女1号”

在参军入伍这条路上，我一直觉得自己很幸运，从最初成功参军到如今加入到一个光荣的集体——第一代女子导弹发射方阵，而我也用自己的努力和坚持回馈上天的偏爱。

第一代女子导弹发射方阵是由一批高学历、高素质的年轻女兵组成的中国战略导弹部队。部队里的女兵平均年龄23岁，几乎全都具有大专以上学历，有的还是在读硕士研究生。到现在，我依旧觉得能够成为这支部队的一员，我真的是无比幸运。

记得刚到团里的时候是个中午，接我的参谋把我送到了宿舍，8月份的浙江天气闷热，正午时刻更是酷暑难耐。宿舍里一个人也没有，就在我纳闷战友们去了哪里时，便听到一阵阵气势磅礴的口号声，没想到女兵也能喊出如此响亮的口号。我的战友们全副武装，迈着整齐的步伐向我走来，她们的头发很短、皮肤黝黑，看不出是女兵。看到眼前这幕，我特别高兴，我来对了。

我所在的导弹发射连的专业学习很多，想要到发射车上实装操作，必须要经过重重考核。对我来说最大的困难就是理论知识和体能。由于我晚到近5个月，专业知识已经落后战友太多。第一次理论考试的54分让我倍感羞愧，从那时我开始了与理论知识的长期 “作战”。白天正常参与训练，晚上别的战友休息时，我就到学习室加班。由于导弹理论笔记属于机密，每天晚上熄灯前必须交给保密员，我只能凭着自己的记忆晚上默背导弹操作规程。

通过学习我了解到导弹的 1号手操作台是导弹发射车的“大脑”，技术和操作最具挑战性。尤其重要的是，1号手能亲手按下“点火”按钮，把“巨龙神剑”送上云霄。“我要当1号”，这是我当时最大的愿望。

可是1号手并不是那么好当，白天我在发射车舱里对着1号操作台练习，熟记操作台之后，我自己偷偷画了一个，每天晚上站岗的时候拿出来对着练习。为了背记电路，我把不懂的问题记在本子上，休息的时候去问战友，战友不懂的我就去问男兵班长们。两个月后，我通过了理论考核，并且在上级首长检查的时候作为女兵代表向首长展示“电路跑图”。1号需要掌握的23个电路，首长随便挑，我在大电路图上向首长展示电路走向，并解释如何应用到实际操作中。

最终，我登上了庞大的导弹发射车，一个“号手就位”动作，每天要练上百次；复杂的指挥控制操作台，一坐就是几个小时；半寸高的作战靴后跟，磨平了两双，补了又补。在专业考核对抗比武中，我也三次夺得第一名。就这样我成功地通过了考核，取得了实弹发射资格证书，并且在团里组

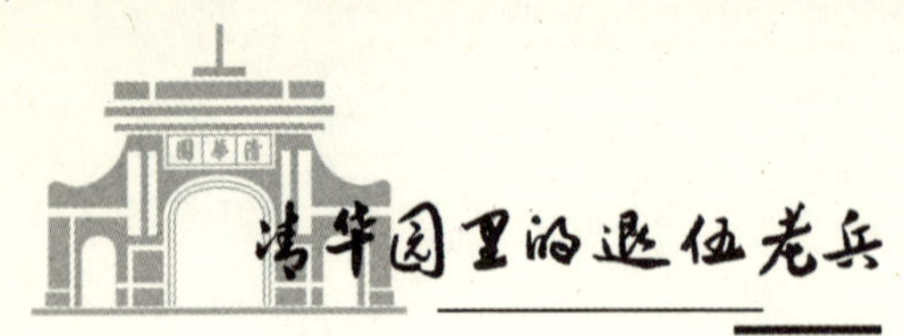

建女子转运单元的时候成功入选。转运单元是用吊车将导弹吊到发射车上，这个岗位需要“稳、准、精确”。带我们的老班长是一个三期的男兵班长，曾经上过“状元360”节目，能在5秒之内用吊车将筷子吊到啤酒瓶里。最开始我们学的是吊装满水的水桶，然后是集装箱，再是筷子，最后才是训练用弹。在取得转运资格证书后，我还笑着跟战友们说“以后我们退伍回去找不到工作，就到码头去吊集装箱。”

执行任务：备份是最后的王牌

2011年7月，女子发射单元奔赴青海执行实弹发射任务。这是我第二次踏上高原执行任务。高原的气候非常恶劣，为了能尽快适应高原的环境，我们每天都要4点钟起床训练。广袤的戈壁滩上荒无人烟，甚至连路都没有，我们在戈壁上压平地面、挖沟建渠、支起帐篷。雪山底下，我们的帐篷排排而立，每天晚上站岗的时候能看到高原繁星璀璨的天空，那是我见到过最美的夜空。

然而夜空虽美，我们却无心欣赏了。在实弹发射前两天，我所在的发射单元被定为备份单元，与“最后一击”失之交臂。我们不明白，我们单元的考核成绩最好，我们抽中的发射车性能最好，为什么我们会成为备份。领导们细心地找我们谈话，最终我们还是服从安排。集体利益永远高于个人利益，而且备份单元是非常光荣的。我们被定为的是热备份单元，也就是在最后一刻撤离发射车，只是不按下最后点火按钮而已。我们用的已是超期服役的发射车，故障较多，我们能被定为备份，说明我们的技术过硬，备份之后再无备份。可以说，我们备份才是最后的王牌！上阵那一天，听到“退出发射”的口令，我和战友们走下车，看到另一个阵地导弹腾空而起，我们还是忍不住掉下了眼泪。这是喜悦的眼泪，为我们整个集体感到高兴而自豪的眼泪。

退伍：感恩部队 继续前行

退伍返校后，我回到了阔别两年的清华园，一切是那么的熟悉，一切又是那么的陌生。身边的同学早已毕业，和自己小两届的师弟师妹们一起上课，总感觉他们是那么的“稚嫩”。回校后依然保持部队早睡早起、雷厉风行的作风，甚至还有在路上听见哨子声立刻立正站好、听到别人喊我名字大声答“到！”的条件反射。为此，我花了很长一段时间才改正过来。退伍后，我也发挥了退伍老兵的优势，当了海淀区征兵形象大使，配合海淀区武装部在每年的征兵季做一些宣传和咨询工作。同时我也一直在学校武装部帮助工作，每年的征兵季就会接到很多热血青年的征兵咨询，我都会给出耐心的解答。我还担任了院系的带班辅导员，以一名退伍老兵的实际行动影响我带的每一名同学。

如今，我离开部队已经有6年之久，或许，军人的气质在我身上已经不那么明显，但军人的血液早已渗透我的骨髓，从军两年的经历已经成为人生中挥之不去的美好记忆，也是我生命中最为美好的一笔。直到现在每当我看到穿军装的军人，还是会回想起自己在部队和战友们同甘共苦的日子。那些汗水泪水、那一次次跌倒后再爬起的成长经历，将永远在记忆中闪光，激励我不断挑战未知、充实人生。部队教给我的忠诚、勇气、血性和担当是我最大的财富。

同时，也感谢军营，让我遇到了我的“他”，从2011年底认识，到2013年八一建军节领取结婚证，我从一名退伍军人成了现役军嫂。我们一共见了5次，加起来在一起的时间不到一个月。因为距离的遥远和他工作的特殊性，我们靠着给对方写信这种老土的方式维系着我们来之不易的感情，比起身边同学的花前月下，我们享受着属于我们的幸福，或许自己曾经是军人，所以更能理解他和他心爱的职业。他在亚丁湾护航时，连续8个月我们没有见过面，我们约定每天给对方写日记；我千里迢迢到部队看他时，他们却临危受命出发紧急任务，事后才知道那是一场真枪实弹的任务；我们没有在一起过过情人节、生日等情侣之间必过的节日；甚至在最开始几年我的最大的愿望是能一起逛个超市。曾经一个部队的嫂子问我“嫁给军人就等于嫁给了

担心、寂寞和责任，你确定你准备好了吗？”我记得我当时的回答很干脆：“我是女兵，我不怕！”因为共同的理想、共同的追求，我们跨越距离和时间勇敢地在一起，成了“华丽丽”的组合。

参军入伍，帮我实现了儿时的梦想，让我无数次被自己的能力和勇气震惊，也给予了我珍贵的友情、美好的爱情。这一路走来，我无比幸运，军营赠与我太多生命中的美好，我只能加倍努力回馈部队。未来的生活，我将继续带着部队给予我的财富不断前行。

清華園

当兵不是一个轻松的选择

个/人/简/介

张毅成，男，汉族，中国共产党党员，1988年10月出生，上海浦东人，现在担任上海伊咏健康管理有限公司CEO。2007年8月考入清华大学，2010年12月参军入伍，服役于第二炮兵某导弹旅，两次被评为“优秀士兵”，荣立个人三等功一次；2012年被评为北京市海淀区“十大优秀退伍老兵”；2012年3月加入中国共产党。退伍后在校读研期间曾担任清华大学人文学院党委学生工作组副组长兼党建辅导员，还承担了本科生第二外语（日语）的教学任务。

部队很苦，但是极端的苦酿出了异样的甜，甘甜是苦涩的后味。在部队我失去了很多：学校的优质条件、亲人的温暖关怀、网络的海量信息、夜晚的灯红酒绿。失去让人懂得了珍惜，懂得了珍惜眼下，珍惜拥有的一切。现在的我是最幸福的我。

——张毅成

当兵，一个并不轻松的选择

做出当兵这个选择是需要勇气的，从某种意义上来说，它的难度远远超过了考上清华大学——每年有3300多学子进入清华园，但每年能选择投笔从戎的清华人却少之又少。2007年，我在上党课时，听党建辅导员讲到了人的成长成才，他说考入清华大学只是成功的起点，而终点在社会这所大学校。真正成就栋梁之材的绝对不是清华的课堂，清华能提供的仅仅是平台和机会。我对这番话思考了一年，2008年我找到了武装部的吕老师，告诉了他我参军的想法。也许是吕老师从我的眼神中看出了犹豫和疑惑，他语气平和地问了我一句："去了部队，你只是一名最普通的解放军战士，你真的考虑好了么？"我退缩了，我离开了武装部，一走就是两年。

在后来留日的一年里，辅导员和吕老师的话一直萦绕耳畔，在日本工作、学习中的种种挫折让我第一次切身体会到会点日语、英语太不够了，我这块"废铁"太需要去炉火中淬炼！2010年我第二次走进武装部，带去了我做了3年多的选择——"我要当兵！就当一名最普通的解放军战士！"

然而参军之路并不那么一帆风顺，我做出选择的第二天就迎来了家里激烈的反对。这个选择对于上海的家长是很难理解和接受的，对他们来说，他们将两年见不到儿子。最终，我的决心让父母妥协了，但他们有一个条件，去部队可以，但一定要选择南京军区，最好是在上海当兵。这个条件让我哭笑不得，我很理解父母的心情，但却绝对不能接受这个条件。不得已，我向他们撒了一个谎——想去上海当兵的人太多了，我挤不进去……经过几个回合的"讨价还价"，第二炮兵洛阳基地成了我离开上海浦东后生活最长的地方。

新兵连，炼狱的第十八层

2010年12月12日，我踏上了那片土地。服役的地方并不在洛阳市区，而是在号称“三山六陵一分川”的宜阳县，整个部队大院处在重山包围之中。在那里不要说去洛阳，就是离县城都还有相当远的距离。站在部队大院十米多高的围墙上，只能看到稀疏的农户洒落在广袤的田间。

如果说部队是炼狱，那么新兵连就是炼狱的第十八层。新兵连的目的用部队的说法就是实现社会青年向革命军人的转变，而这个转变需要在短短80天内完成。

参军前我对部队军事训练的艰苦程度做了充分的估计，但预想与现实的差距还是大得吓人。军事训练是部队的中心工作，但远远不是部队生活的全部。在新兵连，每一件生活琐事——起床、喝水、吃饭，甚至是上厕所都可以成为改造我们的利器。进入那个环境，我已经不属于我，没有任何行动自由，没有任何可自由支配的时间，只有在夜晚入睡后的梦境中我还是个自由人。

紧急集合是新兵连时代最让人神经过敏的事。听到全副武装紧急集合的哨音我们必须在4分钟内集合完毕。4分钟内我们需要穿上衣服、打好背包、带齐装具，而且这些动作都必须在黑灯瞎火的房间里完成（按规定夜晚紧急集合不能开灯）。到了新兵连的高潮期，一晚上拉上两三次紧急集合是家常便饭的事，我们班的最高纪录是10次。在新兵连，上厕所的时间越短越好，最好控制在2分钟之内，因为如果在上厕所时恰好吹响那“夺命催魂”哨，就是一场悲剧了。

在新兵连除了训练队列、战术、打靶、体能这些共同科目外，还有一个重要项目——“重塑自尊”。具体说就是先彻底摧毁我们的自尊，然后重新建立军队需要的自尊。“新兵永远都是错的！”这是我的新兵连班长教育我们的第一句话。在军队我首先要学会服从，忘记自我，忘记自尊，忘记自己是人。班长告诉我们在新兵连，如果你已不记得你是一个“人”，那你的新兵连生活会好受些。

喜忧参半的“清华光环”

在新兵连时，我们都会盼望着一件事：下连。然而下连不是离开炼狱，而恰恰是真正军旅生涯的开始。

由于二炮部队的特殊作战要求，连队中士官占绝大多数，我下连时全连只有8个列兵，经过一番人员调动，半年后我成了连队的唯一列兵。虽然残酷的新兵连阶段结束了，但在那些老士官眼里，我永远是新兵。新兵连时班长一双眼睛得盯着9个人，下连后全连30多双眼睛就盯着我一个人了。班排所有的粗活都是我的，寝室、厕所、楼道、俱乐部、储藏室、营区，一天要打扫上三四遍。下连后的前3个月，除了训练之外，我基本上就是握着扫把和拖把过日子的。

从下连后第一天我头上的清华光环就开始发光了，这束光为我带来了荣誉，同时也捎来了烦恼。班排连的各种会议记录、心得体会、政治教案、通讯稿……只要是要用笔、纸、计算器的活儿都尽一切可能地安排给我，我成了全连最“忙”的兵。这些活儿都是额外的，也就是说我不能占用训练和打扫卫生的时间来完成这些额外的任务。在连队的班排长们看来，清华大学的学生就是全能的，干好了是应该的，干不好是不正常的。于是熬夜成了常事，以至于到最后，半夜来查铺的干部会直接去办公室找我。由于连队人少而站岗执勤的哨位多，第八年以下的战士每天都要站岗。日岗一岗6小时，夜岗一岗2小时。如果我晚上加班赶活儿，又被排到了0:00~2:00的岗，那我就只能睡4个小时了。睡眠不足成了又一个难关。

清华的光环确实为我提供了别的战士没有的机会，但机会意味着责任，责任意味着压力。由于我们团的特殊地位，军地首长来我们团视察的频率特别高，少将以上军官可以达到一月一会的程度。每逢迎检，制作板报就成了我的主要工作。我的主要任务是负责版面设计、编辑和文字书写，报头和插图由另一位从军12年的老班长负责。那位班长退伍后，我就成了板报组的负责人。出板报的材料是广告色和毛笔，我的毛笔字写得很一般，用广告色往黑板上写字更是没有一点经验。为了达到整齐工整的视觉效果，教导员要求写字要用隶书，我没学过隶书，但教导员的命令我只能照办。没有网络，也没有字帖，我想出了最后一招，从WORD软件上打出隶书字体，依样画葫芦。我们部队的板报都是由6块或8块黑板拼接的，每次一般制作两组，一左一右摆在营门口。最多的一次是48块连成一排，摆在团门口，看起来十分震撼。这就使我们板报组的工作量变得非常巨大。有一次为了迎接一位二炮首长的突击视察，教导员要求板报组在一天一夜内制作18块板报。我刚接到任务时，感觉按时完成这个任务根本不可能。教导员告诉我，在部队没有完不成的任务，在任何情况下，军人需要考虑的是立足现有条件高标准完成任务。在部队即使是制作板报，也要当作战斗任务来完成。开始我只是为营连制作板报，渐渐地我开始帮团里制作板报。2011年6月团政治处交给了我一个重要任务，制作一期“庆祝中国共产党建党九十周年”的板报参加基地（正军级单位）板报巡展评比，我负责制作的板报最后获一等奖。两年的军旅生涯我制作的板报累计达到190余块。

除了板报外，教导员还让我担任营队的报道员，专门为我们营写宣传稿。2012年初，我团开播了一档名为“窗口之声”的电视节目。从此，挑灯夜战写新闻稿成了我的第二职业，同时，我还担任了节目的主持人。2012年5月，在“窗口之声”的基础上又增加了“身边的感动”节目，重点宣传团内的先进个人和先进集体。退伍时我的新闻稿累计被采用72篇，并参与制作了五期“身边的感动”节目。

部队，一个不允许任何人倒下的地方

军事训练永远是部队的主旋律，作战连队和新兵连的训练完全不是一回事。新兵连训练的都是共同科目，而且由于新兵基础差、起点低，所以新训考核的要求也不高，3000米跑的标准比清华高不了多少。我在新兵连时全连100多人，我的成绩总在前三。下连后就不一样了，共同科目的训练要求明显提高了，3000米跑只能算是热身，5公里武装越野成了常训项目。所谓武装越野就是在生活携行具（军用大背囊）中塞上褥子、被子、床单、迷彩服、常服、鞋袜、雨衣、脸盆、牙缸、牙刷等一应生活用品。在背上生活携行具后，再带上防核服、防毒面具、手榴弹、冲锋枪、弹匣、水壶、挎包等战斗装备，这就是所谓的“全副武装”。在这个基础上在野地里奔跑5公里，就叫“5公里武装越野”。2011年我们正好赶上基地军事技术大比武。为了取得好成绩，我们每天要跑3次5公里武装越野，跑不进26分钟的人就要“加餐”。这个科目训练的头一个月，我也承受不了这个强度。最严重的一次，我在跑完4个武装5公里后，把吃的午饭全吐出来了。部队是一个强调集体主义的地方，无论是考核还是比武都要看集体和个人两项成绩。所以在考核时，体能较好的同志还会被指定帮助体能差的同志背枪。我一般能帮战友背上一支冲锋枪，再多就超出了我的承受能力。

2011年6月，5公里武装越野让我在身上留下了永久的伤疤。在越野时，我不慎被下水道井盖砸到，腿上裂了一个一手指长的口子，伤口很深，能看到左腿胫骨。战友把我送到了团卫生队，军医说我们离基地医院太远，赶到那里怕会伤口感染，建议我在卫生队做伤口缝合手术，然后再去医院做全面检查。团卫生队的条件有限，缝合伤口是在没有打麻药的情况下进行的，好在军医技术不错，动作麻利，让我少忍了几分钟的疼痛。

除了共同科目的训练外，还有专业科目的训练，我们的专业科目当然是学习导弹知识和操作技能。下连后，连长把我分在了全连最重要的操作岗位上，带我训练的专业组长是从军18年的老班长。由于这个专业的装备刚刚更换，连队没有一本这套新装备的训练资料，我学习的唯一依据就是专业组长在二炮青州士官学校培训时做的笔记。笔记的内容比较全面，但没有系统性，比较凌乱，鉴于此，我主动要求整理编写该专业的训练资料，这成了我下连后的第一个大任务。现在我整理的这本30余页的小册子还收藏在连队的导弹专业资料柜里。

除此以外，那套新装备还有一个烦人的地方——它的使用说明书、操作面板和操作接口都是英文的。在我下连前，专业组长只是按操作规程按键，但完全不知道所按为何键，如果装备出现异常或故障时，只能通知厂家的技术员来维修。当他们听说我是清华外语系学生时，立刻把我拉到装备前，让我翻译操作面板和操作接口中的英文，这件事情触到了我的短板。从上中学起，英语一直是我学得最差的一门课，直到入伍前我的水平也只是勉强能过大学6级。但在这种情况下，我没有退路，我承认我的外语水平不行，就等于宣布清华大学外语系不行。我再次用不惜一切代价完成任务的精神啃起了这块硬骨头。困难比想象的还要多，我本来词汇量就不大，再加上有许多专业词汇，在没有网络协助的情况下简直就令人抓狂。不得已，我让家人买了一个收录英语专业词汇的电子词典邮寄到部队，借助电子词典一字一句地啃，实在看不懂的地方就打电话问英语专业的同学，最后终于在规定的时间内完成了任务。

军事训练的重头戏是一年一度历时40余天的合成演习，这是对部队一年军事训练成果的综合考核，也是检验部队实战能力的重要手段。演习的背景是爆发核战争。训练期间一天不休息，伙食由野战炊事车保障。根据要求我们必须35小时为一周期，在演习期间所有人的生物钟都彻底紊乱了。在清华时就不怎么熬夜的我，第一次参加35小时连续训练时非常不适应，熬到第25个小时后，感觉站着都能睡着。部队是一个不允许任何人倒下的地方，无论是谁，熬上两个35小时后，基本就适应了这种训练强度。

在部队读书

2011年底老兵退伍后，由于部队尚未补入新兵，加上连队的许多士官都去参加新兵训练工作，连队留守人员非常少，站岗执勤的压力陡然增大，按部队规定连部值班室、枪库值班室等许多点位都需要至少3人值班执勤。在这种情况下，我被安排到了导弹阵地值班室执勤。5个月的守山生活又是另一番滋味，一言以蔽之，寂寞、孤独、无聊、枯燥。阵地在山上，离营区很远，每天抬头低头永远是副连长和一位从军15年的老班长，这个集体比许三多的草原红五班还要小，作战连队的火热、激情与这里是无缘的。我们的值班室终年晒不到太阳，潮湿、阴冷折磨着我的身体。到了第3个月以后，我的左膝关节一天疼过一天。值班室里除了两张上下铺的床、一张写字桌和一个储物柜外，别无他物。营长告诉我，守住寂寞也是部队对我的一次考验。巡山是例行的执勤任务。我在山上的几个月是一年中最冷的。洛阳属于温带，我们的军大衣并不是特别防寒，每逢后半夜巡山，面对刺骨寒风，我都得穿两件大衣才能勉强扛住。

上山3天后，我找到了新的目标，我要充分利用这个“世外桃源”给我的大脑充电。从此，我每周都会请一次假，去团图书馆借书。团图书馆很小，其实称其为图书室更恰当，大约只有一个教室那么大，习惯了清华图书馆的我起初很不适应。但我马上改变了想法，不用嫌书少，我如果能利用有限的几个月把其中有营养的图书看完，也是一件很了不起的事。于是我从那套人民文学出版社的世界名著读起，遇到读过的，就再回味一遍，《复活》《茶花女》《钢铁是怎样炼成的》《红楼梦》《水浒传》《西游记》《三国演义》……耐心地一页一页地翻、一本一本地读。书籍让我豁然开朗，其实在山上的我并不寂寞。《平凡的世界》我读了两遍，孙少平和孙少安的故事深深震撼了我，军旅生活的紧张、艰苦与他们比实在是太微不足道了。那时的我，每天读书的时间保持在4个小时，比我在学校看书的时间还要多。

在训练工作的时候我是一名解放军战士，但是在极为有限的休息时间里我又想起了自己的第二身份——清华大学外语系本科生。翻译训练资料和说明书的事大大刺激了我。学不好英语（我虽然是学日语专业的，但在部队这个特殊环境下，不太适合学习日语），对不起我这个身份，最重要的是，英语的薄弱已经开始影响我的工作。但是在部队学习不是一件容易的事，第一个要解决的就是时间问题（除了在山上的几个月）。作战连队的一日生活常用“一睁眼忙到黑”来形容，除了每天中午12:30~14:20不到两个小时的午休时间和19:30~20:45一个多小时自由活动时间外，别无时间可以挤。即使是这宝贵的3小时也不可能全用于学习，各种临时性的任务会无情地挤占我们的休息时间。如果晚上站岗了，中午的时间还得用来补觉。但戏剧性的是，因为这些时间来得难得，我就倍加珍惜，学习时总会把闹钟摆在旁边，分分秒秒不敢浪费。结果就是时间虽少，效率不低。

在部队学习的第二个困难是，我要做应付任何突发事件的准备。楼道里只要响起那“催命夺魂”哨，我们就必须第一时间去营门口集合领受任务。在这样的环境下学习，就不能再像在清华自习室一样，洋洋洒洒摆上一桌子的书，于是我准备了一个可以装在口袋里的小本来记单词、背句子，这样就能做到随到随学，随时能收，不会在听到集合哨音时手忙脚乱。

这样做还有一个原因，在部队学习不再是一件令人称道的事，不再是一件理所应当的事，学习成了一件奢侈的事，成了一件需要躲起来做的事。第一年时很多班长对我抽时间学习的事很反感，认为我是在间接鄙视他们学历低。当我打扫的卫生被他们找到瑕疵或训练状态不佳时，他们就会在学习的事情上找原因，认为是学习影响了部队的正常训练和工作。于是，我的学习不得不转到“地下”，常常一个人端个板凳躲在角落里默默地当书虫。

士兵再突击

在部队时，有很多同年兵战友搞“退伍倒计时”，其实大可不必，部队的生活虽然单调、紧张，但很充实。充实的日子就不会觉得过得慢，甚至觉得这两年如同白驹过隙——我又重新坐在了清华的日语专用教室里，那么快就从炼狱归来了。两年时间在部队收获了什么？学到了什么？这是返校后大家都会问的问题，连我也问过自己很多遍。我这块“废铁”究竟淬炼成了什么？

钢铁！是一块既有刚劲又有韧劲的好钢！两年时间，部队交给了我一个又一个的突击任务，时间紧、任务重，但我无一不是咬紧牙关、鼓足干劲加班加点连续作战，到了最后关头任务都在规定时间内高标准地完成了。这就是部队给我的刚劲。同时，在部队的日常训练和工作中不乏细小而琐碎的任务，但要做好这些看似平常的小事却须不厌其烦、细水长流。这就是部队给我的韧劲。一块既刚又韧的钢才是好钢，才能胜任各种挑战。而部队就是锻造这种好钢的大熔炉。

部队很苦，但是极端的苦酿出了异样的甜，甘甜是苦涩的后味。在部队我失去了很多：学校的优质条件、亲人的温暖关怀、网络的海量信息、夜晚的灯红酒绿。失去让人懂得了珍惜，懂得了珍惜眼下，珍惜拥有的一切。现在的我是最幸福的我。即使在艰苦的部队我也有很多地方上没有的东西——真挚的战友情。

回到家中，父母说的第一句话就是："你懂事了。"父母的评价很简单而朴实，却概括出了我两年军旅生涯的最大变化——我领悟到了最大的人生哲理：感恩。一个人懂得了感恩，就会懂得珍惜别人给你的点滴馈赠。两年来，部队的战友、首长给了我许多挖掘自己潜能的平台、没有这些弥足珍贵的机会，我在部队的任何成绩都无从谈起；两年来，我完成的任何一项任务都离不开集体和团队的支持，没有首长的领导指挥，没有战友的协同合力，我将寸步难行。还有学校的老师和同学，虽然我不在学校，但学校党委、武装部、院系始终关心着远在部队的我。临走前，党委的史老师、院系领导和已经退伍的老兵为我们开欢送会，武装部的吕老师、王老师不远千里来到部队看望我们。在部队时，许多老师和同学时不时为我的事而奔波、忙碌……最重要的是清华大学和军队给了我一笔无价的人生财富，除了感恩我还能说什么呢？

当兵的日子里吃了很多的苦，但我想说："幸亏我去当了这个兵。"因为到了部队，有过这样的迷彩青春，我的整个人生都因此变得不同。重新回到清华园以后，学校给了我很多发展和锻炼的机会，我担任了院系辅导员的工作，我把在部队学到的东西身体力行地传递给我的每一个学生。我告诉他们要懂得珍惜现在拥有的东西，告诉他们在做选择时要懂得取舍，告诉他们做人做事没有捷径，告诉他们要珍惜得到的每一次机会，并在得到机会后有能力把事情做漂亮。在担任辅导员之后，我发现做学生很多时候比较自由散漫，在学校有老师的爱护和引导，会有很多人帮助你成长，事情做不好会有人帮你兜着。但在部队，所有人都把你看作一个可以为自己负责的成年人，一切服从命令、听从指挥，不会有人宠着你、护着你。所以，当我看到自己学生逃避推卸责任时，我总会告诉他们要正视自己学生的身份，认真对待自己的责任，尽全力做好每一件事，不要一遇到失误就找理由和借口。在与学生的相处之中，我影响了很多人，而从这些优秀的同学身上我也在不断学习，相互促进。

毕业之后，我回到家乡的企业服务局做了一名基层的公务员，把在部队锻炼出的坚忍不拔的品格和做事方式运用到工作中，我的工作得到了领导和同事的认可。后来因为工作的需要，我放弃了体制内稳定的工作，成为了一家创业公司的总经理，很多人对我的决定表示震惊。但这也是部队所教会我的，我现在从零开始搭建企业也是参照了部队参谋本部的思路，其实企业就是在打仗，更需要取舍和决断。

当兵并不是一个轻松的选择，可我还是那句话：“幸亏我去当了这个兵！”

清華園

五百天，我为祖国站岗

个/人/简/介

刘新华，男，汉族，中国共产党党员，1988年2月出生，山东临沂人。2008年考入清华大学经济管理学院；2011年12月入伍，服役于武汉后方基地62101部队警卫连；2013年11月退出现役。服役期间获得个人三等功一次、两次优秀士兵、多次嘉奖，并于部队入党。返校后获得免试推荐研究生资格，进入清华大学新闻与传播学院攻读硕士研究生，期间担任清华大学军事爱好者协会会长、清华大学党委武装部办公室助理、国防生的军事教员和体能教员，协助组织学生军训和军事理论课程的讲授，并创办北京市城市战地体育文化有限公司。

当兵很苦，哨兵很难，可是国无防不立，家无防不安，国家的稳定发展离不开军人站岗执勤，而作为一名清华大学的学生，更要为祖国的发展奉献出一分力量，清华大学始终倡导全体师生要为祖国健康工作50年，而我的军旅生涯，就要为祖国站岗500天。

——刘新华

同学们，我当兵去了
我怕我没有机会
跟你说一声再见
因为也许
就再也见不到你
明天我要离开
熟悉的地方和你
要分离我眼泪就掉下去
我会牢牢记住你的脸
我会珍惜你给的思念
这些日子在我心中
永远都不会抹去
……
我不回头不回头地走下去
我不回头不回头地走下去

一首张震岳的歌《再见》，唱哭了班里所有人。朝夕相处的同学们，我明天即将奔赴军营，去接受新的磨炼和考验。不管大学这几年里我们有过多少争吵、大闹、挤兑，在这一刻都变成美好的回忆和泪水；不管你们在我选择当兵的道路上给予了多少建议和劝阻，我都知道那是你们对我的关心与支持。我曾向你们每一个人说过，选择当兵，我不会后悔，因为我从小就迷恋着军装，迷恋着军人这个称号。高中的时候，自己就想过，如果高考落榜就去当兵，后来考上了大学，感觉自己与军营彻底没有了缘分，而现在有了这样一个机会，我必须把握住，如果失去这次机会，我将遗憾终生。

那是我在清华度过的最后一个夜晚，我和小伙伴们在哭笑中进入了梦乡，这天晚上我睡得出奇得香，也许因为最近一段时间的忙碌终于结束，也许因为所有心事都已经了结，所有的困难都尘埃落定，安心地睡吧（谁会知道，这次的美梦是噩梦的开始，而且将是两年里唯一不用提心吊胆的梦乡）！

第二天的清晨，我被闹铃叫醒，懒惰的身体与意志力开始了斗争，毕竟才6:30，平日里在学校，如果上午没有课，9点起床都嫌早。在整个人处于半昏迷状态的情况下，我隐隐约约地看到搭在床头的军装，想到今天就可以自信地穿上它走在人群中，想到自己以后会被人称呼为军人。想到这些，心里有一种莫名的能量充满心头。起床后，用秋后的凉水洗了把脸，清凉的自来水让我从睡梦与醉酒的状态中清醒了许多。简单的收拾之后，我背着自己歪七扭八的背包，拎着行李箱，在几位要好同学的目送下上了学校武装部的车。深沉的告别之后，汽车启动了，行驶的速度不快，我想，这可能是在刻意地让我能多看几眼清华的景色吧！

坐在车里，自己的内心是忐忑的，有一种说不出的恐惧，这样的恐惧来自对未来生活的不确定。对于我来说，面对陌生的环境，其实没有什么，毕竟自己从13岁开始就离开父母在县城里求学。独立的生活能力让我非常有自信去面对复杂的社会。然而这次不一样，这次面对的是神秘的部队。对于这样的陌生环境，我内心有很多的疑惑，所以在路上一直在询问送我的吕冀蜀老师关于部队的问题。吕老师都是以幽默的形式来回答我，这让我紧张的内心有了一些缓和。

新军装，新旅程

车很快开到了北京西火车站，我走下了车，拎着行李，穿着迷彩服，胸前戴着大红花，走在来来往往的人群中格外显眼。此时我的内心有些慌乱，因为川流急行的人群中，总会有一些陌生的人停下来注视我，有人向我竖起大拇指、有人给我鼓掌、有人说小伙子好样的，当然也有人说当兵非常苦，小伙子等着受罪吧。不管怎么样，看到人们对军人的崇敬，看到他们给年轻人的支持，自己那忐忑的内心得到了平复。是的，自己是去当兵，是一件光荣而自豪的事情，没有什么好怕的，打起精神，去挑战不一样的生活。

吕老师与接兵的干部交接了档案，然后对我嘱咐了几句就回去了，从现在开始，我的一切行动都要听带兵干部指挥。为了能给接兵的干部留下一个好印象，我一直笔直地站在队列里，也不怎么说话。因为在临行前，有几位退伍回来的老班长曾经说过，在部队里要少说话、多做事。

“K267北京开往襄阳的火车已经开始检票，请大家有序排队检票。”听到检票的广播，我们通过专属通道进入了站台，接兵的车厢被安排在最后一节，整节车厢都是我们的。我们进入车厢有序地坐下后，接兵的干部开始点人，看到接兵的干部挺友善的，对我们挺照顾，不像电视里说的那样，心里有点窃喜！等清点人数后，大家都静静地在那里等待着火车的开动。此时，火车的车窗上趴满了送兵的家长，他们都互相间有说有笑地谈论着与孩子当兵的一些事，每位家长看起来都是那么自豪和骄傲，真是一人当兵，全家光荣！火车终于要开动了，而刚刚还在有说有笑的家长们，此时已经止不住眼中的泪水。这也难怪，从小没有离开过自己身边的孩子，这时候要去部队锻炼，谁也舍不得。就在这种不舍的哭声中，我们慢慢地离开了北京，看着繁华的城市渐渐变成田野，我给父亲拨通了电话，“滴滴滴……”电话没人接，这个时间估计父母正在农田里干活，家里没人。想到年迈的父母，总感觉自己太自私，自己也老大不小了，到了成家立业的年龄，父亲一直希望我尽快成家，他们也了却了心事，而自己为了梦想又要耽搁两年。在当兵这件事情上，生活在沂蒙山革命老区的父母是双手赞成的，虽然又要晚几年才能毕业工作，但是父母对于我的选择非常支持。而对于坐在火车上的自己，看着眼前的景象我开始有些怀疑自己的选择。车厢里已经成为了一群乌合之众的聚集地，有抽烟的、有喝酒的、有打扑克的、有谈论自己的风流韵事的。这些人大部分都是高中学习不佳，家里又管不了的，父母连哄带骗送来当兵。而带兵的干部也不怎么管，随着大家闹去吧，所以整节车厢就像要爆炸

了似的。看着他们的言谈举止，我根本无法想象，这些将是我未来一起摸爬滚打的战友，一直向往的军队生活第一次与自己的期待产生了落差。

未到军营，先上一课

经过一夜的漫长车程，终于到了终点站，一夜的奔波让自己身体十分疲惫，没有一丝精神，整个晚上都处在半睡半醒的状态。当自己还处在昏昏沉沉的状态时，被一阵急促的哨声惊醒，原来是放纵我们一夜的带兵营长，此时的营长已经不再像刚开始那样和蔼可亲，瞬间变了个人，正在抽烟的几个新兵还没有回过神来，营长就冲了过来，对着他们严厉地说："所有人听好了，你们的好日子到头了，这一路上大爷让你们当了，从现在起，都给我老老实实的，咱这是去当兵，别以为是去旅游。都给我坐好了！"此时所有人都明白了，原来这一路上，营长不管我们是有原因的：第一，担心有人会跑；第二，让我们痛快地消磨掉一个美好夜晚；第三，让我们不断膨胀，然后再重重地抽醒我们。现在马上就到站了，一会儿有大批的接兵军人等着我们，营长的任务就要完成了。而我们在一夜狂欢后个个像霜打的茄子无精打采，通过这件小小的事情，让我见识到部队磨炼人的方法很丰富……

下了火车后，接站台已经站满了接我们的老班长，在他们的指挥下，我们上了东风大卡车，大卡车的门口坐着两个老兵班长把守，防止出现意外。一路上都有警车开道，整个车队全程打着双闪，遇到红灯也不停，一直全速前进。坐在车里的我们已经不敢说话，就像囚犯在静静地等待判决一样。车一直开，繁华的城市慢慢变成了大山，然后开进了一个写着"军事重地，闲人莫入"的营院，我知道，我们到了！

简单的集合之后，各个连队开始领人，我被分配到七连一排一班，是我们连的尖刀班，班长是一个上等兵，看起来年纪不大，后来才知道是1992年的，比我小好几岁，但在部队军龄代表年龄，所以班长在心目中始终显得很成熟。进入班级后，已经有几个战友到了，互相之间认识了下。然后我被分得了一个床铺，看到自己的床，累了一天的自己，一屁股就坐下了，然而，同年的战友都用惊恐的眼神望着我，我那时还不知道什么情况，就靠在床边休息了一下，此时班长走了过来，从他的眼神里我能看出，我犯错了，虽然我不知道犯了什么错。班长喊到我的名字：“刘新华”，我本能地回答：“怎么了班长？”班长抑制住自己内心的怒火说：“新华，我跟你说几件事情，你给我记住了，我只说一遍。第一，床是用来睡觉的，不是用来休息的，所以在没有睡觉之前，不允许碰床。第二，班长叫到你的名字你需要答‘到’。第三，出宿舍门要跟我请假，出这层楼要和排长请假，出这栋楼要和连长请假。第四，在部队你只需要学会两个字就行，一个是‘到’，一个是‘是’，明白了吗？”我胆怯地回答道：“是。”新兵连的生活就这样开始了。

清华兵，被子在垃圾桶里

新兵连是当兵最苦的阶段，不是仅仅训练苦，精神层面更受折磨，作为一个从地方大学校园走出来的学生，平日生活散漫，没有纪律约束，自由性极强，生活节奏很慢，忽然间每天的生活要跟着部队的哨声节奏来度过，没有一点个人自由时间，这是多么痛苦。一天到晚都是哨声，起床哨、吃饭哨、集合哨、训练哨、紧急集合哨……而自己最头疼的就是叠被子，之前在电视上见过军人的被子都是“豆腐块”，心里还在想，他们的被子是不是和我们的被子不一样啊，自己当兵后才知道，被子都一样，只是需要下很大功夫才能叠好。作为清华的学生，我在战友和班长眼里是万能的，什么事情都能做得最好，叠被子也是一样的，可我自己面对软绵绵的被子却毫无头绪。别看班里的战友大部分是高中毕业的，但是他们的动手能力和悟性非常高，被子一天比一天有型，而自己的被子依旧和面包一样，没有什么长进，我每次看自己的被子心里都很是着急。有时候班长也会安慰我说：“没事没事，清华的学生把学习搞好就行，叠被子你们不行。”这样的安慰对我来说是莫大的侮辱。印象最深刻的一次，排里组织内务检查，班长们把不合格的被子从二楼扔了出去，当时自己内心还抱着侥幸的心理，班长应该会照顾下自己，没想到，回到宿舍后发现自己的被子已经躺在楼下了，而且飘进了垃圾桶。我和排里其他战友一样，抱着自己的被子在操场跑圈接受惩罚，这样的场景引来全营的围观，大家都趴在窗台观看。我很清楚地听到，有人在说："你们看，那不是清华大学来的大学生兵吗？"听到这样的话，我恨不得找个洞钻进去，太丢人了。此时的我由衷地体会到临走时清华的退伍老兵给我说过的那几句话，你出去不仅代表的是自己，更代表着清华，你的言行举止将代表清华的形象，你不能给母校丢脸。我相信任何事情只要肯付出努力，总会成功的。从那时起，我坚持早晨4:30起床，每天利用休息时间虚心向班长和战友学习，就这样一点一滴地积累，我的被子慢慢开始成型，并总结出一套自己的叠被子方法。辛勤付出得到了回报，也得到了连队的认可，连长曾在连务会上倡导大家向我学习，学习这种不服输的精神。

军事比武

新兵连很苦，吃的不好，每天都是水煮萝卜和白菜，主食是米饭，只有早晨有馒头。每天吃饭时间是5~10分钟，唱歌的响亮程度决定了吃饭时间长短，每顿饭都是狼吞虎咽，根本吃不出饭菜的味道，只有最后集合的时候，边跑边嚼嘴里的最后一口饭，这时才能尝出早晨吃的是咸还是辣。这样的生活节奏你根本无法去抱怨，因为你所有的抱怨，班长永远都是同样的回复"合理的是锻炼，不合理的是磨炼"。身为一名山东汉子，吃惯了北方的面食，总感觉吃米饭不到10分钟就饿了。新兵连没有外出机会，更没有零食可以吃，夜间连自来水都停了，每天只有开饭时间可以吃东西，有时晚上睡觉的时候都能被饿醒。为了让自己吃饱，早上吃饭的时候会偷偷地塞几个馒头到怀里，半夜饿的时候起来充饥。新兵连正是冬天，早上塞在怀里的馒头，经过一天的摸爬滚打后，已经变得又黑又凉。我只能先用自己的体温来给馒头加热，再把馒头皮给剥掉，然后趴在被窝里像一个小偷似的小心翼翼地嚼，生怕被班长发现。还好，班长离我的床铺有一段距离，不会轻易发现，但是馒头的面香根本瞒不过饥饿如狼的战友。这些战友最大的19岁，最小的16岁，有一次年龄最小的战友喊着我的名字说："华哥，能给我点吗？我饿得不行了。”看着小我8岁的战友，我二话没说，把一个已经剥好皮的馒头给了他，自己默默地把皮吃掉了。以前的老兵，他们的战友情非常深，因为他们共同经历过生死，有的战友甚至为自己挡过子弹。而现在和平年代虽然没有战争、没有枪林弹雨，但是战友之间的情谊同样在一些微不足道的小事上得到升华。

就在我们每天拖动着饥饿的身体，接受着所谓的“磨炼”时，改善伙食的机会来了。全团要进行大比武，每个连出10个人，比武项目为：单杠、俯卧撑、手榴弹、仰卧起坐、3000米。连长发话了，谁要是能在大比武当中为咱连获得一项冠军，就有两只热腾腾的烤鸭加一次给家里打电话的机会。听到这样的奖励，全连都疯掉了。对于我们天天吃着水煮萝卜、水煮白菜的饿狼来说，肉是朝思暮想的食物，听到肉这个字都会流口水。打电话，更是一件奢侈的事情，从进军营那天起，只有到的当天给爸妈打了个电话，报了个平安，就再没有过通话。所以这次我下定决心，要为连队争一个冠军回来。

大比武的规则是，只限制连队报名人数，不限制个人报名项目，就是说，一个人可以报多项，我没有过多的思考，直接填写了全部项目，我要比5项。班长和排长不支持我这样做，他们的意思是，留足体力主攻一项有更大的胜率，加上全团其他人最多也就报两项。连长和指导员的意思是，清华的学生搞搞文字工作就行了，军事比武对我们来说不是强项。但是我报了名，连长也不好说什么，只当我是去锻炼下自己罢了。

大比武比赛顺序是：单杠、仰卧起坐、手榴弹、俯卧撑、3公里越野。比武的当天，我先从单杠开始比，单杠不是我的强项，这个项目我确实像连长想的那样，主要以锻炼为主，我以第四的成绩结束了比赛。后边的几项我对自己非常有信心，都能冲击冠军。然而紧接着的仰卧起坐和手榴弹我都以第二的名次遗憾结束，虽然没能取得冠军，自己还是吸引了全团的注意力，他们知道这位是清华的大学生兵，是报了5项的选手，但大家都是以看戏的心态来关注着我，毕竟大家不是一个连队，各自都为自己连队加油。

已经结束了3项的时候，排长跑过来告诉我，把俯卧撑放弃掉吧，连长和营长也是这个意思，保存下体力，好好比3公里，咱营里还没有一项冠军，营长脸上快挂不住了。我说没事的，我能行。其实我自己知道，我要证明的是清华的学生兵在军事比武中不比任何一个人差。前面的三项比武确实影响很大，俯卧撑我有实力能拿冠军的，却因为前边的几项消耗太大，又一次取得第二名。连长和营长明显感觉有些生气，估计怪我不听劝阻，消耗太多体力。连长走过来，问我："3公里还能不能跑，如果体力不行，就算了，别累坏了大学生兵。"我说："跑的话，拿冠军还有烤鸭吗？"连长说："如果拿了冠军，全连每一个班长都给你买一只烤鸭！"这句话是明显对我不抱希望了，貌似是听说一连有一个非常厉害的兵，3公里能跑11分，这个成绩对于老兵来说都是一个不错的成绩，更不用提我们这些新兵了。

全团最后一项3公里比赛马上开始，这是所有项目中最为激烈的一项，也是全团最为看重的一项，各连以比武场为中心站了一圈，都打着鼓准备为自己连队的战友加油呐喊。随着参谋的一声令下，比武开始，全团30多人以百米冲刺的速度冲出了起跑线，而我自己不紧不慢的跑在了最后一名，跑在最后的原因一是观察对手的跑步动作和呼吸节奏，经历过系统训练的人，会很好地控制呼吸节奏及跑步动作；另外，3公里虽然算中距离运动项目，但毕竟距离较长，起跑后不宜过快。但是连里的战友却耐不住性子，一直在那里喊着让我冲，营长和连长在那闲聊着，估计也失去了信心。

一圈，两圈，三圈……我依然是最后一名，连里的战友感觉没有希望了，只是敷衍着喊几句加油，算是安慰我吧。三圈过后，目测与第一名之间的距离是100米。我发现大家的速度已经明显变慢、呼吸急促、脚步沉重、面部狰狞，大部分已经上气不接下气。凭自己的经验判断，这是一次超越对手的机会，而且并没有发现连长提到一营的那位选手，我开始匀加速，一圈过后，我已经从倒数第一跑进了前五名，这让死气沉沉的连队瞬间有了活力，大家开始高声呐喊，猛力击鼓，连长和营长也站了起来。我尽量不让场外的呐喊声干扰到自己的节奏，一直保持匀加速，不到两圈我就超越了第一名，我并没有因为自己已经第一而放慢节奏，而是继续加速，我要证明给全团人看：清华的学生，不仅在学习上做得很好，军事比武上一样很优秀，最后我以9分40秒的成绩获得冠军，这个成绩非常不错，创造了全团的最新纪录。团长亲自授予"团嘉奖一次"，营长和连长更是高兴得合不上嘴，马上安排通讯员去镇上买来10多只烤鸭，拿回了连队为我庆祝。我把连长奖励的烤鸭每个班分了1只，也改善下战友的伙食，这一举动让我在连队里建立了一定的威望。

第一次流眼泪

大比武结束后，连长安排全连每人给家里打5分钟电话，汇报下自己近期的情况，班里人都知道这次打电话的机会是我争取来的，也是进入部队后第一次给家里打电话，所以大家都让我先打，作为班里的一位老大哥，我说，你们先打吧，我最后一个打。战友们知道我的性格，也就没客气。先让年龄最小的给家里打电话，时间总共5分钟，小战友哭了4分钟，后边的战友也好不到哪里去，个个都哭哭啼啼。我排在最后，看到这样的场景，心里自言自语地说：这些长不大的孩子，看样子是没有离家独立生活过。当兵是一件光荣的事情，有什么好哭的，自己肯定不会像他们一样。当所有战友都打完后，自己坦然地走到电话机旁，摸到电话机时，自己的手指却莫名地开始颤抖，就这样颤颤巍巍按着熟悉而又生疏的电话号码，那时的心情非常复杂，不知道和父母说什么，“滴—滴—”电话接通了，是母亲接的，接到电话的那一刻，母亲没等我说话，就喊着我的小名问：“是栓栓的电话吗？”估计母亲已经在电话旁等了很久很久，终于盼到了我的来电，当自己听到母亲的声音那一刻，眼泪已经在眼圈里打转，此时在部队这段时间积攒在内心所有的酸甜苦辣在这一瞬间爆发，眼睛慢慢开始模糊，最终还是没能止住眼泪，由于情绪比较激动，和父母简单地聊了几句就挂了电话，不想让父母为自己担心太多，这是刚刚进入部队，后边日子还长着呢，我整理好情绪，继续去奋斗。

选择最苦的单位

新兵连的日子整天过得提心吊胆，早晨担心卫生检查，中午担心作风整顿，晚上担心紧急集合，精神上始终不能放松，自从进入新兵连，战友们都掐着手指、算着日子盼着下连队。希望下连队时分一个好的单位，就不用这

么苦了。大比武结束后，紧接着全团考核，为下连做准备。大家都铆足了劲为自己赢得一份好成绩，希望自己能在下连时分到一个好单位。我的成绩非常不错，连长找我谈过，问我在选择单位上有什么想法？征求我个人意见。我跟连长说自己对下边的各个单位也都了解不多，大部分都是听班长们说起过，具体的意向自己没有什么想法，一切听从安排，但是我有一个请求，希望能被分到最艰苦的单位。“清华的去当兵，就去最艰苦、最没人愿意去的地方。”这是临走时所有退伍老兵和老师对我说的，我记在了心里。连长懂了我的意思，告诉我，你去某基地警卫连吧，那地方适合你！某基地警卫连被誉为“四大魔窟之首”，之前听班长说过，那里训练非常严格和残酷，有人传说：“某基地警卫连白墙打成红墙、人人必须会硬气功、军姿训练一站一天。”听到这些，内心多多少少有些恐惧。带着这样的恐惧，新兵连的生活总算结束了。我也取得了很不错的成绩，3个月来，我获得“优秀新兵”一次、团嘉奖一次、营嘉奖一次。下连分配大会上，我接到分配命令，如我所愿被分配到传说中“四大魔窟之首”的某基地警卫连。看来这个单位确实很苦，因为有好些战友听到自己也被分配到这里后都吓哭了。

面对新的单位、新的环境，我也迎来了新的挑战。现在国家政策鼓励大学生参军入伍，到部队的大熔炉去锤炼自己，为以后走向社会打下基础。所以，大学生当兵已经不是一件特别新鲜的事情，但是在同一个连队同一个排里，同时出现了清华、北大、人大三所高校的大学生士兵，这是十分罕见的。当我知道这件事情后，瞬间感觉到肩上的担子又重了许多。清华大学、北京大学是国内顶尖学府，在全国排名一直是不分上下，而人民大学在很多专业领域也是佼佼者，都是家喻户晓的名校。现在大家都在同一个连队，面对一个同样的平台，如何展现自己的才能为自己的母校增光添彩是我们3个人都在考虑的。

魔鬼训练，铸就钢铁哨兵

进入警卫连后的第一项魔鬼训练是站军姿。军姿是军人的基本形态，在新兵连的时候接受过基础的训练，每次队列训练前都会站30分钟的军姿，看似短短的30分钟，实际上是对人意志品质的磨炼，它要求的是不管你面对多恶劣的气候，不管你所处环境多险恶，你都要纹丝不动地站在那里。每次军姿训练结束后，我都对自己说，以后绝对不去当哨兵，可以让我摸爬滚打，可以让我天天武装奔袭，就是不要让我站那里一动不动，太煎熬了。命运偏偏跟我开了个玩笑，让我成为了一名哨兵。警卫连的军姿训练基本时间是1个小时，然后不断增加，最终考核时间是4个小时，考核期间如果出现淘汰，将进行补测。在军姿标准上，不断增加难度，提高军姿水平。新兵连期间的军姿训练，只要整体形态没有太大畸形动作，班长都不会说什么，而警卫连完全按照三军仪仗队的标准来要求我们，通过十字架、三脚架、扑克牌、别针等物品来辅助训练，身处“四大火炉”之一的武汉，这样的训练格外增加难度。整个训练过程中，有很多机关单位来选战士，补充办公室公务员，这些战士去了之后主要的任务是打扫办公室卫生、整理材料、送送文件等事务，工作任务相对轻松，所以只要来了挑兵的，大家的士气就格外高涨，都希望自己被选中，离开这个鬼地方。作为清华、北大、人大的3名大学生士兵，各个机关单位在选择上都会偏向于我们，也找我们单独谈过几次话。最后，北大和人大的战友选择了去办公室当工勤人员，而我坚持自己的意愿，去最艰苦的岗位站岗，成为了一名哨兵！

自从选择成为一名哨兵那刻起，我就没有睡过一个完整的觉，每个夜晚都要起来执勤，不管是雷雨交加，还是高温酷暑；不管是明哨暗哨，还是站岗巡逻，我都坚守在哨位上。最难熬的是武汉的夏天，气温高达40℃，地面温度接近50℃，我记得有一次站在哨位上，太阳直照着自己身体，身上的夏常服已经被汗水浸透，脸已经晒得黝黑，此时身边经过了两名青年农民工，年纪不大，应该刚刚高中毕业，当他们经过我的身旁时，看到我湿透的衣服和干裂的嘴唇后说了一句“当兵比咱农民工还苦”，然后默默地递给我一瓶冰镇的脉动。我委婉地说：“哨位有纪律，谢谢你们的好意。”两位年轻人也知道部队纪律严格，就没有过多客气，走的时候跟我说：“高中毕业时，如果不是身体原因，我也当兵了，虽然苦，但是有意义，加油！”听到这样一句话，自己发自内心感受到自己价值的体现得到了认可。国无防不立，家无防不安，国家的稳定发展离不开军人站岗执勤，而作为一名清华大学的学生，更要为祖国的发展奉献出一分力量，清华大学始终倡导全体师生要为祖国健康工作50年，我下定决心，要为祖国站岗500天。

退伍不褪色

退伍以后，我重新回到熟悉的大学校园。刚开始的一段时间，我几乎每天半夜里都会不由自主地醒过来，长期夜里起来站岗已经形成了生物钟。这个时候，我就常常到操场去，走上几圈，想起两年来那些重复、单调却永远也忘不了的日子，虽然军装已经脱去，可对军装的那份感情却是无论如何也是割舍不掉的。

回来以后，我加入了清华大学军事爱好者协会，这里有很多和我一样的退伍老兵，跟他们在一起，我感觉就好像又回到了两年来那个熟悉的环境，虽然人不同了，可是，用部队的话说，这里有“兵味儿”。我们在这里聊那些发生在部队里的事，每一次都觉得就是这些事，可却总也聊不完。我还跟周围那些有志于当兵的同学聊，每当这样的时候，我去当兵之前老班长告诉我的话，就成了现在我要告诉他们的话，“在部队要少说话，多做事”“在部队，你代表的就不是你自己了，你的言行都代表着清华的荣誉”“咱清华的，一定不能比别人差！”现在我终于理解了老班长当年告诉我的这些道理，归根结底就是希望我能当一个好兵，当一个对得起清华的兵！

回来以后，我成了学校党委武装部的办公室助理，还担任了国防生的军事和体能教员，除了协助组织学生军训和军事理论课程的讲授，我还投入了很多的精力到征兵和帮助国防生成长的事业当中，面对那些跟当年的我一样将要到部队去历练的兄弟们、面对那些将要到部队开展事业的国防生，我感受到自己肩上那份属于老兵的责任，那就是传承。

在紫荆操场上，我跟这些兄弟们讲我的故事，讲我曾经忍受的艰辛、犹疑、痛苦，当然也有荣誉和甘甜。在这一片星空之下，我用我的故事帮他们走出迷茫，他们跟我说：“华哥，本来还想着，到部队之后，苦的时候就给你打电话，现在我觉得，你能扛过去，我也要自己扛过去！”“华哥，听你说完之后，我觉得部队里边也挺好的嘛！”他们的这些话，让我觉得，能让他们在通往军营的路上多一些信念，多一些热爱，少一些困惑，让更多的人理解部队、理解军人，我就算是完成了一个老兵最后的职责。

后来，在组织军事爱好者活动的时候，我们报名参加了在奥体中心附近的真人CS对抗赛，我发现大家都很喜欢这项活动，特别是老兵，我就想，如果在清华附近有这样一个场地，一定会很吸引人。于是，我就开始了这次带有显著军人烙印的创业——找场地、买设备、拉投资，创业的过程比我想象的难很多，每一步都是坎，可是对一个老兵来说，我就从来没有过服输的念头，那么久的军姿都站下来了，这又能怎么样呢！终于，我的北京市城市战地体育文化有限公司开张了，现在已经保持了常态化运营，这家真人CS赚的钱并不多，但这是我第一个创业的项目，这个过程充满艰辛，但我享受这个过程，就如同当兵一样，我在这些艰辛中成长。

当兵两年，倏忽而过，虽然走出了军营，但我明白，我应当继续保持军人的优良品质，讲政治、讲大局，对党忠诚、服从命令、听从指挥，发扬军人勇于吃苦、坚忍不拔的精神，我也正在把军人形象作为一个闪光的名片，传递到校园里，让这份军绿色能影响到更多的人。

退伍不褪色，我是刘新华，我是一个兵，我为祖国站岗！

在塔克逊戍边的日子

个/人/简/介

吴毅恒，男，汉族，中国共产党党员，1992年8月出生，江西南城人。清华大学2009级工程物理系定向生；2011年12月入伍，依次服役于西藏军区77619、77656、77536部队；2013年11月退伍返校，现为工程物理系硕士研究生，曾任本科所在班级党支书，毕业之后将前往中国核工业集团工作。服役期间被评为优秀士兵一次、成都军区优秀共青团员一次、荣立二等功一次，并于部队入党；2015年获得清华大学优秀党员称号。

山知道我，江河知道我；祖国不会忘记，不会忘记我……

——吴毅恒

下连队的时候，上级领导批准了我的申请，于是我如愿前往边防哨所服役。我所服役的塔克逊哨所海拔4900米，距离国境线约20公里（注：对印自卫反击战结束后，主动后撤），是边防线上的一个重要前沿阵地，负责多个山口巡逻警戒任务。

在来到塔克逊之前，我对边防的认知更多来源于新闻报道和口耳相传，认为戍边的主要任务在于抵抗严酷的自然环境，以界碑为限进行巡逻，与可能存在的越界和不法行为进行斗争，彰示国家的领土主权，并做好了充分的心理准备。然而当我真正站在塔克逊的时候，亲眼看到的一切和纸上所写似乎一致，却又有所不同，正所谓“纸上得来终觉浅，绝知此事要躬行”。

到了边防我才知道，原来高原红也是有级别的。初进藏的时候，我们从运兵车上下来，第一眼见到的就是新兵班长，黝黑的脸颊上泛着少女般的红晕，表情却是威严而肃穆，强烈的反差萌让人颇为忍俊不禁，稍稍冲淡了初入军营的紧张感；到了塔克逊，迎接我们的战斗班班长和我的新兵班长同为7年军龄的二期士官，更加黢黑的脸庞上脸颊却红透了，险让我以为今后的班长很羞涩，内心泛起“看来以后不会被整得太狠”的淡淡喜悦，直到被班长“羞涩”地指挥着进行战术、体能训练，才发现一切都是错觉。

巡　逻

下连队之后，经过一个多月的训练，我们新兵终于可以参与到最为向往的巡逻任务当中。说到巡逻，不得不介绍一下塔克逊所在的边境形势：在对印自卫反击战节节胜利之时，出于种种原因，我军主动后撤，放弃已占领的大片土地，回到战前的据点，并协议以战前的实际控制区作为国界，但却并未竖立界碑。经过数十年的休养生息，他们再度不安分起来，开始明目张胆

地蚕食中国领土，玩起了堆石头的“游戏”。边境线上，零零散散地堆着一些石头，这也就成为两军默认的国界，直到有一天中国巡逻士兵发现那些石头不在原来的位置，而是往中国境内移动了一段距离，这也就拉开了我边防官兵反蚕食斗争的序幕。在这一斗争中，我们劣势较为明显：一则印军的驻军就在国境线上，发生冲突可以随时增援，而我军的驻防却在20公里之外；二则印军的边军身高普遍较高，而西藏军区的士兵多为云贵川人，身材相对矮小，在不允许先开枪的死命令下，战斗往往是肢体的冲突，数量、力量即正义；三则印军的装备车是美国进口，我军主要是“猎豹”和“勇士”，在高原缺氧地带性能相对不足，在以往的冲突中常常处于劣势，人员装备也多次因此受伤，直到配发“猛士”之后，情况才有所好转。

不过，正如孟子所说“天时不如地利，地利不如人和”，尽管天时地利均不在我们这边，两军的战斗信念却截然不同。作为党领导下的人民军队，先辈们曾经把他们的前人打得满地找牙，我们又岂能给辉煌的军史抹黑！加之我军多是20岁上下的热血男儿，我们敢向祖国承诺寸土必争！寸土不让！

反蚕食斗争的高峰期主要发生在2008年前后，待到我入伍时，形势已经缓解了许多，让我那颗不安分的心失落了很久。不过执行巡逻任务的时候，胸前4个弹袋满满当当、沉甸甸的厚重给了我一种别样的满足感，随时做好将它们倾泻而出抑或吃上一粒的准备，虽然遗憾每次巡逻归来都要归还弹药库，但倘若什么时候不能完璧归赵，却又是祖国和人民的不幸了。

我们巡逻的路线包括多个重要的山口，在边境线上常可以看到对面不过数十米的山上布满了大大小小的碉堡，密度惊人，犹记得我在当时的日记中形容它们为“光头上的癞子”（注：山口海拔往往在5000米以上，没有草木，山都是光秃秃的），而我们却留给他们20公里的一马平川，心中的愤慨恨恨难平。不过回过头来想想，心中却泛起淡淡的嘲讽，军事现代化进程如此迅速，野外的区区碉堡能起什么作用呢？最多只能给他们阿Q式的心理安慰罢了。

大　棚

作为全军海拔最高的连队，在日常的训练、巡逻任务之余，我们则把大量的精力花在种植大棚蔬菜上。

由于地处偏僻、运输困难，上级给我们配发的日常补给主要是易于保存的各类罐头和冻肉，通常为众人所知的主要是各类水果罐头，实际上更多的是雪菜肉丝罐头、黄豆罐头、红烧肉罐头等日常食物，这也就意味着如果仅靠配发补给，我们只能一年到头三餐吃罐头了。为了官兵的身体健康着想，同时也为了提高同志们的生活质量，蔬菜大棚的种植也就应运而生。

在这样高的海拔，没有施工队，购买建材的成本也相当高昂，一切只能靠官兵自己。

我下连队时正值3月初，祖国大地正是春回大地的时节，塔克逊的冬天却远远没有过去，尽管天气要到5月前后才开始回暖，但大棚的准备工作却早早就陆续展开，老兵们在前一年已经搭好了四周的围墙，剩下的任务就是施肥、封顶和种菜了。

施肥主要有两种，羊粪蛋子和连队厕所的自生肥。塔克逊方圆数十里没有人烟，但却有不少羊粪圈。每到夏天冰雪消融之际，在融雪冲出的小沟两侧，草原会重新焕发生机，羊倌们在这个时节会赶着成群的牛羊来到附近吃草，晚上则把羊群关进附近的空羊圈里，以防被狼叼走。这期间产下的羊粪蛋子会被羊倌们扫拢，待积累到一定的量就被运走作他用，这也是大棚蔬菜肥料的重要来源。运羊粪的任务是欢快的，不同于全副武装巡逻的紧张感，康米斯去掉布蓬，我们手持锹铲分列两侧，兜着烈烈的风，恣意欣赏着高原独特的苍茫与不远处的包红里雪山（口耳相传、实名待考），还有不时被汽车轰鸣吓得钻进洞里的兔鼠，耳畔传来的则是老兵和班长们经过一定艺术加工的英雄事迹……待到返程时，我们依旧分立两侧，不过立在堆积的羊粪上面，闻着淡淡的羊粪味，“沁人心脾”……连队厕所自生肥的取用则是项苦差，夜晚的温度降到零下十几摄氏度，冻得坚硬，底下却没冻透，体格健壮的老兵们用冰钎敲碎，却在临近碎裂的最后一钎用力过猛而失足；我们这些新兵主要负责运送，不时地沾染上固液混合物碰撞四溅的液滴。一年积攒下来的肥料都在这个时候取用，和羊粪蛋子一起填埋好，为连队接下来一年的蔬菜提供营养。大棚封顶是和水泥搭架子的苦力活，种菜则由懂行的战友操心，也就不足道哉。

红　　柳

有这么一句话形容高原：天上无飞鸟，地上不长草；风吹石头跑，四季穿棉袄。虽不尽然，却也相去无几：塔克逊的天空是鹰和乌鸦的领地，见不到其他鸟类的身影；只有融雪冲刷形成的沟道两侧才能见到小片的绿茵，其他地方尽是无尽的荒漠与戈壁；营区门口的岗亭曾在夜里被风带到数百米之外，第二天找了很久才寻到踪迹；这里无人喊冤却有六月飞雪，扫雪是全年的经常性工作之一。作为全军海拔最高的建制连队，偶有文工团前来慰问演出，按照习惯都会在演出进行时献花以表赞美与感激，但塔克逊一整年也只有很短的时间会开花，且都是不到小指甲盖大的小花，我们也就慢慢形成了编草环献草的习惯，颜色虽不艳丽，却和环境格外和谐。

在20世纪之前的历史上，由于恶劣的环境，从未有过树木生长在这里，能见到的只有低草与灌木。在20世纪，由于探亲制度不甚完善，不时有驻守边关多年的老兵在退伍的路上途经拉萨时跳下车抱着树号啕大哭，来自祖国内陆的他们有太久没有见到生命力如此旺盛的树木了。

直到进入21世纪，有位将军聆听战士们的切身感受后，亲身带着数百株高原红柳苗来到这里，按照专家的建议进行科学种植与维护，挖上大坑并在坑内四周填上羊粪保暖，再填上土壤以防粪肥过盛沤死珍贵的树苗，最后再种上红柳苗。种下之后，每到傍晚都需要盖上棉被给它们保暖，除温度最高的7月、8月都要用透明的薄膜蒙住以尽量在不失温的前提下获取阳光。经过一代代的老兵们的精心呵护，10多年后等到我们这批新兵接过老兵们的接力棒时，这批红柳活下来了30多株，最高的树已经有人高了，此时的它们已不再需要精心呵护，凭借着自身的顽强渐渐茁壮成长。尽管它们看上去像是一丛丛红色的灌木，但我们知道，它们就是我们，尽管其貌不扬，环境的摧残让我们的身体不如平原上的人们健康（心、肺、脑等各器官会不同程度受损），高原红也让我们的脸庞看着有些好笑，但我们边防军人就像这些高原红柳一样扎根在这里，守护在这里，为我们挚爱的祖国站岗放哨。

观　察　哨

观察班单独驻防在山顶，主要负责随时监控对面的动向，与巡逻任务相配合，并负责为巡逻分队提供信息，任务重大。但更多的时候是寂寞。我在下连队后两个月被派入观察班，班里的主要任务是通过高倍率望远镜观察对面山口的动向，尽管望远镜的倍率很高，但在20公里外，一个人就是一个黑色的像素点，和一块石头没区别，只有在他们走动的时候才能判断出这是一个人。其实有时候想想他们也挺辛苦，山口的海拔比我们的驻地更高，温度更低，还得在山脊上顶着大风游走，同为军人的我们有时候不免泛起淡淡的相惜之感。在规定的观察频率之余，我们也会用望远镜看看其他地方：高空中自由翱翔的雄鹰以及洗澡的“落汤鹰”、探头探脑的兔鼠偶尔会“打架”、从不出现在营区附近的野驴和盘羊悠闲地啃着嫩草，还有和我们遥遥相望的哨所查果拉……

观察任务隔一段时间会轮换一次，更多的则是日常生活。哨楼建在山顶，四面来风，必须靠羊粪炉子取暖。每天早上起床第一件事就是把炉子里的灰倒掉，铲上一桶干燥的羊粪重新生火，三餐都去连队炊事班打饭，围着炉子边热边吃。有时候班长想吃面了，我们就去炊事班要棵白菜，再拿个红烧肉罐头，在炉子上用铁盆煮方便面吃。羊粪火烧出来的泡面口感似乎格外筋道，也算是我们观察班难得的福利了。每天生活用水的取用也是我们的一大任务，午饭和晚饭时往往是两个人一同前去，一个提饭盒、一个挑水，中间轮换，蜿蜒数百米回到山顶的哨楼，与刚到塔克逊时爬一级楼梯都喘相比，可谓云泥之别。上下途中有时候能碰到野兔蹦蹦跳跳路过，想要追上去，奈何尽全力跑不了多久喉咙就会涌上淡淡的甜腥味，只能任这些美味的小生灵自由地奔跑了。

结　　语

“去时里正与裹头，归来头白还戍边。”杜甫的《兵车行》或许是人们最熟悉的描述戍边的名篇之一。如果单从字面意思来理解，这种现象依然存在于今天的边防：对于士兵，18岁入伍来到边防，可以一直到四级军士长服役期满（16年）才退伍返乡；对于军官就更长久了，日喀则军分区史上有很多司令员（大校）自入伍始就20多年甚至30年如一日地守卫在边防线上，看护着祖国的西南大门，待到离开边防走向新的岗位，已是满面沧桑、两鬓斑白。尽管与2000年前的戍边将士们有着相似的面容，但这内心的守护却又是云泥之别了。

戍边的日子是寂寞的、清苦的、漫长的，但等到快要结束时回过来看，却又希望这段日子过得慢点、再慢点……

山知道我，江河知道我；祖国不会忘记，不会忘记我……

狙击手在尖刀连

个/人/简/介

朱昕岩，男，汉族，中国共产党党员，1991年7月出生，江苏淮安人。2009年考入清华大学经济管理学院，以特长生身份加入清华赛艇队。2011年12月入伍，服役于成都军区14集团军77293部队81分队；2013年11月退出现役，期间获得两次优秀士兵、多次嘉奖，并于部队入党。曾任清华军事爱好者协会训练部部长，现就读于深研院，担任深研院研究生会副主席，分管体育。

军队于我并不陌生，大概是因为从小的耳濡目染。但是军队究竟是什么样子的，我想，就我之前看到的那些，和电视剧、书本，大概是远远不够的。直到我进了尖刀连，直到我真正扛起了枪杆子成为了一名狙击手，甚至直到我退伍的那一天，我才知道军队对我而言究竟是什么。你要知道这些，非得自己去体验一把不可。

——朱昕岩

算了算时间，距离我当兵的日子已经过去了5年。这期间，有许多关心我的人都会问我："当初选择参军，你后悔吗？"我往往是一语带过，简单的言语无法描述我的心情，因为那两年军旅之中发生的事，实在是太多太多。

我的外公是一名老兵，参加过"越战"，我从小就在军属大院长大，对于军队有说不出的亲切感。2009年刚进清华，军训刚好赶上了当年国庆大阅兵，我又很幸运地参加了阅兵方队。看了无数关于军队的电视剧、小说，我对于军队的好奇心愈发浓厚，我想去看一看，真正的军营到底是什么样子的。

入校时，我是一名体育特长生，项目是赛艇。这大概算是比较生僻的运动了。起初听说我要入伍，教练和队友都表示很不理解，因为赛艇真的很缺人，但是他们尊重我个人的意愿，很快就支持了我的选择。至今非常遗憾的是，由于之后清华不再招收赛艇特长生，在我入伍期间，赛艇队解散了。

2011年12月11日,那天是个阴天，风很大。我在人人网上发了最后一条状态后便关掉了手机，踏上了去往云南那个未知土地的旅途。在飞机降落前半小时（2011年北京去往云南和西藏的战士是坐飞机，而去其他单位的战士都是火车），来北京接兵的李副营长走到了我的旁边悄悄地问我："小伙子，你想去条件好点的单位还是艰苦些的单位啊？"当时我挺惊讶，难道当兵还可以自己选择想去的单位吗？不过我也没有多问，只是毫不犹豫地回答："当然是最艰苦的单位了。"听到我的回答，李副营长意味深长地笑了一下。

后来我才知道，他，就是来自那个最艰苦的单位。

初入“最苦的地方”

飞机降落在昆明机场的时候，夜色已经将这座春城缓缓地笼罩。机场上已经停满了之前只在电视上见过的军绿色东风大卡车。

李副营长贼贼地拉着我走在了队伍的最后，趁没人注意带着我走到了机场边上的一片小树林里，指着停在前排的军车严肃地对我说：“看，条件好的单位都是可以提前挑兵的，你要是想去咱们14集团军最艰苦的单位，你就在这里躲着，别被人看见，我会把你的档案藏起来。这也是你最后一次选择的机会了，我也再最后问你一次，真的想去艰苦的地方吗？如果你去了后坚持不了，我可饶不了你！”我没有说话，只是坚定地点了点头。李副营长看到我的表现也深深地吸了一口气，用力拍了拍我的肩膀后便去了大部队集结的地方。

我一个人蹲在树林里忐忑地扒拉着树叶，在黑暗的小树林里待了快一个小时，正当我寻思着要不要出去看看什么情况的时候，前方传来了大卡车特有的沉重喘息声。接着我透过树林的缝隙看见了李副营长在副驾驶室里微笑着向我招了招手，我知道，我选择的这条路已经无法改变了。

在从昆明到部队驻地的一路上，我似乎已经明白了李副营长口中的“艰苦”意味着什么了。卡车一直行驶在盘山公路上，四下荒无人烟，也不知过了多久才看到有零星灯光，这就是部队驻地了。

大门上有闪亮的红色五角星，门前有醒目的标语——军事重地，请勿靠近。李副营长以他军人独特的嘹亮嗓音吼道：“这里，将是你们至少两年的家！欢迎回家！”那一刻，我心潮澎湃，既有对未知生活的忐忑，也有对未来两年军旅生涯的期待和憧憬。

我们新兵连所在的单位就是我们结束新兵训练后要服役的单位。我被分配在了七连，1984年，中央军委授予它“老山防御英雄连”荣誉称号，是名副其实的尖刀连。

新兵的团结

新兵连的日子虽然在整个军旅生活中只占了短短3个月的时间，但是学到的东西却贯穿了整个军旅生活，其中给我印象最深也是最重要的便是凝聚力的培养。部队讲究团结一心，一人犯错，全班受罚。

队列中有人动了一下？全班去操场冲圈圈；训练时有人不认真？全班俯卧撑100个起；理论学习有人睡着了？全班晚上熄灯后加练1小时。

其实在刚开始的时候，我们都会在心里埋怨犯错的战友，但是人非圣贤，孰能无过？当轮到自己也犯错连累全班一起受罚的时候，才能体会到其实犯了错的人才是最痛苦的人，没有人希望自己是拖油瓶。每次想要开小差的时候心里就会想："我不能这样，我会连累我的战友的！"于是就会逼迫自己去做到最好。

印象最深是班长说："你们分在了一个班，就都是兄弟。对你们的兄弟好一点，上了战场能为你挡子弹的就是你身边的兄弟。"

新兵连的日子短暂又漫长。说它短暂是因为在回忆的时候感觉刚去部队没多久一眨眼就下连队了，说它漫长则是因为新兵的3个月正是最想家的时候。每当晚上全身酸痛地躺在床上时，想家的情绪像潮水般涌来，时间就会变得很慢，新兵的时候最希望的就是自己能有一个掌控时间的发条，然后让它走得更快些。

新兵训练结束的那天有授衔仪式，似乎为了迎合气氛，已经3年大旱的云南省开远市居然飘起了小雨。不少在训练中流血流汗不流泪的战友，在军衔挂上领口的时候都哭了，我看着肩上的一道拐也哭了，我的泪水中应该是包含了成为一名军人后的激动和对新兵训练时流过的血和汗的祭奠。

下连成为狙击手

在当兵之前我看过很多军旅题材的电视剧，比如《我的兄弟叫顺溜》《我是特种兵》等大家耳熟能详的剧。我十分佩服里面的狙击手，给人一种千里之外取上将首级的感觉。

当兵之前只能做一做狙击手的梦，真正成为了一名军人后当然要争取将梦变成现实。于是我就跟班长说：“班长，下连队后我想当狙击手！”班长瞄了我一眼后撇了撇嘴淡定地回答：“你戴着眼镜，不行。”我当时就急了，有种梦就要实现却又被击碎的感觉。我几乎是用吼的声音叫道：“为啥戴眼镜就不能当狙击手嘛！只要打得准就行了啊！”

班长乐了，因为还没有哪个新兵蛋子敢这样跟他说话，“你打得比我准，我就让你当狙击手！”

现实就是那么的富有戏剧性。新兵考核，每人5发弹，满环50环，班长打了47环，我打了48环。然后，我就成了整个团甚至整个师里唯一一个戴着眼镜的狙击手。

在来部队之前很多人都跟我说，当兵两年就是新兵3个月最辛苦了，熬过去后就好了。但是这个观点似乎在野战军中并不适用，“小崽子们，不要以为下连队了就舒服了，这才刚开始呢。”老兵们说。

在新兵训练时，基本训练内容无非就是跑跑步、做做引体向上、学习下射击技巧，下了连队才发现训练科目远不止那么多。除了新兵时的各项训练科目外，还有武器拆卸、战术动作、500米障碍、手榴弹投远投准、伪装、野外生存、构造防御工事，等等。

我们的一个战斗班分为步枪组、轻机枪组、火箭筒组和狙击组。每次训练的时候，其他小组的战友就会用一种幽怨而忌妒的眼神看着扛着狙击枪的我，他们觉得狙击手的训练是最轻松的。

我只需要在脸上抹好迷彩油，身上挂好伪装网，然后端着枪在草丛里趴一天，在狙击镜中看着他们摸爬滚打，时不时地找个落单的战友作为假想敌抠一下扳机（当然了，枪里是没有子弹的）。训练结束后无不自豪地告诉他们：“你们谁谁谁今天又被我爆头了，两次!”然后我就会被大家嘻嘻哈哈按在地上一顿“暴打”。

当来到部队半年多的时候，我赶上了野战军每年特有的一项大型军事活动——驻训，驻训可以说是一年中最重要也是最令人激动的事情之一。当你在一个不足2平方公里荒无人烟的土地上，每天过着朝5晚10点半的艰苦生活，并坚持了1年后，你就会无比向往一个可以出去看看的机会，所以在准备驻训物资的那半个月可能是我们这帮新兵蛋子最最开心的时光。

班里的老兵总是一脸神秘地拍拍我们的脑袋，然后叹息一声："嘿嘿，驻训可是很'爽'的，到时候你们就知道了。"

出发的时候不得不夸一下汽车连的老士官，车技真是厉害得让人赞叹。100多辆卡车呀！他们居然能整整齐齐地停在一根手指肚粗的停车线里。100辆车，没有一辆压线或者离线5厘米以上，当所有的车都上路后，每辆车之间的间距保持着出奇的一致。如果不是亲眼所见，我绝对体会不到当100多辆军用卡车首尾相接行驶在盘山公路上给你视觉上的冲击是多么的震撼，就像是一条即将腾飞的巨龙盘旋在一座座高山的山脊上。

在去往四川西昌的路上，夜晚我们需要找空地宿营，晚上下了雨，碰巧的是团里给我们连安排的地点是一片低洼地带。雨下了一夜，我们就用脸盆舀了一晚上的水。这个插曲导致了我们驻训的前一个月都只能穿着半湿的衣服盖着半湿的被子，但是事后一帮战友聚在一起聊这件事时总能被当时的无奈和狼狈引得哈哈大笑。

从云南开远到四川西昌，我们用了8天。从坐汽车到坐火车再到步行，这8天匆忙地赶路让人筋疲力尽。快到集结地点的时候，我们团的参谋长看了看地图跟团长说："看，离驻训地也就20多公里了，要不让底下的战士们走过去吧，正好一路上可以提前适应高海拔的环境。"（驻地海拔3400多米，属于高原缺氧地域。）团长一看说："行啊，就这么办！"

理想很丰满，现实很骨感。咱们伟大的参谋长同志从地图上量的20多公里居然是直线距离！他居然没有考虑到我们是要顺着山脊走的，并且好多地方根本没有路，需要绕道或者重新开辟通路！据后来团里救护车（为了确保战士的安全，团里派了救护车和给养车随行）里程表显示，这一趟至少走了60公里。

在行军的途中，战友情得到了充分的体现。在刚开始，由于不适应高原的缺氧，许多战友脸色发紫、呼吸困难，但我们互相搀扶，体能好的还帮助体能弱的同志背上行李。最终60公里蜿蜒的山路，我们连无一人掉队。我永远也无法忘记当我们登上山巅，跨越两座山之间的崖口时看到的美丽景象。那时刚好夕阳西下，赤红色的光芒洒在了山巅的云海中，如梦似幻。所有人

都呆住了，停下了脚步。彩虹永远都只会出现风雨之后，这片此生再难得一见的美景，或许就是大自然对我们这一帮穿着绿军装的军人最好的回馈吧。

整个驻训期间我最深的体会就是累。真的累。一开始的正规化建设，部队从当地买了水泥、黄沙和石子，我们自己打地基、拉电线、搭建活动板房和野战大帐篷。一切都搞完后我才明白了“部队的男人除了生孩子之外，其他什么都会”这句话说得是多么的贴切。

不说别的，每天从营区跑到训练地点就是一项不轻的负担。我们营区依山而建，而想在山区里找到一片相对平坦的训练地显然不是一件易事。我们每天都要全副武装地跑8公里才能到达训练地，然后训练结束时再跑回来。如果跑得慢了，回来的时候就只能面对着一桌吃得干干净净的空盘子苦笑。隔壁的重机枪连则更加艰苦，他们那重达26公斤的89式12.7重机枪和高射机枪还真不是一般人能扛得动的。

最可怕的是山里的天气变化极快。前一秒还是晴空万里、烈日炎炎的晒得皮肤都裂开了，下一秒就开始下起鸽子蛋大的冰雹。还好我们头上一般都带着凯夫拉头盔，听着冰雹砸在头盔上“咚咚咚”沉闷的声音，也算是一件乐事了。

驻训时听连长说今年的演习咱们团给配发了一套新式的红蓝对抗演习装备，近似真人CS的模式，只不过把发射器装在了枪管下面。参加演习的时候每个人还要戴上红外线接收装置，这样如果被击中了，头盔上的发烟罐就会炸开，喷出红色或者蓝色的烟雾表示阵亡，就要退出演习。

说实话，在演习开始前的5分钟我都还没有找到任何感觉。我们的任务是防御一个大约纵深500米的一个阵地。我当时心里想的是：“演习嘛，都是有剧本的，反正我们是红方，赢定了。”但是当预示着演习正式开始的红色信号弹刚一升空，我们阵地周边预先埋好的用来模拟炮火覆盖阵地的TNT爆炸出剧烈的声响，甚至还有些许泥土飞到脸上时，我瞬间就找到了战争的紧张感。

最逗的是，我旁边那个1997年出生，在当时只有14岁的战友一紧张就扣动了扳机，然后把他身边的班长给“击毙”了。于是，我们一帮新兵想笑又不敢笑地看着班长冒烟的脑袋在风中颤抖。

当我们的敌人“蓝军”进入我们的视线时已经是一个小时以后了，看着他们气喘吁吁手脚并用地爬着山头，副班长（班长已经“阵亡”）果断地下达了开火的命令，然而大家噼里啪啦扣了半天的扳机，对面却无一人冒烟，仔细那么一看，原来上来的蓝军每人都带着一条毛巾，并用毛巾遮住了红外线接收器。于是，已经“阵亡”的班长怒了，我们一个班全怒了。我们每个人为了演习穿着单衣瑟瑟发抖地蹲在风口等了敌人1个小时，结果上来了一帮开了“挂”打不死的“无敌战士”，这搁谁也要怒啊。副班长带着我们一下子冲出了战壕，将一场阵地争夺战活生生地变成了一场“白刃格斗战”。于是，两个连近300号人在一个不足3平方公里的山顶展开了搏斗。当时我唯一想的就是，就算你们打不死，也不能让你们占领我们的阵地。结果当然不用说了，千辛万苦、翻山越岭的蓝军怎么可能打得过以逸待劳又充满了愤怒的我们呢。于是，不到半小时，战场上已经见不到还能站着的蓝军了（都是兄弟部队，自然不能下狠手，都是学以致用地利用擒拿捕缚给放倒了）。

结束战争时，我们连长黑着脸地大吼：“兔崽子们！都干什么呢！忘了演习的规定了吗？”连长赔笑着给蓝军的连长松了绑，把他们送下了山头。本来以为我们犯错了连长回来肯定要凶我们，没想到他只说了一句话：“没让他们攻上来，你们干得很好！晚上我跟炊事班说，加菜！”于是震耳欲聋的欢呼声响彻了云霄。我还在用狙击镜默默瞄准了蓝军连长的头，分明看到蓝军连长在听到我们的欢呼声后，脚步一顿，一个踉跄差点摔倒。

驻训总体辛苦却很充实。驻训的每一天都有不一样的挑战，为单调的军营生活增添了一些不一样的色彩。同时，很不想但终究要面对的是，驻训一结束，退伍的日子就不远了。

退伍前后

关于退伍，这一段真的很不想写，因为每次回忆起这段时间，我的脑海中总是浮现出一个个已经好久没有再见的面孔。

临走的那天晚上，班长非要跟我一起站夜岗。在站岗的那一个小时，他一直在跟我说："你是清华的学生，我平时对你的要求太严格了，你别介意。"因为他顶着压力将我要到了他的班上，他不希望别人说他毁了一个清华学子。我当时就哭了。作为清华的学生，去了部队之后干得好别人觉得是理所当然；一旦拖了后腿，丢的就是母校的脸。所以我特别感谢他对我严格甚至苛刻的要求，他一直把我当作他带的普通的一兵，提高了我的军事素质，给了我成为一名真正的军人的机会。

说真的，当时头脑一热进的"最苦的地方"，训练任务比我所知的很多地方都要重。军营与想象中不那么一样，参军前只觉得军队是酷炫的、是帅的，当退伍的时候，就觉得其实武器装备并不是那么的酷炫，更多的是扎扎实实的磨炼与辛苦。

我和同期兵杨洋，还有其他一些清华入伍的兄弟也经常一起聊天，起初聊的都是部队的体会和回忆，到后来会惊喜地发现，我们还有许许多多共同的兴趣爱好。或许，因为我们本身有这么多的相似点，我们才都会选择入伍这样一条不那么寻常的路；也或许，正是部队的历练，让我们的思想都渐渐往一个方向靠。

退伍之后，我加入了学校的军事爱好者协会，当了训练部的部长，继续着我的爱好。本科毕业，我在深圳研究院继续着自己的学习之路，跨越了祖国的天南海北之后，军人的勇气赋予了我在新的环境下极佳的适应能力和迎接挑战的魄力，退伍之后的我大概更加明白了什么是责任、什么是担当，这些都是部队给我的最重要的东西。在深研院我也担任了研究生会的副主席，主管体育方面，今年的"马约翰杯"运动会，我将带着我们的队伍，再次回到熟悉的园子里参加体育比赛，竞技赛场上，部队的不服输精神将一脉相传，想想也是很激动的。

我是入伍比较早的兵，每年也会有不少的学弟来咨询当兵的事情，我当然会建议他们去感受。现在如果再有人问我："参军，后悔吗？"我会毫不犹豫地回答："当然不后悔，因为对于我来说，没有两年军旅的人生不是一个完整的人生。"

平凡中铸就不平凡

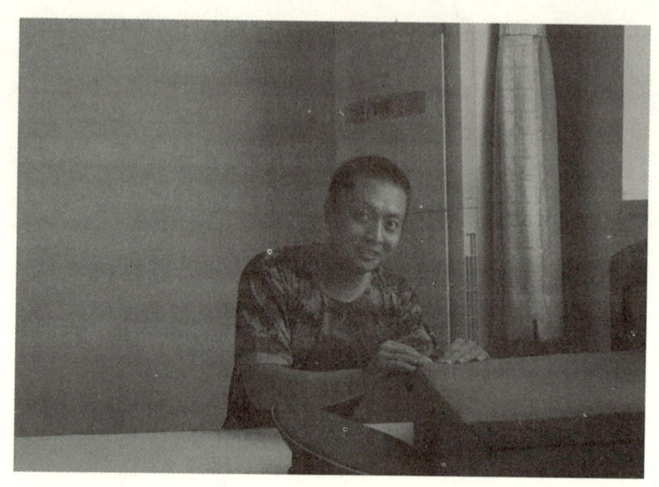

个/人/简/介

崔作鹏，男，汉族，中国共产党党员，1990年4月出生，河北保定人。现为清华大学公管学院16级研究生。2009年考入清华经管学院工商管理方向；2012年应征入伍，在武警河南总队三门峡支队三门峡市中队服役，2014年退伍。在本科期间，2011年获得全国大学生比赛个人第二、团体第一；2011年获得清华大学经管学院“天一”奖学金；2013年服役获嘉奖和优秀士兵奖章；2014年服役获得三门峡“地域文化”演讲比赛第一名；2014年服役获优秀士兵奖章；2015年获得全国大学生射击锦标赛个人第一名（破纪录）。

我们正常的勤务就是上岗执勤，全年365天不停地站岗，虽然只是站在空无一人的岗楼里，看着监视区，监管着自己的责任区，但是一丝不能够怠慢。

——崔作鹏

最荣幸的一刻

我很小的时候，父母就离开家在外打工，所以我和爷爷奶奶一起生活了很长时间。我的奶奶是党龄40多年的老党员，她常给我讲她十二三岁背着柴筐冒着生命危险给山里的八路军送鸡毛信的故事。她讲得生动，我自己也听得心潮澎湃，热血沸腾。

我的大伯也是一名军人，在坦克营里当老兵。每次去他家我都会被墙上的照片吸引，也许是因为帅气，也许是因为与众不同。每次大伯回家，我都会戴着他的军帽飞奔到孩群中间玩耍，而大伯则会搬着小板凳在一旁眯着眼笑呵呵地看着我们。当时我们玩儿的过家家就是要“打倒日本帝国主义”……

现在想来，也许就是那时候，我的心里就埋下了一颗当兵的种子。

记得那时我上初中，迎来了人生中的第一次军训，我们被拉到废弃的靶场上进行了7天的入学军训。那时的我对军装有着天然的着迷，对军训充满期待，但是到了军训的地方，我们被严厉的教官吓住了。他们的动作标准制式训练严苛而枯燥，吃饭时只要一说话就要全体站着吃，我们每个同学在他们面前都显得那么渺小，他们一只手恨不得都能把我举起来。我们天天算着日子煎熬着，被这种制式逼迫得想要逃离。但是在7天军训结束的时候，大家的眼泪流了下来，之前种种不满在分别时刻都通通烟消云散，所有的苦痛在那一瞬凝结出成长的味道，剩下的只是不舍……

记得那时我刚进入大学，军训结束后，我们九字班迎来了参加2009年中国国庆阅兵毛泽东思想方阵的任务，这个方阵是临时增加的，但却是我们九字班同学们长久的、共同的记忆。时间紧任务重，我们没带多少东西就一起前往大兴的训练基地进行为期8天7夜的紧张训练。因为当时处在“禽流感”

时期，几乎每天都有因感冒而被替换下去的同学，当时我自己也有点咳嗽，但是为了把握这次机会不被替换，我就想办法赶紧让自己的小感冒好起来，常常去板房外喝姜汤和板蓝根冲剂。

大桶的姜汤和板蓝根冲剂的味道，至今仍难忘。

我们的方阵中还有北京武警官兵们，我们午饭和晚饭后休息的时候，他们还在进行单独的训练。为了不影响我们休息，他们没有什么响亮的音乐节奏，而是简单普通的“一二一”。我知道，为了完成任务，他们要付出比我们更多的努力和汗水，在几千人的方队中，他们虽然只占了几百人，但是他们是我们方队的框架核心。10月1日上午，我们激昂地走过了天安门广场……当时我只顾得认真举方阵牌，根本不敢转头看向主席台，为了让自己不突出，我必须和大部队保持步伐一致，脸朝向前方，用余光看齐队伍。

但是我觉得那真是我人生中最荣幸的一刻。

不抛弃，不放弃

也许是我对军营从小就有一个梦，也许是我对未来将要面对的残酷社会的暂时逃避，在上大学期间，我参军了。当然，这个决定不是倔强的结果，而是我真的想改变自己，想上一门进入社会前的大课，这门课无所谓什么脑洞大开，更无所谓丰富多彩，而是体验生活，是对荣誉的崇尚、责任的担当。

要去参军，自然有很多不舍。参军的前一天我回家告别了父母，让他们不要为我担心；在学校，我告别了老师和同学，让他们不要忘记给我写信。当时我的同学们还给我开了欢送会，我和舍友感情很深，分别时我还落泪了。射击队的队友们也请我吃饭，对我说：“安全走，安全回。”可是，遗憾的是，因为在外参军，我最终没能赶回去参加7月的毕业典礼，也没有和大家一起拍毕业大合照。

临走前，我多想再多看看学校的一草一木，想把它最美的样子留在自己的心里。临行前夜，我的心里五味杂陈：身后是舒适的校园，而身前则是未知的两年。也许人都这样吧，但不要想那么多，既然想做，就去做。

就这样，我来到了河南省三门峡支队教导队。回想起来，新兵连那3个月，是一名社会青年向合格军人转变的3个月。到达营区后，新兵连班长为我们几个端来了热乎乎的洗脸水，上的军旅第一课就是教我们如何把背包绳叠起来。在接下来的几天里，我们进行着简单的队列训练，学着班长的样子倒热水，笨拙地教新来的战友叠背包绳。好景不长，如山倒的大批训练向我们走来，简单的队列训练只是我们的饭后茶余科目，擒敌拳、应急棍法、战术、防暴恐盾牌阵、单杠练习、双杠练习、5公里、3公里、百米冲刺等训练让我们应接不暇。

在训练初期，我们会对每个动作进行拆解，逐个定位训练，几个拆解动作定位训练要5分钟，到最后大家疼得只咬牙。这还不算什么，在训练当中，最为吃苦的就是战术训练，我们要卧姿和侧姿在土地上爬行，三门峡地处三省交界处（河南、山西、陕西），我们在母亲河——黄河边的土坡上训练战术，我们俗称为“吃土”（同吃苦），半天的训练下来，我们的迷彩服不仅看不出绿色的迷彩样子，就连眉毛和嘴唇都变成了土黄色，在休息的间余，我们常常对着黄河呐喊，将身体的废气一并吐出。

其实我是体质方面并不好的学生，新兵连的3公里测试从来都没有合格过。但是部队讲的就是团结，在训练中，班里的战友从来都不会放弃对你的扶持，看着你跑在最后，他们都会冲上来扶你一把，就是在那一刻，也不知道自己身体哪里来的“洪荒之力”，不愿落后于他人，自己要努力冲上去，哪怕最后一秒到达终点，在边上的花坛里吐，心里也是舒服的。新兵连的3个月里，我第一次在没有父母的陪伴下过春节，感受了发着39度高烧还和上百人一起在大年三十晚上包饺子看春晚的欢乐。在这期间我和同班的战友表演了一个小品《新兵与老兵》，虽然中间有忘词的小插曲，但是从大家的笑声和掌声中毫无尴尬，因为本来大家都是一家人在一起狂欢。

虽然在体能方面我不突出，但是在内务上，我一直很努力，每次饭后休息的时间都被我拿来叠被子，每次非要把被子的边边角角压平才好。在有一次内务评比中，我还被评委“内务标兵”的称号，也顺利当上了副班长的职务。我终于明白，其实只要有闪光点，大家就会看到你，认可你。当自己体能不好，拖班里的整体成绩心情不好时，你会因为其他的优势而重振自己的信心，关键是不能气馁。这让我想起了《士兵突击》中许三多说的话：不抛弃，不放弃。

其实最能体现这句话的就是我们的拉练训练，在野地里我们互相配合帮扶着搭帐篷，挖野厕所。累了一通后，在没法洗手，满手脏土的情况下，我们席地而坐，吃着半只烤鸭就着馒头咸菜，那一顿饭竟让我们觉得无比的畅快淋漓！

恐怕再也没有比浑身疲惫，肚子饿得咕咕叫的时候吃个饭更美好的时刻了。在天天都是训练科目和拉练的情况下，没有什么比晚上看个《西游记之降魔篇》更能让人开怀大笑了。当你经历了之前所没有经历过的苦，仅一丝丝的甜，都会让你感受到世上的美好。

我不是很要强的人，但是我觉得我不能拖后腿。因为我明白我身上肩负的是集体的荣誉，是一种责任。

一程又一程，都是成长

天下没有不散的宴席。新兵连3个月的生活，我们感情深厚，下连时依依不舍，却还强忍着不哭。殊不知，我们早已泪洒衣裳，情不自禁。

新兵下连后，又是一个适应阶段，虽然在新兵连我“顺利”地瘦了20斤，但是在连队当中，体能仍然是自己的一块短板，每次早上6:20起床后的体能训练，我都是加小操的那一个。在新兵连，单杠是一练习——引体向上，但是下连后是难度更高的二、三练习，这些练习不仅对核心力量有要求，对技巧也有要求，百米冲刺和5公里不仅要合格，而且都要全部达到优秀的标准。接下来还有擒拿动作练习和对身体爆发有要求的400米障碍，当自己以1.7米的个头跳进两米深的壕沟时，无助感包围了我。幸好有班长和老兵不耐烦地教我，帮助我完成全程的训练。在矮墙摔下来是常有的事情，但是疼痛解决不了问题，我唯有踏实训练。正是本着认真的态度，第一年即将结束，在新兵快下连的12月，我成为了在所有同年兵里唯一的副班长，同时也是义务兵里唯一的副班长，第二年等新兵下连后，我将自己第一年收获的东西教给了刚下连的新兵。

我不像报名解放军的同学，有着各种丰富的演习训练，一个连队就有热热闹闹的上百人。我们中队总共就30多人，营区旁边仅一墙之隔就是三门峡市的寝园。我们正常的勤务就是上岗执勤，全年365天不停地站岗，虽然只是站在空无一人的岗楼里，看着监视区，监管着自己的责任区，但是一丝不能怠慢。天天晚上下岗后在监墙上看着黑蒙蒙的寝园方向，不免有些瘆人。

开始的我拥有着雄伟抱负，来了之后才发现现实与期望背离，面对这些事情需要自己调整心态，这样才能迎来机遇。

在第二年的时候，三门峡武警支队组织《地域文化演讲比赛》，在诸多战友中，我被指导员选中，有幸参加。在不影响训练和执勤的情况下，我连续几天奋战。讲稿历经反复修改才成稿，背稿子又难住了我。我不擅长背东西，连续几天都背不下来。背会了还不熟练，演讲起来磕磕巴巴，背熟了又缺少停顿和情感。也许是因为第一次，也许是因为想要完美地展现自己，我没有退缩，从被动的“硬着头皮上”转变为后来的主动“挑战自己”，我反复研究成功演讲的例子，结合背景音乐找演讲感觉，指导员和队长基本每天都要求我当着他们的面朗诵，期间他们不停地提意见，我也随时进行修改，一个多月下来，我已身心疲惫。

到了演讲了那一天，不仅支队领导亲自到场，而且电视会议系统也全程打开，场内外的观众上上下下有3000多人，当时我的心情就紧张起来了。备场时，在空无一人的阳台上我反复复习背诵演讲稿，想临时抱佛脚再尽尽力。但等轮到我上去演讲，站到演讲台时，脑子已是一片空白。幸而，演讲稿的内容我已经能够脱口而出，在那8分钟，任由情感支配的语言慷慨激昂、淋淋洒洒，最后高声的收尾，迎来了在场所有人的掌声！没人知道我在演讲时的浑身颤抖和快要撕破喉咙的疼痛，结束后我终于松了一口气，一同参赛的其他兄弟中队的战友也为我竖起了大拇指。在回到中队后就有战友跑过来跟我说，当时他在学习室听得热血沸腾，有种奋不顾身的冲动情感，他说我们有责任在这片热土上奉献自己的青春。我想这并不仅仅是对我演讲内容的夸奖，更是对我这些天来努力的肯定。其实他不知道，我在演讲时的浑身颤抖和快要撕破喉咙的疼痛。

开学后，在5月6日，我有幸参加了海军歌舞诗《英雄核潜艇》，它是以海军某潜艇基地官兵群体先进事迹为基础，由“忠诚无言，深海铸剑，铁血柔情，雷霆出击，英雄誓言”为主题，以“老政委、班长、机电长、艇嫂、舰长”五个人物为核心展开的歌舞诗。演员们用旁白式的朗诵将剧情连接起来，他们的表演可谓是活灵活现，代入感很强，就像重现了当时艰苦、危机、孤独、无私和无畏的场景。

作为观众的我也仿佛已成为了其中真实的一员，正在浩瀚的大海里徜徉，感受着潜艇里四季的温度，感受着轰隆隆的机器运作声，忍受着相思之痛，更感受着这肩上沉甸甸的责任。一度我的眼泪在眼眶里打转，尤其是被誉为“水下黄继光”的英雄盂兆旭所感动。他在一次排除反应堆舱冷却系统故障中，超出规定时间两倍多在核辐射中奋力抢修故障，以生命的代价保护了战友和核潜艇。而他45岁生命终止的那一刻，唯一的愿望就是希望自己的儿子长大以后也要当一名核潜艇兵。

还记得当时我们的宿舍阳台可以听得到火车驶过的声音，退伍那天，我站在阳台晾衣服，正听到火车驶过的声音，我对舍友说：“这可能是我们最后一次听火车的声音了。明天我们可能就要坐着这个车走了。”

都说当兵后悔两年，不当兵后悔一辈子，回来后，他们问我：“你累吗？”我说：“累。”“苦吗？”我说：“苦。”“那你后悔吗？”我却回答他们：“不后悔！”我想，这么回答的不仅仅是我，我相信所有回来的战友们都会这么回答。这两年我们不曾后悔，并且倍加怀念在一起吃苦说笑的日子。我想这就是责任与承担的力量，无论是军歌的鼓舞还是演讲对自己的心灵冲击都让自己明白什么才是真正的男子汉。

其实我做的事情很平凡，就是在自己的哨岗上站岗，并不辉煌。但是我想，无论是谁，无论在哪里，身为一名保卫家园的钢铁长城中的一员，这平凡已经足以令人感到骄傲。

清華園

心之向往　无憾人生

个/人/简/介

郭冬冬，男，汉族，中国共产党党员，1991年11月出生，江苏如皋人。2010年考入清华大学；2012年参军入伍，服役于防空兵学院教练团，连续两年被评为优秀士兵；2014年5月被评为优秀共青团员，11月加入中国共产党。现为清华大学机械工程系研究生一年级学生。

人生的道路千千万万，每条路都有它独特的风景，不同的人，会有不同的收获和感悟。只要脚下的路是我自己的选择，那就值得我走下去。

——郭冬冬

2012年12月我参军入伍，在防空兵学院教练团服役。顶着清华大学学生的光环来到的部队，两年里我听到的最多的问题便是类似于“你为什么来当兵，放着好好的大学不上来部队，这两年时光花得值不值？”面对这样的问题，我的回答是——值！其实，人生的道路千千万万，每条路都有它独特的风景，不同的人，会有不同的收获和感悟。只要脚下的路是我自己的选择，那就值得我走下去。两年时间，我的军旅路很短，但一路来的风景却很缤纷。我认识了很多可爱的人，我们一起经历了很多事，体验了我从未感受过的生活，给了我很多收获。

一次果断的决定

2010年10月，我刚入学没多久，北京市征兵宣传仪式在学校C楼前举行。当时我和班里两个同学兴冲冲地赶过去看热闹，看着那英姿飒爽的仪仗队，心中那股对军营的向往跃跃欲试。但由于刚入学，对学校还没有适应，觉得现在去当兵不是合适的时间。于是，这件事就此放下了，但却在我内心深处播下了种子。

当参军入伍的念头再次萌生时，我已是大三的学生。在五教看到一张征兵宣传海报时，心中那份向往变成一种渴望，无法压制。但我是一个比较容易犹豫不定的人，一个决定的诞生往往需要反复考虑。对我来说，军营是完全陌生的环境，不知道会遇到什么样的人和事，对于生活经历简单、身体素质又差的自己，不知道会面临什么样的挑战。

在我犹豫不决时，我想起我的辅导员李晓龙曾跟我们说过：“人总是趋向于安于稳定，而抵触改变，现有环境的稳定会让人没有太大压力，但环境的改变却能给人更大的进步。”

我意识到，如果这次不下决心，以后不会再有机会，心中的向往将会永远只是向往，最终成为遗憾。我不希望给自己留下遗憾，于是我毅然决然地报了名。

现在想起当初决定报名参军的经历，很庆幸自己果断了一次，也倒吸一口凉气，万一当初退缩了、犹豫了，现在真的会追悔莫及。

在崩溃的边缘

来到部队后，尤其新兵连的3个月，每天的生活都被安排到分秒，紧张而充实，累么？说实话累！每天训练量大，休息时间有限，精神紧张。最主要的是现实远比我想象中的单调和枯燥。每天的生活极其规律：早上6点起床，3分钟集合完毕后进行早操训练；早操结束后打扫室内卫生，7点集合开饭，7点半打扫室外卫生。还没开始上午的任务，我感觉已经做了好多事。早上8点上课，一般是军事理论课程。上完课去训练。午饭休息后，下午继续进行队列和体能训练。晚上雷打不动看《新闻联播》，看完后会分享感受和思考。之后，一般组织学习唱军歌。

我刚进新兵连时觉得这种生活还比较有趣，紧张规律，和学校里的散漫完全不一样。但长时间处于这样一种单一的环境中，人会感到厌倦和消沉。我能想到明天甚至10天后的生活状态，每个时间点要做什么，生活没有一点的新鲜感。渐渐地我开始进入一种萎靡不振的状态。

加剧我这种消沉状态的还有巨大的压力。新兵连结束后下连没多久，连里好多同年兵陆续被调到其他岗位或单位工作，最后只剩下包括我在内的3个新兵。新兵下连，各方面素质有待加强，为了尽快地融入老连队的平日生活中去，也就自然成为连里重点关注和锻炼的对象。于是，我们承担了连队每天绝大部分的劳动任务，在日常训练、工作和生活中也是战战兢兢，生怕做错事被领导批评，更怕给自己的班长丢脸。

当时我每天都很疲惫，但这不是我想象中的因为高强度训练带来的疲惫，而是每天做些看似无意义的事情带来的劳累。整日单调的生活与我之前设想的部队轰轰烈烈的生活完全不同。曾经有大半年时间，我从未出过营区，这种单调无聊、精神不振的感觉让我接近崩溃。我和班长说“班长，我快疯了”，班长当时想让我请假出去散散心。我想了想，最终没有外出。我觉得既然当初选择要来部队，就要有能力克服这期间所遇到的一切困难。这就是真实的部队生活，是我报名参军时想亲身体验的生活，无法逃避，必须经历。

后来的一段时间，我经常开导自己，拿我的班长鼓励自己。他2003年入伍，当时已经是10年的老兵了。他和我说过：“部队的生活绝不像电视剧里呈现的那样，平凡单调的生活才是常态，磨的就是你的性子。”对，我来部队是为了挑战自我，就要做些自己之前不能、不敢做的事。渐渐地也就习惯了这种生活，也学会了如何在平淡的生活中找寻别样的色彩。

清华生在部队什么都得会

说实话，作为清华的学生进入部队，大家都很重视，但“清华”二字带来的不是光环、优待，更多的还是压力。部队的领导认为大学生智商高，什么都会，所以就把很多我从未接触过的任务交给我。

在我负责设计、制作连队板报时，我们连队的板报有一个显著的特点：字少图画多。有时整版都是画，以至于营长每次经过板报展览区时就会说：“不用看署名，就知道哪个是你们连的。”因为我的字写得不好看，我就在板报上画画。尽管从未学过绘画，但在部队里，上级交代下来的任务，就必须完成，硬着头皮也得上。部队是一个重视结果的地方，不管学习的过程有多难，都得交出一份合格的答卷。

两年的时间，除了训练、执勤，我还承担了连队不少的文字材料工作，并参与了团广播站的建立，日常劳动任务中像种菜栽树、养鸡喂猪、拆房砌墙这样接地气的活儿也是一个不落地体验了一把，最开心的是多次参与了地方学生军训任务，感受到学生和教官角色间的转变。部队的这两年，给予了我很多的机会去尝试新事物。现在想想，很多事情，我将来肯定没有机会接触，或是从未想过去尝试，但在部队里，我们有幸能接触这些事情，也让自己意识到自己能做很多事，让我更有勇气去面临未知的挑战。

能打能骂 同甘共苦

两年军旅，我认识了一群可爱的人——战友；收获了一份以前从未体会过的感情——战友情。从小到大，活动范围基本都在家和学校之间，认识的同龄人也都是和自己差不多，以读书学习为主的同学。可来到部队，即使是同年兵之间，年龄相差大的也有四五岁，大家来自不同的省份，有着不同的生活背景、风俗习惯、文化程度、不同的兴趣爱好、性格脾气，但就是这样一群很多方面都迥然不同的人，却在很短的时间内能够坦诚相待，有了兄弟般的感情。我们一起吃过苦、受过累，一起挨过批评受过罚，为了同样的目标我们一起奋斗，相互鼓励帮助；经历那么多，我们彼此足够了解、足够信任，也有了足够的默契。

来部队的第一天，我就感受到了战友之间浓浓的温情。第一天报到结束后，我拿着行李来到宿舍，叠被子成了一大困难。同宿舍来自山东的一位战友过来帮我压被子，他比我早一天到部队，看着他跪在地上，手法熟练，边做动作边告诉我一些小窍门，进入陌生环境的我顿时感觉心里暖暖的。

时间久了，战友们之间就会形成默契。无需多言，有时一个眼神、一个动作便能知道彼此的想法。有时，我们在教室上课，有战友困了，旁边的人就会用胳膊顶他一下；有时，队列训练站军姿，有战友不自觉地就会晃，身边的人就用手指戳一下他，他就会知道刚刚自己动了。战友们在一起生活久了，相互之间的习惯、性格、能力都比较了解：体能跟不上，训练时战友们会拉你一把，不让你掉队；工作中遇到困难，一个眼神交流他们便会毫不犹豫地伸出手，这都已经成为了一种默契和习惯。

我们笑过、吵过，每天有事没事互相调侃刺激，有时也会冲动撸袖管。新兵连过年前，连里给每个人发了50块钱用于班里采购过年物资。因为平时没有零食吃，这下子可把大家乐坏了。我们班买回来的东西里包括每人一块士力架，但大家都舍不得吃，于是决定把士力架先存起来，等过一段时间一起吃。

有一天我们打扫卫生时，发现柜子上面的士力架少了2块。当时我们都很生气，一直在排查是谁偷吃了。最终，找到“凶手”后，全班战友一起教训了他。班长得知后，又因为打架惩罚了我们所有人。现在回想起来的确有些可笑，怎么会因为鸡毛蒜皮的小事动手呢？

但部队生活就是这样，一起抢馒头会让我感到快乐；一起受罚会让我意识到团队精神；我会因为有一点空闲时间能胡思乱想而满足；也会因为一点小事冲动。

归来：坚定理想 踏实做事

如今我又回到了熟悉的园子，继续学业。两年军旅，让我渐渐知道了路该怎么走。未来的生活，我不图大富大贵，但求一家人衣食无忧；不期声名显赫、加官晋爵，只要家人朋友平平安安、健健康康；我不追求轰轰烈烈，只想拥有平平凡凡的小小幸福。曾经我也因为自己的想法和学校提倡的入主流、上大舞台、干大事业不一致感到烦闷，从部队回来之后，我不再迷茫。我更加坚定了之前的想法：踏踏实实地在自己的岗位上做到最好，就是对这个社会、国家最大的贡献。

尽管退伍已经两年多，我现在还保持着在部队里养成的良好、规律的生活作息，每天按时起床、吃饭、学习，生活充实又平淡。在部队里我度过了最为单调枯燥的生活，也正是这段曾经让我无比痛苦、煎熬的经历，使我明白了平淡才是生活的常态。如今，我更加理解“踏踏实实做事”的重要性，我也以这6个字要求自己，以严谨刻苦的态度对待学术。

离开部队已经有两年之久了，但还是经常回忆起部队里的事，经历的所有，仿佛就在昨日。感谢当初的抉择，感谢部队两年的培养，我因曾经是一名军人而骄傲，我也因此而倍感压力，我将继续以军人的标准要求自己，不忘退伍士兵的身份，做好本职工作，续写青春新的华章。

从清华的红橙黄绿
到军营的酸甜苦辣

个/人/简/介

刘军亮，男，汉族，中国共产党党员，1991年6月出生，河南内黄人。2009年9月进入清华大学美术学院学习；2012年12月参军入伍，服役于原总装备部某试验训练基地，2014年12月退出现役；2015年8月留校攻读艺术史论硕士学位。服役期间连续两年被评为优秀士兵，参加总装备部第三届网络文学大赛获优秀奖。

在军营里，身边的故事不断鼓舞和激励着我，而这些精神也与我之前在清华园里遇到的别无二致。军营是我的第二所大学，它教会我很多朴素而深刻的道理，也让我对之前理性认识的精神有了更多感性的触动。

——刘军亮

初入部队知酸甜苦辣

还记得2012年12月10日早晨，经受离别之苦煎熬了整整一夜的我走出运兵列车，在踏出火车站的那一刻，敲锣打鼓的班长们用这种略显古老的方式表达着对于我们这些“新兵蛋子”的欢迎。生平第一次坐上了解放牌卡车的后厢，没有舒适的座位，只有那一个个不起眼的小板凳，看着后方不断倒退的街景，心绪也随着卡车的颠簸而久久不能平静：我的士兵生涯终于要开始了，吃苦、严格、纪律、荣誉、思恋等对于未来生活的种种感受交织在一起。

已是秋冬时节，瑟瑟寒风直往人领口里钻，营区内的白杨树却像一位铁骨铮铮的士兵一般笔直地矗立着，纷纷的落叶给营区平添了几分萧瑟，一如此时的心情一般：憧憬中夹杂着忐忑、激动中带了些许淡淡的思念与忧伤。与心情不同的是新训基地却显得特别火热与繁忙：新训班长们排成长龙的迎新队伍笔直坚挺地站立成排，火红的灯笼和条幅给寒冷的天气注入丝丝暖意，五颜六色的写着连队简介的黑板报惹人注目。可以看出为了迎接新兵，班长们下了很多心思，一切的一切与脑中的担忧相去甚远，也算是给我们这些忐忑不安的新兵们一枚定心丸吧。

为期3个月的新兵集训开始了，原本的大学军训在自己看来已经比较严格了，可是跟现在的这种训练强度相比还真是小巫见大巫。走路3人成列、4人成方，拐弯要走直角，路遇首长要敬礼……初入军营，一切都显得那么的新鲜有趣，心中也有了一丝丝的窃喜，希望自己的军营生活会一直新鲜有趣下去。然而，这股新鲜感随着每日枯燥无味的训练很快烟消云散。新兵营的生活基本就是三点一线——宿舍、食堂、训练场来回跑，训练内容也是周而复始的队列训练和体能训练。“齐步走要按照先脚跟后脚掌的顺序着地”“跑步走两臂要水平前后自然摆动”“敬礼要分场合”；为了更好地使被子内部的棉絮更平整、更好地将被子叠成“豆腐块”，我们会被要求用小板凳一点一点地压被子、推被子，有时一推就是一整天；在扬沙天气下，为了更快、更好地取得预期的训练效果，我们不得不遵从命令“吃”沙子坚持；为了“连坐”承担并不知道罪魁祸首的浪费粮食事件的后果，我们会被强迫从泔水桶中捞出馒头来“分而食之”；为了清洁厕所，我们也会被要求趴在地上用钢丝球一点一点地擦拭……

在新兵营，件件事情都有规定，有些时候这些规定却总是让人觉得很麻烦，当兵不是为了打仗吗，练这些“把式”有什么用？心中每天想的都是这些规定是否合理，每天都怀着怀疑的态度去训练，自然而然地很多时候都会显得心不在焉，也就会开小差儿。这个时候，女朋友的一封信一语惊醒梦中人，“既然选择了，那就把它做好，不然不只是对不起我、对不起你的父母，更对不起你自己”。道理非常简单，我却在困惑之中陷了进去，放不平心态。一席话如同平地惊雷让自己幡然醒悟，既然这些规定存在了这么久并没有改变，就证明它有存在的必要，那就要去遵守它；既然你已经做出了抉择，那么就坚持走下去，时刻以此严格要求自己，让自己更快地成为一名合格的军人。

记得新兵营刚开训不久，我们班就干了一件轰轰烈烈的大事，也让我体会到了军营令行禁止的纪律意识。那时，新兵营在重点抓戒烟的事情，可就是在这个时候，我们两个战友顶风作案偷偷抽烟再次被抓。对于这个屡禁不止的恶习，班长终于决定要下“猛药”整治一下，我也第一次看到这些新鲜无比的惩罚招式。

首先，班长实行“连坐”制，全班蹲姿在楼道里，之后班长把翻箱倒柜搜出来的香烟分给爱抽烟的同志，10根一卷发给他们并给他们点燃，然后就看到火星点点，场面煞是壮观。随后将脸盆扣在他们的头上，吸进去的烟雾呛得他们直咳嗽，呼出来的烟雾又因为有脸盆遮挡从上往下翻涌，刺激得他们泪水直流，整个屋子里烟雾缭绕，站在门口都看不清楚屋里的人。这可比北京的雾霾天气“过瘾”得多了，仅仅是在开门的一刹那，一股烟雾扑面而来，直呛得我们门口的战友眼泪横流大呼受不了。

12月入伍，新兵营没过多久就到了年关。每逢佳节倍思亲，营区外时时传来的烟花爆竹声无不表示着对于新年到来的期待，但生平第一次在外边过年的我却别有一番滋味，恰逢营区内的广播播放着《父亲》，平实却又令人感动的歌词在脑海中萦绕，听着听着鼻头一酸，眼中泛着泪水。父母为我操劳一生，生怕我在外边磕着碰着、苦着累着，可年轻的我却总是将父母的叮咛和关怀时刻理解为“唠叨”“不放心”“不理解”，也许是因为学校里日子过得太好，等到在外吃了苦，才明白家的温暖。唐代诗人孟郊有诗云：“慈母手中线，游子身上衣；临行密密缝，意恐迟迟归。”其实我们不是不理解父母的关爱，也不是不理解学校环境的优越，只是往往在当兵之后，受到挫折吃了苦之后才倍感珍惜。

另一件事让我铭记至今：在一次折返跑训练中，由于准备活动不充分，不小心肌肉拉伤，脚一着地就钻心的疼痛。过了两天就是大年三十，战友们都在开开心心地准备洗年前的最后一澡，洗掉即将过去一年的各种不顺与污垢，以一个崭新的面貌迎接新一年的到来。可自己却只能眼巴巴地看着他们快乐地收拾洗漱用具，因宿舍在五楼，而且离浴室很远，像我这等“伤残人士”对于这样一段漫长的洗澡之路只能望洋兴叹、一筹莫展。战友们看到了我沮丧的模样，主动上前说要背着我去洗澡，并且在我一声声的推辞中一下将我背起来，听着战友累得直喘气，自己心里很不是滋味，感觉自己拖累了大家，当然还有满满的感动，正如那句歌词所唱“战友啊战友，亲爱的兄弟”，收获了这么多战友兄弟情谊，自己的新兵生活也显得苦中有乐了！

树不修剪难成才，人不鞭策难进步。经过这3个月的新训生活，我们的社会小青年的习性已被雷厉风行、令行禁止的军人作风所代替，有困难大家相互勉励、相互扶持。“一拐”终于爬上了肩头，可我们这些“新兵蛋子”知道，这一拐并不是简简单单的一个标志服饰，而是一种责任担当、一种身份认可。3个月的磨砺捶打，让我们感受到了正在奔流不息、沸腾翻涌的一腔热血，而这就是我们军旅生涯的开始。

分兵下连知责任与担当

尽管3个月的新兵营生活终于走向终点，但一起摸爬滚打的战友之间总是有着说不完的故事，离别的日子终究还是到来了。那天的我们被要求换上板正的冬常服，背包、挎包、水壶等七零八落的东西背挎在身上。广场上人头攒动，每个战友的眼中都流露出很复杂的眼神。也许是因为这里是我们摸爬滚打3个月的地方，看着熟悉的情景有些感伤；也许是看着即将分赴各基层单位的战友们，心底涌出的浓浓不舍；抑或是对于基层单位的无尽遐想与憧憬。总之，我们要走了，再见，新兵营！

大约经过1个小时左右的车程我们终于到达了营区，虽然内心已无数次就它的模样进行想象，但是始终没有形成一个完整的画面，我想，大概只有我们真正到达之后才能对它有详尽细致的了解吧。步入营区的那一刹那，我们顿时湮没在了雷鸣般的掌声和锣鼓声中，所有的战友都在营区门口整齐列队欢迎我们这些新兵的到来。也许是新兵营的各种训练让我感觉比较适应，来到营区之后的复训让我并没有多少特殊的感受，复训结束后，我们就开始了新的征程。

下连之后我被分配到试验队，试验队是我们团站甚至我们基地最优秀的基层单位之一，成立40多年来取得了无数辉煌的成就。犹记得参观队史室的那一次，前辈们刻苦训练、奋勇拼搏的照片；前辈们取得的各项荣誉、奖杯、奖状；前辈们为了搜集全面的装备试验数据几乎踏遍全国的战斗足迹……无一不给我留下了深刻印象。分配到一个如此优秀的集体，既是一种无言的荣耀，也是一份沉重的压力，自己也应该给试验队留下荣誉，起码是兢兢业业完成本职工作，不能给这个光荣的集体抹黑。就在奋斗的过程中，军营教会了我两个至今想起都十分深刻的道理，我从两个班长身上学到，也因此对军营的人有了更多的敬佩。

平凡不等于平庸，关键是行胜于言

“我们可以很平凡，但是平凡的我们却不能放任自己平庸下去，我们要在平凡中恪守本职工作，在平凡中孕育出伟大。”

下连队之后，一方面，对军营的新鲜劲儿越来越少；另一方面，也在日复一日的单调生活中变得越来越浮躁。直到我遇见了曹班长，从他的身上真正见识了什么叫心如止水、甘于寂寞。所以，平凡不等于平庸这种看起来像是都市心灵鸡汤一样的存在对刚下连队的我产生了巨大的震撼。也激励着我在日后的学习生活中踏踏实实、兢兢业业。

第一次见到曹班长的时候，他已是有11年军龄的三期老士官了，那次他带着我们进行装备维护，主要是老旧装备车的除锈工作。

没有见过曹班长的人大都会觉得他是扔进人群中就再也找不到的那种“大众脸”，黑黑瘦瘦、普普通通的样子，丝毫没有想象中军人高大威猛的样子。

时值6月，毒辣辣的太阳照在人身上就像火一样灼热，我们一群“一拐”都不愿去暴晒在太阳下的车头工作，争着在车厢的阴凉下用砂纸擦拭锈蚀的部位。就在我们一群人抱怨天气太热、工作太累消磨时间的时候，我转头一看，曹班长并没有在阴凉下休息，而是头顶烈日弯腰弓背地用力除锈。只见他满头大汗，身上的短袖早已被汗水浸湿，头上流下的汗珠流到车头上就像一滴水滴在烧红的铁块上一般发出了“嗤嗤”水蒸发的声音。

第11年的三期老士官尚且如此，我们这些“一拐”瞬间就无地自容了，只能迅速拿起砂纸奔到车周一起快速高效地完成除锈任务。刚一进太阳地里就感觉身上像被针扎一样的刺痒，曹班长自然是愣都不打，继续闷头干活，任凭汉流，脸上没有丝毫的不适。

人们都说：“革命军人是块砖，哪里需要哪里搬。”经过了这件事情，我十分佩服曹班长的为人处世。也通过和曹班长、其他战友聊天了解了更多他的事迹。他最初是一位超短波电台的操作手，努力钻研超短波电台操作技术的同时还利用别人休息的时间自学短波电台的操作以及电台的维护保养。经过长年累月的积累和坚持，练就了一身过硬的本领，成为了电台操作维修的“大牛”，对每个部件都精心地擦拭维护，电台出问题了他只需要一看、一听就可以发现问题并迅速找出解决方案。

而后，技术出色的他成了一个普普通通的电台室管理员，在这样平凡的岗位上，一干就是6年。我开始觉得曹班长既然有这么好的技术，理应到更高的平台施展自己的才能，而不需要在这种甚至不懂电台的人都能做的工作岗位上浪费自己的人生。

我也曾问过曹班长："人生也就十几个6年而已，您如何一直这样用心地对待这些没有生命的电台啊？图什么？为什么？"曹班长笑着说："职责所在，一刻也不能放松啊。"

无论什么时候到电台室，我总是会发现其中一尘不染，即使是不经常使用的电台器上也总是毫无灰尘，战友说曹班长6年来每天对电台都像对他孩子那般呵护关爱。

部队是一个大的综合系统，每个部分都是不可或缺的，每个部分的进步发展都会对整个军队事业产生积极的促进作用。然而，部队的很多岗位并不像军旅影视作品中的那样光鲜亮丽，很多普普通通的官兵都是在普通的岗位上默默地为军队建设事业奉献自己的青春。

曹班长是一位很平凡的战士，甚至没有三等功、二等功等耀眼的突出成就，但是他可以立足本职工作未曾有过懈怠，6年如一日的坚持，6年如一日的细心守护，为部队作出更多的贡献，这也许就是平凡但并不平庸、朴素却又深刻的体现吧。

经过这件事情，我踏实了很多，重新对军营里的每一件事情燃起了做到极致的匠人精神。经过这件事情，也让我更加相信，军营里有无数和曹班长一样的人，用自己的实际行动践行着"行胜于言"的深刻内涵，就像无数的清华校友在自己的工作岗位和命运选择上所坚持的那样：爱国奉献，追求卓越。

毫无疑问，曹班长就是这样的一个人。

在难处选择担当，方成就勇气血性

军营日常的训练普普通通看似波澜不惊，却又充满小细节，细心的人自会从中找到乐趣。时间一晃到了2014年7月末，掐指一算，年末自己就该退伍了。怀着对剩下日子的珍惜，经过自己的争取，终于有幸参与了远赴甘肃某地的新型通信电台的参数性能测试试验任务。

跟随车队从营区出发，一路西行远赴甘肃，一路上经历了华北平原、黄土高原、秦岭山脉、河西走廊，目睹祖国丰富多彩的大好河山，心中的豪情油然而生。特别是进入甘宁地区，举目望去一望无际的戈壁滩，蓝天、白云、赫土、绿军装就像一幅画卷一样让人美得心醉，也让自己这个一直生活在平原地区的人第一次见识到了戈壁的壮美，体验了一把“大漠孤烟直，长河落日圆”的感觉。

犹记得那是8月3日，那天我们乘装备车深入戈壁40多公里，像往常一样开始架设装备准备进行试验。上午的训练一切正常，中午大家还挤在车厢的阴凉下小憩了一下，可是意想不到的事情发生了。下午4点钟左右，戈壁滩开始起风了，众所周知，在戈壁滩这种植物稀少沙砾长时间暴露在烈日下起风意味着沙尘暴的侵袭，没有经历过这种事情的我当时就傻了，有人觉得应该紧急撤离，所以，大家就开始聚在一起议论是否需要撤除装备准备撤离。

带队的李班长他平时并不是一个雷厉风行的硬派，但是这个时候却力排众议，一板敲定要继续坚持。他说，战斗力才是检验部队的唯一标准，我们的任务就是为了验证这款新型装备的各项参数指数，特别是这种极端恶劣环境，战争并不能等你准备好了、天气好了才开始吧？

一席话有理有据、掷地有声，军人以服从命令、完成任务为天职，在困难和恶劣天气面前，哪有为了自身舒适就放弃任务的道理？这一番话很简单，但背后体现的担当精神让我印象深刻：面对危险，谁都会害怕，但只有选择咬牙担当的人，才能够成就勇气和血性！

李班长的勇气感染了我，也感染了大家，虽然很紧张，但是心情十分坚定：不管沙尘暴有多大，我们跟你干到底了！

沙尘暴越来越近了，开始时只见天际边突然开始出现一道黄线，黄线逐步变成一道黄色的幕布遮天蔽日席卷而来，到了我们眼前的时候我们已是什么也看不清楚，空气中高速飞行的沙砾打在脸上噼里啪啦的响，风卷着沙尘直往鼻子里钻，只觉得呼吸都十分困难。我们无奈地只能将迷彩服蒙在电台和自己的头上来减轻这样的痛苦，同时还要坚持辨识记录新型电台在这种极

端环境下的各项参数指数。风走了，沙尘暴停了，我们也从自己的迷彩服中钻了出来，只见每个人都是一副被埋了的样子，头发、鼻子、脸、耳朵上全都是土，着实成了灰头土脸的“泥人”。大家一副劫后余生的样子，看着彼此傻笑，接着就是拨弄身上和衣服上的灰尘，继续进行试验任务。现在想想，当时也算是苦中作乐、不亦乐乎了。

当兵不是为了享受，当兵是为国奉献，是一种崇高的理想追求。而我们这些军人的第一要务就是要树立勇于担当、面对困难有勇气站上去的精神品质。未来作战任务可能会有人伤亡，如果因为害怕受伤就不去冲锋陷阵，畏难情绪会不断传染扩散，战争是打不赢的。正因为军营里每天都会有无数的突发状况，也会有无数的人选择了这种使命和担当，军营的纪律和精神才会如此可贵，这也是我们的使命担当。

在军营里，身边的故事不断鼓舞和激励着我，而这些精神也与我之前在清华园里遇到的别无二致。军营是我的第二所大学，它教会我很多朴素而深刻的道理，也让我对之前理性认识的精神有了更多感性的触动。就这样，两年匆匆，转眼就到了军旅生涯结束的时候。

退伍离别的不舍与感动

第一年退伍季还在笑看各种泪奔不堪，总是心里想着自己绝对不会这样狼狈，到自己退伍的时候应该会是一种解脱的状态。可是，真当向军旗告别、《驼铃》响起的一刹那，泪水真的不受控制地涌出眼眶。

人，都是注重感情的，想到自己就要脱下两年来陪伴自己日日夜夜的绿军装，离开生活了两年之久的军营，离开同甘苦共患难的战友，离开陪伴自己两年的电台……各种伤离别、各种的不舍泉涌而出。

每次听到《我是特种兵》中刀郎唱的《永远的兄弟》这首歌时，总是会引动自己的无尽遐想，“忆往昔峥嵘岁月稠”。谨以此歌的歌词纪念我的军旅生活，我亲爱的战友兄弟。

曾经的日子闪亮又明媚
你我一起分享了青春的美味
曾经的日子伤感又苦涩
你我一起承受了身心的疲惫
曾经的浪漫让你我几度沉醉
曾经的沧桑让你我不再纯粹
分手时我不知你的去处
也没有说我和你，何时再相会
风去花谢，风来花开
曾经的日子，只是在沉睡
风去花谢风来花开重逢的日子
总是不期而会
来吧，兄弟，干杯
是水一起蹚，是火一起闯
生也相依，死也相随，相依相随
凯旋的日子不醉不归
来吧，来吧，兄弟，干杯
是水一起蹚，是火一起闯
生也相依，死也相随，相依相随
凯旋的日子，不醉不归

从军梦·戎装情

个/人/简/介

刘婷，女，汉族，中国共产党党员，1991年4月出生，天津市静海区人。2010年8月进入清华大学学习，现为清华大学人文学院硕士研究生；2012年12月入伍，服役于中国人民解放军火箭军某部；本科学习期间，曾获得清华大学学业优秀奖学金等；服役期间，被评为“优秀士兵”“优秀共产党员”、荣立个人三等功一次、集体三等功两次；现担任清华大学人文学院带班辅导员、清华大学国防教育与人才培养办公室辅导员。

从大学到军营，从学生到士兵，在军营这座“清华园”里，我汲取着课堂上不曾学到的知识，更加理解了责任与使命，读懂了忠诚与奉献，学会了守护与担当，培养了坚毅与果敢。

“人生最美是军旅”，循着前辈的足迹，我也在火热军营追逐着自己的梦想，继续着清华人在强国强军路上永不停歇的前行……

——刘婷

“长发和红妆离我远去，从军走进迷彩的军旅。战争从来没有性别，强军的使命女兵也同样担起……”这是《导弹女兵》中的一句歌词，也是我最喜欢的一首军歌。

我于2010年夏天进入清华大学外文系，于2012年12月应征入伍，在第二炮兵某部队服役，2014年11月退出现役。两年的摸爬滚打，从青涩的普通士兵成长为成熟的指挥班长，带着军营赋予我的有形、无形的财富、带着对部队的留恋，我退伍返校，回到清华园继续享受园子里的美好时光。

报名时的坚定——
“去哪儿都行，干啥都行，只要让我去当兵”

参军的过程，一波三折、充满艰辛，最终的结果是“精诚所至，金石为开”。

人文学院曾有两名师兄于2010年参军入伍，学生组长赵蓉老师在一门课上偶然提到过，那时我刚刚从日本交换归来，也是第一次得知，原来在校大学生也可以参军入伍！

情不知所起，一往而深。我火速从校园里张贴的征兵海报上找到了武装部吕冀蜀老师的联系方式，第一时间填表报名。然而，2012年是实行网络报名的第一年，对年龄有严格的限制，超龄几个月的我怎么也报不上名。

那时我几乎每天都去武装部一次，请吕老师帮忙想办法。我想可能正是这种坚定与执着感动了老师们，在学院、武装部的积极协调下，我总算获得了体检资格。后来又经过漫长的等待和煎熬，终于在新兵起运前几天收到了来自武装部的好消息。

正因为报名的过程充满波折，入伍后才更加格外珍惜这来之不易的机会，“真的特别想去”，至今每每回忆起两年前报名的场景，我都十分激动，还记得自己对吕老师立下的保证——“让我去哪儿都行，干啥都行，只要能让我当兵。”

初入伍的苦乐——

“部队的一切我都能接受，因为我太喜欢了”

初入军营，来到一个陌生的环境，我并没有觉得落差很大，也从来没有后悔过自己的选择。

每天都在整内务、搞卫生，不停地走队列、背号码，时间被规划到分钟，甚至言行都受到限制……然而这些旁人觉得异常枯燥的事情，我都乐在其中。“人生只有走出来的辉煌，没有等出来的美丽！”既然选择，就要脚踏实地，不能轻易放弃。还记得刚入伍半年，旅宣传科长找到我“约稿”，想让我谈谈来到部队后有什么不适应的地方，然后又是怎样通过努力“克服”的，没想到我的回答是“没有什么不适应的”，就这样第一次约稿失败了。

和所有大学生士兵一样，最初，大学生的身份、“清华”的光环总让我们在军营里显得如此另类。记得入伍前，万一师兄曾跟我说：“清华的学生凡事只能往前冲，决不能往后退……”诚然如吕老师所说，在部队，清华学生一个小小的恶缺点会被无限放大，但同时，一个小小的优点也会被无限放大。

其实我们这一批兵绝大多数都是大学生，都特别不喜欢别人老拿“大学生”的身份说事儿，反倒是抓着一切机会向上级申请参加各项训练、演习任务。

新兵一年，几乎每天都有新的挑战。在外人看来，这些本不应该是年轻大学生所应经历与承受的事情，我们却乐在其中，收获其中。当有人对部队有所质疑的时候，我心里都会想："部队的一切自己都能接受，只因为太喜欢。"

不服输的执着——

"你需要啥岗位啥专业，我学就行！"

"各单位值班站岗人员除外，通信营女兵除外。"

2013年10月，部队要组织一次百公里拉练，上级机关给各单位下发了通知，按照惯例，明确将女兵排除在此次任务之外。

得知了这个通知后，我心里特别"不爽"，但总感觉还有一丝希望，便马上征集了战友们的想法，向营首长表达了我们想要和男兵一样参加拉练的想法。营长和教导员都十分诧异，因为此前的女兵，通常都十分乐意留守。

在反复申请之下，营首长终于答应帮我们向上一级机关进行申请。几经周折，部队首长终于答应了女兵参与拉练，然而，方案却一再更改，由最初的"只允许女兵参与一天"，到"参与两天但夜里返回营区住宿"，再到最后的"全程参与"，我们可谓反复请缨并最终出色完成了拉练任务。

拉练过程中，我们一次又一次地赶上前一梯队的男兵，收容车上全是男兵，没有一个女兵。至今是营里的笑谈。

因为此次任务的出色完成，再加上全年保障工作成绩突出，女兵排收获了历史上第一个集体三等功。

这样的"请缨出战"后来还发生了许多次，写过"请战书"，"围追堵截"过各级领导，旅队女兵第一次走进野外训练场，第一次拥有了属于自己的战车和战位。

为了能带女兵进场训练，当时营长刚好休假回来，当天晚上我就在营长门口等着他，再一次热切地向营长表达了我们想要参加实战化训练的愿望。

“你是个话务班长，那又没有电话让你接，也没有新兵给你带，你去干啥？”

“你需要啥岗位、啥专业，我学就行！”

于是接下来一周“无比痛苦”，我将短波、超短波电台车的规程教范烂熟于心，实装操作一气呵成，并借此机会重新编写、完善了6套装备的操作规程也成为旅队历史上首位实装训练女兵指挥员。

由于驻训的环境差、任务险，开始的时候，紧急出动、转进训练等科目是不要求女兵参加的，然而，我们的决心与勇气再一次打动了部队首长，后续的时间里，女兵全员全科目全训，与男兵无任何差别。

让我感慨地是，无论野外生存条件多么恶劣、训练多么艰苦，我的战友和我带的兵，这些年轻的姑娘们没有一人因为生理原因和伤病缺席过一次训练、打过一次报告。半夜里在几座孤坟旁，守着电台和装备执勤，帐篷里常有蛇虫出没，没有人说过怕；12个女兵20分钟搭起一座容纳整个营的餐厅帐篷，没有人喊过累；穿着笨重闷热的防护服训练几个小时，衣服拧得出汗水来，训练间隙倒在黄土坡上就睡着了，没有人叫过苦……

我在部队的另一个重要身份，是该部队政工网的特约撰稿人。白天带新兵，晚上加班写稿子，经常因为思考某篇稿件而彻夜难眠，也曾一次次因为加班错过了和战友们的聚会、休息。还记得过勇老师到部队看望我的时候，曾说清华学生“不怕苦、不怕累、只怕闲”，这句话也一直被我记在心里。不到一年时间，我在军以上单位发稿500余篇，并有多篇稿件在全军政工网上发表，几乎成了旅里的专职报道员。

军营里，有现实与想象的落差、有常常出现的新挑战。但两年，这份“喜欢”越积越厚、越积越重。“优秀士兵”、两次荣立集体三等功、一次荣立个人三等功……相比于这些有形的收获，忠诚、勇敢、担当、战友情……部队赋予我精神上的力量才是不可多得的宝贵财富，让我永远珍视。

初入军营，营长对着还是新兵的我说：“这衣服穿在你们身上怎么这么奇怪呢？”渐渐地，我们用两年时间把这身军装穿出了“兵味儿”，但也到了该说再见的时候。

退伍返校后，我来到国防教育与人才培养办公室担任辅导员，带着清华园里的国防生们组织活动、开展训练。能够继续忙碌于自己喜欢的工作，与清华国防人并肩战斗，我感到十分幸运。2015年9月、2017年2月，我两次带领清华国防生远赴大洋彼岸的西点军校进行交流。2016年5月4日，我与穿着军装的他走进婚姻殿堂，晋升“军嫂”，继续着从军梦、戎装情……

“硬汉”出自军营来

个/人/简/介

罗宏图，男，汉族，中国共产党党员，1990年9月出生，福建安溪人，2010年9月考入清华大学机械系；2012年11月加入中国共产党，同年12月参军入伍，服役于中国人民解放军第65集团军66188部队；2013年12月参加第65集团军军事比武获得第一名；2014年7月被评为所在旅“十佳义务兵”；2014年9月被评为北京市海淀区“优秀大学生士兵”，服役期间，连续两年被评为“优秀士兵”；2014年12月退出现役，返校后加入清华大学晨跑协会和跳水协会，获得长城马拉松20~30年龄组第十名，晋级清华大学冬泳七段；2015年9月通过清华大学免试攻读硕士研究生答辩，2016年9月继续在机械系读研深造。

从学校到军营，再从军营到学校，我找到了想要在军营里找到的人生的精彩，军营的生活给了我勇气，让我敢于去尝试那些以前未曾想过的事情，让我的人生从此告别平淡。“硬汉”出自军营来，我庆幸自己成为了其中之一。

——罗宏图

清华少年初长成

2012年夏天，我进入清华已经快要两年了。那个时候的清华园很美，白天有学堂路百年树木疏漏的阳光，晚上有荷塘月色旁百年树人的老馆温和的灯光，我像很多同学一样，上课、写作业、参加学生会，偶尔做一些小确幸的尝试，看上去安逸而富足。虽然不太恰当，但我当时脑子里想的确实就是“安逸”和“富足”这两个词。

一想到这两个词，我心里就开始害怕起来，突然开始觉得空虚，虽然看起来每天也安排得满满当当，可真的回想起来，我竟觉得记不起哪些事情给我留下了特别深刻的印象。我忽然觉得，如果再这样沿着这条轨道生活下去，到毕业的时候，我这4年是不是也要像那两年一样空洞？于是我开始思考改变现状的途径。

参军的想法就是在这个时候开始萌生的，但我那时还没能想明白当兵究竟是怎么一回事，只是开始主动去接触军事类的话题，包括新闻和影视作品。后来，我带着一些兴趣和一些疑惑参加了清华的征兵宣讲会，当我看到宣讲会上门良杰、周宇、刘刚这“清华三剑客”的纪录片时，我一下子觉得找到了我想要的东西，我看到他们在部队的经历和成长，更重要的是，我看到他们从部队回校之后的那种状态，那是两年的历练带给他们个人的蜕变，他们显得那么精力充沛，心态那么积极向上，我深受震撼。

我希望能让自己的生活告别平淡，不一定壮阔，但一定有一点波澜，我希望自己每天精力充沛、信心满满，就像他们“三剑客”一样——我终于决定报名参军。

初入营门便铮铮

2013年10月，我到连队还没几个月的时候，旅里更换了新装备，为了让各单位快速掌握新装备的使用技术，每个连队要推荐一名骨干到集团军参加步兵专业骨干集训，由于表现出色，我幸运地被连队选中，到集团军参加集训。

当过兵的人都知道，在部队，凡是不同单位的人聚到一起，那肯定都要比一比，如果是这种大规模的“集训”，那通常就要有正式的比武。这次也不例外。出发前，班长嘱咐我：“到了好好干，咱们连的人，到哪都得是好样的！最后的比武，我们等着你的好消息！”我所在的连队是一个战功卓著的英雄连队，解放战争时期4次荣立大功，和平时期3次被授予荣誉称号，在连里有这么一句话：“武艺练不精，不是三连兵。”班长的嘱咐给了我压力，也给了我动力。我当时就想，不管怎么样，一定要好好学、好好练，最后拿出好成绩给连队争荣誉。

结果到了集训开始的时候，我一下就傻眼了，我们单位是刚刚换装，新装备以前从来没摸过，我是从零起步开始学，从一片空白开始练，而其他单位有的已经换装有一段时间，他们选派来的骨干对新装备的使用已经有了一定的经验。他们上手快，熟练得也快，而我却要从零开始掌握技术，一点一点打磨技巧，在进度上明显吃亏。可是惊讶之后还得接着干，当时心里也没想别的，就是真心想学好，于是我就加班加点练，不断提高专注度，认真记、仔细想，然后动手体会，就这样，集训的时间一点点走完了，很快迎来了本次集训的大比武。

经历3轮淘汰赛，总共5项考核，我拿了3项第一，一项第二，一项第三，最终的综合成绩位列第一名。回到连队，班长一拳打在我胸口，“你小子好样的！我果然没看错你！”看着班长欣喜的眼神，我一下子觉得所有吃过的苦、受过的累都值得了。不论开始时如何，我终究为这支光荣的连队又添上了光彩的一笔。

军中磨砺“硬汉”情

在新兵连的时候，我的班长张海生看我刚去的时候一脸书生气，就想对我要求低一点：军事训练能及格就行。我知道班长是好意，可是作为一名清华兵，我知道我身上除了我自己，还代表着清华的荣誉。曾经的“清华三剑客”在部队抢先争优、立功受奖，我不能从新兵连开始就给自己降低标准。

于是，我就在各个科目上给自己定下了标准：3000米达到12分半；引体向上做满12个以上；手榴弹投掷35米以上。新兵连日程很紧，没有加练的时间，我就抓住每次训练的机会，认真听、仔细记、找技巧、打基础，每次训练完，那种疲惫都让我恨不能立刻倒在地上睡下去。班长看在眼里，新兵训练完体能考核的时候，所有的科目我都达到了优秀，实弹射击打出了48环的成绩，班长为我竖起了大拇指，这进入军营的第一关，我华丽地通过了。

新兵下连之后，我的班长同样是一个刚毅坚强有血性的汉子。班长曾经参加过2009年国庆阅兵，从他身上，我看到了我一直向往的革命军人身上那种坚强、勇敢、永不退缩的品质，跟班长在一起生活、训练，在班长的带领和严格要求下，虽然有时候很苦、很累，可是我觉得我来对了地方，这就是一个能把我摔打出血性的地方。

班长成了我的偶像，为了向班长看齐，更为了让自己不断提高赶上老兵的标准，我每天早上5点起床，主动给自己加量、加压，背着背囊训练武装5公里。人的成长确实需要环境的影响，那个时候，我身处在那样的连队，每天跟着那样的班长，没有人要求我一定要练到什么样，感觉真的是会不由自主就想认真练，新兵下连两个月后，我的轻装5公里跑进了19分钟。

部队两年，在我的不断加码下，我的体能成绩逐渐得到了大家的认可。2014年9月，在临近退伍的时候，我入选了全旅军事运动会比武集训班，代表连队参加全旅的比武。虽然经过那么多训练之后我的身体耐受力已经很不错，可是集训班毕竟不同于平时训练，还是那句话，一旦涉及“比武”，那就涉及连队荣誉，所有来参加集训的人都非常拼。每天都是高强度的体能训练，练了几天之后，因为每天持续性的高强度训练，我的膝盖旧伤复发，别说训练，就是不训练的时候走路都很难受，训练的时候靠着意志力，而且训练强度一上来之后就麻木了，还没有那么难受，但是训练一结束，那才真让我体验到本来就受伤的膝盖伤上加伤的后果，基本上疼得连楼梯都上不了，都得靠战友扶着才能挪到宿舍。

班长看到我这种情况，怕我旧伤加剧，如果再这么练下去会落下病根，即使退伍之后都会受影响，就常常在旁边催我多休息一会儿，还单独找了我好几次，劝我没必要那么拼命。但我心里知道，我既然来了就不会放弃，既然连队把这个光荣的任务交给了我，我就责无旁贷，无论如何都要为连队争荣誉。我跟班长说，这是我自己的最后一次军事比武了，如果错过了，以后再也没机会弥补，那就可能成了我一辈子的遗憾，不管最后结果如何，只要我曾经为了荣誉努力奋斗过，那对我来说就足够了。班长也很感动，他专门针对我的伤病制定了科学的训练计划，我也一直咬牙坚持参加训练。

最后，运动会赛场上，我带着受伤的膝盖，在400障碍比赛中取得了个人最好成绩，达到了1分50秒。虽然最后还是没能为连队争得荣誉，但我觉得自己的坚持是对的，年轻的时候总得有点拼命精神，更何况当了孬兵才是给连队抹黑，输了比赛回去再练就是了。

退伍的时候，班长说，这两年没白待，总还像个“硬汉”，我说，就算我表现出了“硬汉”，那也是军营带给我的成长。

“硬汉”出自军营来

入学两年，当兵又两年，清华给了我智慧，而部队给了我勇气。退伍返校之后，我发现我的生活开始不一样了。

经过两年部队生活的常态化体能训练，在学校几天不跑就觉得总是缺点什么。于是我开始去参加各种各样的跑步运动。我先是加入了学校晨跑队，每天早上绕着校园跑，说起来运动量也不小，可是对我而言，我却感觉跟武装5公里比起来，穿着运动服的10公里再简单不过。后来我开始尝试更长的距离，在北京国际马拉松比赛上，我第一次尝试42公里，这一次虽然没有取得名次，却给了我莫大的信心。之后，我开始参加越来越多的马拉松长跑，退伍之后的这段时间里，我跑了北京马拉松和长城马拉松两次全程，还完成了两次半程越野马拉松，在长城马拉松比赛中，我在20~30岁年龄段取得了第10名的成绩。

除了跑步，我还开始尝试其他的项目，大二学会游泳之后，在部队也没怎么下过水，回到学校便又开始把这个项目拿起来。在游泳的时候，我认识了热衷于冬泳的一群人，然后便一发不可收拾，在低于10摄氏度的水里游，在低于5摄氏度的水里游，我一次次尝试，一次次打破自己的纪录，这一切就跟我当初在部队里做的事情一模一样，只不过是换了一个科目。后来，我甚至晋级了冬泳七段。

2016年8月，我带领清华大学国防生参加了“剑鹰2016”军事竞赛，接敌、抢滩、登陆、搜索，这一切让我仿佛重新回到了两年前那些熟悉的场景，作为一名老兵，我把我掌握的技巧和经验在实战中教给国防生兄弟们，跟他们一起完成比赛任务。赛前训练、比赛的持续48小时都很苦，但是我们没有一个人喊苦喊累。“流血流汗不流泪，掉皮掉肉不掉队”，这句部队常用的口号，成了我们每个人坚持的理由，这是作为一个军人的荣誉和自豪。

从学校到军营，再从军营到学校，我找到了想要在军营里找到的人生的精彩，军营的生活给了我勇气，让我敢于去尝试那些以前未曾想过的事情，让我的人生从此告别平淡。

“硬汉”出自军营来，我庆幸自己成为了其中之一。

西南边境的缉毒武警

个/人/简/介

王欢，男，汉族，中国共产党党员，1990年6月出生，甘肃定西人。2013年考入清华大学硕士研究生；2014年参军入伍，服役于武警云南边防总队临沧边防支队，2016年退伍。服役期间，荣立个人三等功一次、优秀士兵一次，并加入中国共产党。

人生道路不仅形形色色、各不相同，而且每一个人的人生都是一张丰富的频谱。虽然没有人能够把握所有的频率成分，但是可以把握其中的关键成分，特别是那些主要的频率成分。只有把握住关键的成分才能使人生不失人生的方向和目标。

——王欢

现在距离脱下军装的那刻已经快一年了，和一起退伍的老兵聊起来还是有点羡慕别人的军旅经历，因为我去的部队里飞机、大炮一样没有，最拿得出手的武器只有一把95步枪。当时准备报名的时候我打算选解放军，后来听别人劝告，还是选择了云南边防武警。做出选择不久后突然就后悔了，发军装那天更是后悔，因为比起陆军的衣服，武警的衣服实在太难看了。但是现在，两年之后，我在武警的经历却告诉我当初的选择是正确的。

记得出发时，从清华出发的加上我一共两人，董老师来为我们送行。到集合地点报到后，带兵干部把我们拉到北京西站，下了车，人很多。随后便到了候车室，过了一会，纠察来了，看到有些新兵东倒西歪的，就训斥了一番，大家开始规矩了许多。在火车上，我从带兵干部那儿了解到自己将要去服役的这支部队的主要任务就是去边境缉毒。坐了30多个小时的火车，到昆明时已经凌晨2点多了，因为部队分散在各个地方，所以要在昆明分兵，我被分到了临沧——一个从未听说过的地方。那晚又恰逢晚上高速公路封路，所以我们一直等到早上5点钟出发，到训练基地已经是下午6点，正好赶上晚饭。因为我来自清华，自然得到很多人的注意。随后，分了班、领了被褥，在部队的第一天就这样过去了。

哪想到第二天刚出早操，我就出了丑——有些支撑不住，差点儿晕倒在操场上。到了晚上，班长给了我一块手表让我提前起床，然后把别的战友也叫起来叠被子。手表没有闹钟，我担心起不来，所以跟班长去说。他跟我讲："没有什么不可能，而且我不想听到有什么做不到。"这是我在部队学到的第一条，那就是无条件地服从命令，而且学的很快，所以我是新兵连里唯一一个没挨打的（集体挨罚除外）。有一次紧急集合后跑步，我们队

长突然说让我不要掉队，其实当时我没有掉队，但我没有反驳他，只是回答“是”，中队长在后面应该也发现我没掉队，完了之后队长表扬了我的毅力，我想他应该欣赏的是我的无条件服从的意识。在新训大队没过几天，我们两个班集体挨罚，原因是一个战友连续两次丢东西，班长估计是有人偷的。后来又有人丢东西，为了防止集体挨罚，所以我们商量一下，以后不管谁丢钱了，都对班长保密，丢的钱大家一起凑。

军训结束之后，要被分到下面的单位去工作，新兵中只有我一个去了拘留审查所。在训练基地的时候，听老兵说拘留审查所主要是用于收容、审讯、看管非法进入中国的外国“三非”人员。但到了单位，我才发现，说是拘留审查所，但连拘留审查的地方都没有，更别说拘留审查人了。进了大门，对面有一栋小黄楼，墙上写着军需仓库，我看见后才明白，我们的主要任务的执行地就是那栋楼了。后来我才听闻，拘留所以前叫修理所，大概相当于解放军的修理营，然而边防部队不像解放军那样有很多装备要维修，所以拘留所基本上是个养闲人的地方，基本上也不怎么训练，与我想象中的军旅生涯相差太远。虽然我嘴上不说，但是从心底就不想来这种单位，我想当兵就要有个当兵的样子，何况我只当两年义务兵就退伍，于是我开始琢磨怎么调单位。单位领导也清楚我当兵的目的，他们知道我的想法之后，一边向上级反映我的想法，一边开始组织大家训练。没有预料到的是，这一年也是我体能提高最快的时候。即便是后面调到一线单位后，跑步基本上在前几名，偶尔还能跑个第一名。记得3公里跑得最快的一次大概是11分30秒。

下单位两个月后，缅北局势再度恶化，果敢同盟军意图光复果敢，边境很多难民开始涌入中国。对于我这类军事爱好者来说，是不可多得的机会，所以，我赶紧写了去边境的申请书。但因为我所在片区的部队没有调动因而没能遂愿。但是到了第二年，我还是如愿去了边境一线的检查站，主要的任务就是缉毒。在这之前我跟很多人一样很好奇贩毒是怎么被抓住的，经历之后才知道缉毒并没有像电视剧演的那样惊心动魄，其实，在缉毒的过程中更多的是等待。

到新单位的第二天晚上，站长带了我们四五个人出去堵卡，天刚黑，过来一辆出租车，里面除了司机就一个人，但没有下车。突然有个老兵一把从后面把他摁倒在地上，我当时还没有反应过来。随后从他身上发现几十克海洛因。根据他的交代，原来境外贩毒分子准备让他把毒品吞到肚子里面，后来他实在吞不下去，只得随身携带。这是我第一次经历的案件，不过这已经不是我第一次见到毒品，我第一次见到毒品还是我在拘留所的时候。也是刚下单位不久，教导员通知我去侦察队看守犯罪嫌疑人，犯罪嫌疑人一共5个，我们轮流看守。到了第二天，队长提着一个尼龙袋进来，看起来挺沉的，里面大概有四五十块毒品，每一块都包得很结实。全部打开之后，称了称重量，足足有29公斤，相比之下，根据法律50克就可以判死刑。这也让我深深地感受到了边境地区毒贩的猖狂。

到新单位大概一个月之后，我查获了第一起贩毒案件。数量不多，大概900多克，藏毒的手段还算隐蔽，就是把海洛因包好，然后混在腌制的豆腐里面。最初打开后用筷子戳了戳，没发现什么可疑的疑点。但因为是发往昆明某宾馆的，所以还是找了一个盆，把里面的豆腐全部倒出来查了一遍，发现里面大概有五六坨用黑色胶布包裹的海洛因。这种通过快递贩毒的方式很普遍，也占了不小的比例。有一次，我们按惯例对快递包裹一一查看，我发现里面是卫生巾的箱子，其实在以前也碰到过卫生巾，但没这么多。记得第一次的时候我还不好意思看，后来碰到的多了也就习惯了。不过这次引起我注意的是包装膜有打开的痕迹，虽然他们把包装的塑料膜用火烤了之后粘在一起，但是仔细看起来还是很明显。打开之后捏一捏每包卫生巾，发现一共有三层，每一层放同一种颜色，每一包的方向和摆放的顺序方位都一样，给我感觉就像工厂里刚生产出来似的，这也渐渐地打消了我心中的疑虑。我便开始封装，当快要封好的时候想起刚打开时的包装膜，直觉告诉我这里面肯定有毒品，而且很有可能在底部，随后立马把里面的卫生巾全部倒腾出来。当把所有的卫生巾拿出来之后，箱子还挺沉，揭开箱底的纸板，两块十公分左右长的海洛因块就在下面。接着打开另外一个箱子也发现有两块海洛因。后来想想边境上不生产卫生巾，同时往内地寄这么多的卫生巾确实也有点违背常理。

毒犯为了逃脱官兵的盘查，想方设法通过各种伎俩携带毒品。有的案件安排得很精致，比如，毒贩会在毒品上面用胶带粘一块磁铁，然后粘在去往

昆明的客车或者内地游客的汽车底盘上。第二天返回到内地的时候，他们便会开着一辆车跟着。如果被查到只是货丢了，或者没有被查到，到内地之后，他趁车主不注意，再把毒品取出来。还有把毒品藏到石头里面、人体里面、头发里面、发动机里面、保险杠里面。当然有些是毫不掩饰、直截了当地运输毒品，我曾经碰到过这样的，那一次我打开包裹，就闻到冰毒的气味，可以断定里面有毒品，由于以前发现过类似案件，所以我最初以为在箱子周边，拿出里面的袋子，查了查没有发现任何毒品。最后打开袋子，发现里面全都是冰毒，称了称将近3公斤，着实让我兴奋了一阵儿。

不过不会每次查到毒品之后都会像这样兴奋，有时候查到了反而有点忧伤，其中最怕的是检查带小孩的妇女。有一次，午饭后到检查点执行例行检查，大约到了下午一两点的样子，过往车辆也不多，大家都很困，从一辆面包车上下来一位女性，说是去孟定看望亲戚。她手里提着手提袋，手提袋里装的东西还挺多，把手提袋撑得鼓鼓的，有些还掉在副驾驶的座位下面。她还带着一个小女孩，小女孩是桃圆脸，头发有点自来卷儿，扎着两个小辫子，从小女孩的个头和言语判断，大约3岁左右，小女孩有些内向，一直依偎在她妈妈身边，好像始终不敢正眼看着我们。不一会儿，同行的老班长发现牛奶盒里面有问题，结果打开发现里面是一颗颗的冰毒。随后座位底下和抽纸盒中也发现毒品。在盘问的过程中，那个小女孩向她的妈妈嚷着要喝牛奶，她完全不明白她的妈妈在做什么、她们将要面临的是什么。谁又能想象那个小女孩未来的生活呢？不过还有一点让我很好奇，就是那位司机，他的行为有些反常，自始至终没有下车，好像对贩毒的事司空见惯、没有一点好奇心，甚至好像事前就知道那位妇女带毒品的事。而且，在发现抽纸盒里有毒品时，问他纸盒是谁带的时，他的回答也有些犹豫含糊。这一切让人怀疑他可能参与这起贩毒案件。而我当时一时大意，只把注意力集中到那名妇女身上。

执勤多了，这种工作疏忽难免会发生，还有一次我记得比较清楚的是在大约凌晨的时候，天比较冷。我拿着步枪，负责警戒，另一名战友负责交通指挥。对面来了一辆面包车，外面看起来很旧，应该用了有好几年了。战友示意把车停下，随后，我们一起过去检查。车里面是改装过的，后面的座位全部拆了，只剩前面的一排座位。车里只有一位司机，身材不高，皮肤黝黑，穿着夹克衫，大约50岁，从交谈中可以感觉到他应该是个做小买卖的。停车后，司机立马下了车，急忙拿出公安局开的证明，说拉的是尸体，前两天病故，要拉到耿马火葬场去火化。说到这儿，我俩愣了一下，因为都是头一次碰到这样的情况。随后，拉开车门，看见大约一人长的尸体袋。那位司机问我们要不要打开，我俩心中有些胆怯，也就没让司机打开。盘问的过程中，司机很配合，所以我们两个都没多想，随后便放行。事后想了想，就平常人而言，一位司机开着车拉着尸体，即便是大白天，都会叫个人一起搭个伙，何况是凌晨时分。所以，光凭他一人从一个县城往另一个县城拉运尸体这一点就非常可疑；而另一个可疑的地方是，虽然我们管辖的地界属于耿马县，但是离耿马县城有3个多小时的路程，而离镇康县城只有10来分钟的路程。他这样舍近求远的行为确实很反常；而且在正常情况下，他差不多在凌晨3点左右到耿马县城，如果要去火葬场，他起码要等五六个小时。所以，他的下一站应该不是火葬场。不过也很难根据这些判断他肯定运输毒品，也可能是探路的。

还有一个不得不提的情况就是，老兵贩毒。听老班长说在退伍之后，有些老兵返回边境进行贩毒，因而被定罪入狱或者枪毙。我当时在部队完全不理解这些人，为什么老兵会去贩毒？一段时间以后，开始理解那些老兵为什么要回去贩毒，因为除了学校、家庭，他们对社会认识几乎是空白的。对退伍老兵来说，找工作是一个非常严重的问题。慢慢地有些退伍老兵开始选择了这条不归路。

两年的时间里有欢喜有忧愁，相比别人风风火火的沙场点兵，我的军旅生涯更多地增加了我的社会阅历，我想各有优势。当然如果还有机会，我想我还是会选择前者，立志做一名真正的铁血男儿。

第三章　血性

血性，是刚强正直、敢作敢为的英雄品性。一个有血性的人，在国家与民族需要的时候，敢于挺身而出挑大梁、在大是大非前毫不畏缩胆怯。血性，是中国军人打不垮的钢铁脊梁，它告诫着我们，作为一名军人，在任何时候流血流汗不流泪，掉皮掉肉不掉队！

自动化系刘尧入伍期间，在全军某项重大任务中，不惧炎热酷暑，积极参加训练，在任务中表现突出，受到前军委主席亲切接见，荣立三等功；自动化系火箭兵郑玉昆与机械学院士兵池中海在艰苦的当兵经历中时刻告诫自己"艰难困苦，玉汝于成"；工程物理系冯夷宁野外驻训，满身酸臭也要冲过5公里的终点线；工程物理系黄亚平和化工系李岳在高强度训练中肌肉无力、双腿发软，却依然坚持穿军装上训练场；经管学院导弹兵刘丰年咬紧牙关，背着总重17公斤的导弹，采取标准的瞄准姿势，站立1个小时以上，不曾喊累；化学系马高建和社科学院王海亮说"清华的兵就要响当当"；自动化系通信兵王子卓在部队里"凤凰涅槃"；生命学院杨清山在"原始暴力与适当引导"中血气方刚，迎难直上；工程物理系定向生袁苏苏两度逐梦终无悔，七尺之躯许家国；电子系聂皓寻着2014年8月3日在云南鲁甸大地震中为救灾民不惜以身殉国的武警中士谢樵的足迹远赴南疆；材料学院杨淇耀带着骨折的伤痛参加空军大比武，只为"在部队，他们叫我'清华'"；自动化系张家蔚在"严寒和漆黑"的站岗中坚守保家卫国的理想。

他们在困难面前百折不挠，他们是燃烧着热血的血性男儿！

我的十九二十

个/人/简/介

刘尧，男，汉族，中国共产党党员，1990年9月出生，安徽宿州人。2007年考入清华大学数学系，后转入自动化系；2009年12月入伍，服役于第二炮兵54基地某发射旅某发射营；2011年11月退役。期间获得个人三等功一次、受到胡锦涛主席接见一次、两次优秀士兵、多次嘉奖，并于部队入党。

军旅里的时光，一如我这小半辈子其他时光一样，大多平平淡淡没有起伏，但存在于这静悄悄的时光里那着墨不多的几缕时光，在温柔地、润物细无声地影响着我，于思想、于能力、于视野、于性情、于理想。

——刘尧

写在前面

有些事情，一旦拖得久了，反而不知道如何开始了。

今天是2017年3月31日，离我2011年11月退伍有5年半的时间了。有时候，回忆那2年当兵的经历和这5年半回来的生活，不禁感慨时间过得真快，稍不留意，7年半过去了。

2年军旅生涯，一直坚持着写日记，我明白，那些记在日记本里的文字，诉说的将是一段珍贵的岁月，一段值得一生去铭记和感谢的时光。虽然总体上来讲，军旅里的时光，一如我这小半辈子其他时光一样，大多平平淡淡没有起伏，但存在于这静悄悄的时光里那着墨不多的几缕时光，在温柔地、润物细无声地影响着我，于思想、于能力、于视野、于性情、于理想。

我不知道3年前写会成什么样，我也不清楚5年后写又会是什么样，唯一可以肯定的是，每一缕时光都在影响着我，也将继续影响下去。有些东西变得更加牢固和坚定，比如信念、理想和情怀，有些东西变得更加圆润和温柔，比如性情、品行和情感。

也许，当下回忆思考那些时光，刚刚好。

从 军 记

“从军记”共3个片段，分别是当兵3个时期，穿插着日记、感悟、发言稿等，字数太多，略有删减，希望能够真实客观地展现部队生活。

那么，该从哪里开始呢，好像很多故事总是开头很难，有些人、有些事还是历历在目，仿佛就发生在昨天，但大多已经模糊。还好，有样东西叫作日记，翻开日记，让我们回到那两年。

新 兵 连

2009年12月11日 开往军营的火车

今天要走了，晚上6:40，哥、丰子、东波、小纯、生哥，送我到C楼。一会儿吕老师开车过来了，小纯坚持要送我去北京西站。蒙蒙夜色中，车子缓缓开走。紫荆公寓的灯光在夜色中还是那么的美；操场上还有一些跑步的学生；篮球场还是一如既往地许多人在打球，只是，这些东西渐渐离我远去，慢慢地，模糊了。

走了，母校。

一路无言，来到西站。到了候车厅，一下子紧张起来，到处都是穿军装的人，个个和我一样青涩懵懂。来不及多想，一个军官开始点名，瞬间就点到了我，没怎么和吕老师、小纯道别，就匆匆排队，人太多了，一会就看不到吕老师、小纯了。我急切地四处寻找他俩，但最终还是没有找到。突然有股强烈的感觉，我要与世隔绝了、我要离开这个世界了，内心无比的失落，莫名的伤感，车站刺眼的灯光照在脸上，脑中却一片空白。

不知等了多久，带兵干部带我们上火车，于是，我跟着数不尽的绿军装，像绵绵不尽的绿丝带，朝火车走去。几百号人，却只能听到箱子轱辘滚动的声音，没有一个人说话（我想，许多年后，当回忆这个场景，我站在高处，看着这又一批中国人民解放军的新鲜血液，在茫茫人海匆匆人流中，我能找到那个瘦小无助、迷茫的身影吗？）。

别了，北京。

2009年12月12日 部队第1天

天还没亮就到洛阳了，拿行李下火车，又是长长的队伍，又是轱辘的滚动，又是空白的大脑，又是无言的心情……

早上七八点到达营区，分好班级，整理东西——被子、衣服、行李之类的，真乱真烦真累……见到了班长，不过没多大印象，然后就集合吃饭了。伙食不错，大家都饿坏了，猛吃大吃，军营初体验，太兴奋了，我要使劲吃！

2009年12月17日 训练场

今天开始真正训练了，心里有些兴奋和激动。然而来到训练场，气氛立马不一样了。期间由于做动作犯了错误，班里有两个人被班长用拳头打了下，还让我们站军姿直到发抖出汗。我被第一个允许休息，因为站军姿站得最标准、最投入，站了几分钟真的令人发指地发抖出汗了。

整个上午相当地无聊枯燥，之前的训练激情和好奇已消灭殆尽，留给我的只是一个信念：再苦、再累、再无聊，也一定要坚持训练！

【感 悟】

现在回想起来，那时训练场上寒风阵阵刺骨穿肠，不让你运动，就只让你一动不动地站着，试问，没当过兵的哥儿们，你如何把自己搞得出汗？我们可以，准确来说被逼得“可以”。那个时候，不知是什么信念支持着我，用现在的话来说就是“傻得无可救药”了，我竟然没有一丝偷懒的想法，仿佛偷懒对我来说是莫大的耻辱和可怕的事情……

2009年12月21日 体能训练脱水

晚上点完名刚回宿舍，就听到那个最最不想听到的熟悉哨声：紧急集合……靠！又可以体验一次免费的既紧张又刺激的事儿了！班里一哥儿们全排第一，我的速度还行，可是班里另外一哥儿们，懒，紧张不起来，拿了个倒数。结果集体被罚，包括那个全排第一的。班长爷、排长爷发话，要做得满头大汗才行！老天爷啊，大冷天的，满头大汗？！为了出汗，我拼命做俯卧撑和蹲下起立！不知道做了多久，当排长说停下时，我的汗不停地向外涌。此时，排长在恐怖地训斥我们，我全身出汗，浑身无力，头重脚轻，眼前竟然黑了下来，啥玩意也看不到了，我明明睁大着眼睛啊！慢慢地，感觉自己要没知觉了，这感觉真奇妙！就好像人没了所有感知，要飘起来似的。排长看到了，让我坐下休息，坐了一会儿才好。

2009年12月23日 牛奶与鸡蛋

早饭时，排长过来给了我一盒牛奶，我当时竟然没反应过来，愣愣地接住了，连一句谢谢都没说（这就是传说中的当兵当傻了吗），内心很内疚，也很感动。

中午回到宿舍，三哥说想和我说说话，偷偷摸摸把我拉出宿舍，给了我一个鸡蛋，说他想减肥。自从上次脱水，这是第二次给我鸡蛋了，我很感动！中午，吃着鸡蛋、喝着牛奶，生活还是很美好、很温馨的嘛！

2009年12月31日 我们是军人了！

早上黑蒙蒙中，我们出操来到训练场山脚下，排长、班长让我们40多人站成一列，对着大山使劲喊嗓子！怎么大怎么喊！美名曰“吼山”！我们拼命地喊，排长、班长拿着手电筒，一个个经过我们，专逮不用力喊的人。于是，每当手电光快到某人时，那人必定是用出了最大的力气、喊出了最高的声音、涨红了最红的脸、挺高了最大的胸脯、张开了最大的嘴巴，哈哈。

大家都气喘吁吁的，在手电光的照射下股股白气从头上、身上、脸上冒出来，仿佛刚出笼的包子，那个鲜、那个美。排长说，喊几个口号玩玩，说是2009年就要过去了，纪念一下，对着大山、对着自己、对着这个自己永远不会忘记的选择来当兵的2009年！排长起了个头，顿时整个山谷里：

“忠诚于党！热爱人民！报效国家！献身使命！崇尚荣誉！”

“忠诚于党！热爱人民！报效国家！献身使命！崇尚荣誉！”

……

“忠诚于党！热爱人民！报效国家！献身使命！崇尚荣誉！”

一遍又一遍的口号声从漆黑的夜空里发出，从空旷的山谷中涌出，从男人的胸膛中迸出！

“好了！你们是军人了，你们已经是一名军人了！纪念这该死的、讨厌的2009年吧！解散！带回！开饭！”排长喊道。

在回去的路上，我们又嗷嗷地叫、嗷嗷地喊、嗷嗷地！

2010年1月5日 生病

早上起床后，又拉肚子又发烧感冒，最令人发指的是还咳嗽，痛苦死我了，上午的训练我硬撑了下去，下午继续撑，我从来没想过要请假休息，之前也曾说过，这种事情仿佛很羞耻似的难以启齿，熬了一天，没吃任何东西，晚上没训练了，我才去卫生队看了看（毫不夸张地说，当兵两年最大的自豪之一，就是从来没有因为生病或劳累而请过一次假，真的，哥当年就是这么纯真、这么执拗！）。

2010年3月1日 伤感的离别

正所谓“天下没有不散的筵席”，相处78天的战友要分到四面八方了。

早上最后一次早饭，饭前的口号和歌声震耳欲聋，这是对最后一次的珍惜，也是离别之情的发泄。饭后匆匆打背包，那紧张混乱的场面让我没时间感受伤感，我痛恨这离别前的匆忙，它让人遗憾（当了两年兵，我发现似乎每次离别都是匆忙紧张的，似乎是一个潜规则）！全营人员集合在大院子里，开始点名了。

一个又一个名字，意味着一个又一个离别……我很怕自己班的人被点，但无法避免。“胡××！”这是班里第一个名字！心中猛然一抖！一种复杂的情感充满胸膛。听到十班一个战友说一句“哥儿们走好”，我不记得说了什么，“一哥”，然后拍一拍他的肩膀就分别了。轮到鹤哥，我喊了声“鹤哥”，他没听到，走出队列后又回头看了几眼离开了。接着是三哥，我清晰地记得三哥走出去后回头看我们时满脸泪水！……最后留在我们自己旅的，我班有7个人！我们7个人互相看了看，破涕而笑，留在自己旅，以后应该方便联系些。

列兵时代

3个月结束，老兵连的生活开始了，对于在新兵连“受尽折磨”的我们来说，这是一个新的开始。3月7号那天，白天在新兵连，晚上就到了老兵连。白天我是一个新兵，晚上我变成了列兵。

2010年3月7日 下老兵连

下午车子缓慢驶出新兵营，路上，我看到了初春的麦苗、新生的嫩芽；我看到了阳光下农民的劳动、孩童的玩耍。

夜色中我们来到传说中训练最恐怖的××一营，快到时我心中突然有一丝畏惧。这就是未来两年我生活的地方吗，它会是啥样，这里的老兵咋样呢？

下车、集合、站队、分兵。就这样，我们一堆新兵蛋子排成一排，四周全是人，老兵、军官和黑夜。

分完连队，老兵很热情，帮我们拿行李，带我们认路。帮我拿东西的老兵，面相挺和善，我心里想“哦，原来老兵连也不可怕啊”，后来分了班，班长就是那个和善的，我心里老高兴了，后来才知道是临时的，最后分到五班，一看班长样子，一点都不面善，心里那个凉啊……

2010年4月11日 一个橘子

晚上在军营网吧查资料，突然感到身后来了一个人，回头一看是小利，他下连时分到我班，后来因受不了苦申请分到了炊事班，害得班里只有我一个新兵，却干所有新兵该干的活，其他班都至少俩。虽然只和他在班里相处一个月，但关系很好。他来看我，轻轻地把一个橘子塞进我口袋，还没等我说谢谢，他就说炊事班事忙，走开了。我默默看着他离开的背影，愣住了……

2010年4月27日 皮肉裂开

上午在竹林干活，铺路沿石。这几天一直在干这活，左手拇指与中指之间的皮肉裂开了，本来快愈合的伤口又震得裂开了，血流了出来。这裂口是之前用水泥石灰砌墙时，被水泥石灰烧的，那时每次虽然带着手套，但每次拿下手套，都发现10个指头的皮发白干燥，还经常掉皮，很不舒服，现在终于震裂了，不用纠结啦。

2010年7月9日 胡主席接见

终于见到学长了！！终极学长！！其他省略……

2010年7月31日 狗日的天气

“狗日的天气！这不是人能受的日子！”7月最后两天，真热！我都没法忍了！我本身最怕热了，这高温、沉闷、压抑的天气，空气没有流动似的，不管室内室外，人都感觉处在一个大蒸炉里。汗刷刷地往外冒，像开了一半的水龙头。一夜之间，真的是一夜之间，我身上刷刷地、呼呼地长满了痱子，大腿、肚子、后背痒得像针扎似的，一出汗，痱子泡在汗里，那感觉爽到死、爽到爆！宿舍的风扇完全是班长们享受的，上铺一点风都吹不到。

2010年9月15日 摘板栗

下午在山上训练，休息时我们看到山上板栗树长满了板栗，啊哈哈，我们几个同年兵爬到山上摘了好多板栗，坐在路边吃了起来！真是不亦乐乎，班长和排长也吃了一些。虽然这板栗没有市面上买的好吃，但自己上山摘的，意义非凡，大家一起吃着，开心莫甚。这是我喜欢的部队生活！

2010年9月28日 吊杠真爽

上午体能训练，吴班副让我和两位上等兵吊杠，所谓吊杠，就是用背包绳在单杠上绕两圈，双手套在里面拉单杠。这种设计是越拉越紧，没有安全问题，只是绳子套在手腕上，那是相当的痛。吴班副让我们仨轮流做，每人一次做30个引体向上。这样3轮以后，每人再做30个杠上卷腹，做两轮。就这样吊着绳子，每人90个引体向上加60个卷腹，差不多吊了45分钟。训练结束时，胳膊断了似的，手腕更是火辣辣的痛。

今早做了个梦，梦里我躺在床上，一个女孩从我床边走过。敏锐的我赶紧检查床，发现床上有很多针！一根、两根、三根……当我数到十根的时候，起床号响了，我也醒了。我想，这梦挺有象征意义的。这不，白天训练，手腕火辣辣的痛，完全就跟针扎似的！

2010年10月13日 爸来电话

晚上，爸突然给我打电话，没啥事，就是因为我好久没给家里打电话，家里人想我了。一和爸说话，我就有许多事要和他说似的，但又不知道说啥。总在想，一定要让爸觉得，我在部队里，没吃苦、没受累，而且还吃得饱、穿得暖。

2010年11月8日 梦回学校

昨晚做梦，好久没做这么清晰的梦了，梦回学校，有3个场景。

场景一，在食堂：我很饿，但我竟然不知道怎么买那些名目繁多的食物，内心惶恐不安。后来遇到大学室友黄××，他教会了我。

场景二，在教室：每人一个座位，我突然不知道该坐哪个座位，而且看到那些同学相当陌生，不记得是哪些人。

场景三，在宿舍：我竟然与老师、辅导员住在一起。我班分为两个房间，我和一些同学在一个，老师、辅导员和另一些同学在另一房间，这跟新兵连时的安排一样，我竟然还看到了战友方××的名字。

我想学校了，学校想我了吗?

2010年11月24日 老兵欢送会

晚上会餐后回到连里，8点开始老兵欢送晚会。节目很精彩，结束了就是互送礼物，然后和退伍老兵一一拥抱。凌晨1点半，他们走了。

等我们跑到操场时，他们已经上车，最后的告别没来得及就走了，当时一阵愤怒，真不知道谁设计的退伍仪式！整个过程顶多两分钟。车子缓慢开走，我们低头默默回去。

明年这个时候，也该到我了，那时我会是一副什么心情呢?

【感　悟】

回忆到这里，第一年的列兵生涯就结束了。第一年的生活，多是学习、适应与融入。第一年的那种种“酸甜苦辣”也仅仅属于第一年。

列兵结束，上等兵时代开始！

我是上等兵！

2010年12月13日 “想你了”

上午连里休整没训练，可用手机，上网看到大一室友俞×给我留言：“想你了。”简简单单3个字，直接扎进我内心深处，深深地刺痛了我。亲爱的同学、朋友们，我又何尝不想你们呢？

2011年1月16日 专业考核

这周专业学习和体能训练，今天周末有专业和体能考核，专业考核我考了92分，不满意，几处压根不该错的地方错了，悲哀啊！最高分是96分，老班长拿的，我如果之前加把劲儿完全可以拿第一的！

2011年3月6日 当了一个半月的班长

之前听说我们上等兵要去××参加专业集训，带着刚下连的新兵一起学习专业、训练体能、适应老兵连生活。

28号下着大雪，我们坐了7小时的车才到××，刚下车，一种莫名的兴奋与紧张——重新分班排，我们五班、六班的4个上等兵分到了4排12班。

来到新兵班，哇塞！新兵真不少呢！那些新兵一看到我们，立马热情叫道“班长好！”哈哈，咱也终于当班长啦——我被推选成为班长，负责专业学习和体能训练；白牙是副班长，负责内务卫生和队伍训练；翔和荣负责协助开展工作。

2011年4月17日 野战化训练

传说中的15天野战化训练开始了，噢耶，挺刺激！早上来个3公里，下午搞个5公里，真叫爽，充实、刺激！昨天上午营区整治，下午队列训练，5公里，我的成绩是18分50秒，杠杠的！

集训时的12班解散了，大家各奔东西。祝福他们吧！在军旅生涯的开始，很荣幸当过你们的班长，愿你们在部队里都有所成长、有所进步！

【发 言 稿】

2011年5月24日 高调排队，低调插队

这些天训练比较辛苦，每天训练结束，大家都是又累、又饿、又渴。于是，在饭堂里出现了许多不和谐现象：后面的人排着长长的队伍，有序等着打饭，半天却寸步难行，抬头一看，前面人头涌动很是热闹，顿时无可奈何，我想很多战友都深有体会。

为身边一起训练、一起吃苦的战友考虑下吧。你累、我累、大家累，你饿、我饿、大家饿，所以最好你等、我等、大家等，多么和谐的画面！否则和谐被打破，有插队者之排骨，必有被插队者之萝卜；有插队者之鱼肉，必有被插队者之白菜；有插队者之方便、便利、迅速、快捷，必有被插队者之死熬、烂等、寸步难行；前者喜上心头得意扬扬，后者愁上眉头愤懑交加；前者迅雷不及掩耳，闪如电、快如风，后者老驴在推磨，驴不走、磨不动。

我们大陆的文化软实力如何呢？公民素质又咋样呢？与经济的发展不协调啊。在十七届六中全会上，国家对文化提出了重视。提高文化软实力，让我们从身边做起，从小事做起。

道德这东西，人人都要遵守，它无关地位、无关身份、无关职业、无关出身、无关民族、无关信仰、无关贫富、无关年龄、无关兵龄、无关政治面貌、无关社会关系……

所以，战友们，请高调排队，低调插队！

【发 言 稿】

2011年10月25日 迷彩鞋颂

“你问我什么是战士的生活，我送你一枚小弹壳。”这是歌曲里浪漫抒情的说法；军营生活告诉我，如果有人问我什么是战士的生活，我会毫不犹豫送他一双没洗的老式的41码迷彩鞋。这双迷彩鞋承载着100多斤的身躯，伴我走过军营生活的每一天。

春暖花开的暖春、酷热难当的酷暑、落叶纷飞的金秋、大雪纷纷的严冬，它一直被我们穿在脚上，抵抗春天花儿艳丽的诱惑，抵抗夏天天气高温的闷热，抵抗秋天落叶萧瑟的凄凉，抵抗冬天雨雪刺骨的冰冷，而它，始终岿然不动，面不改色，心静如水，淡然处之。

它踩过训练场的水泥、踩过菜地里的泥土、踩过垃圾池里的垃圾、踩过养鸡场里的鸡粪、踩过雪地里的冰水；它触摸过窗台、触摸过木梯、触摸过草坪、触摸过地板。它上得了神圣的荣誉室，又下得了肮脏的垃圾池；它进得了严肃的训练场，又去得了热闹的篮球场。

在刚刚过去的一年，这双迷彩鞋踩在了××山谷里，又踩在了××高原上，回到营里后，又踩在了检查工作的总部身上，如今我们又将去踩在“×××”的使命上。战友们，前进吧，一如既往地踩下去吧！

谨以此文献给努力奋斗着的每一位战友以及他脚下的那双迷彩鞋！

【发 言 稿】

退伍前几天 战友们，你准备好脱下这身军装了吗？

新兵连时，听班长说，等到树上叶儿绿了，我们就该下连了，于是，我们天天盼着叶儿快快绿；老兵连时，听老兵说，等到树上叶儿变黄了，我们就该走了，于是，我们天天盼着叶儿快快黄。如今，叶儿黄了又绿、绿了又黄，落叶纷纷落地，于是，终于到了我们该走的时候了。

战友们，你准备好脱下这身军装了吗？穿了两年的军装，永远不会再穿；喊了两年的口号，永远不会再喊；看了两年的营区，永远不会再看到……陪伴两年的人啊，可能永远不会在一起兴奋得嘻嘻哈哈，或郁闷得怨声载道。

如今，一起走过的日子，风风雨雨、阳光彩虹、雷电冰雪、朝露夕阳，我们笑着一起走过来了。

你曾经铲过沙，我曾经刨过土；你曾经抱怨干活太累，我曾经抱怨训练太猛；你曾经单杠拉得呼呼的，鄙视我拉得少，我曾经俯卧撑做得杠杠的，鄙视你太弱；你曾经表现很出色受到表扬让我羡慕忌妒恨，我曾经发誓破釜沉舟一咬牙、一狠心、一定超你丫的！

时光如流水，一去不复返；待到回首时，烟消亦云散；往事成追忆，当时已惘然；经历风和雨，明日艳阳天；此番壮士行，易水不再寒；两年不言谢，唯有记心间！

此时此刻，想到几天后，我们就要离开山沟，回到北京、湖北、江西、江苏了。两年的离开，外面变成啥样了？家人朋友在干吗呢？

兴奋、激动、紧张、彷徨、恐慌，是此刻我的心情。但我相信，该来的终究会来，该面对的终究要面对，披荆斩棘之后，我也将会：平淡、安静、恬适、稳定、从容。

【感　悟】

2011年11月24日凌晨，离开生活两年的军营，我退伍了。

一首无名小诗，送给自己、送给战友、送给这两年时光。

作为一名战士
我的刺刀将以一杆警惕
注视祖国青色的黎明和黎明后的沸腾

我的军装将以一抹浓绿
覆盖祖国金色的黄昏和黄昏后的甜梦

退伍回来

思想和信仰

这是一篇回忆往事的文章，但在回忆那些点滴之后，我想聊聊现在的想法和心境。内容乱七八糟，但却是这些年沉积下来提炼出来的思想，有些乏味枯燥，但于我而言，却是信仰支撑和精神食粮。

【对美的定义】

我心中的美，大概有这么6类：平凡人的恪守、父母儿女的温情、纯真年代的爱情、朴素的家国情怀、历经岁月的变迁和不屈服于美的真实。对应古人的“修身齐家治国平天下”，“平凡人的恪守”属于修身，“父母儿女的温情”和“纯真年代的爱情”属于齐家，“朴素的家国情怀”对应着“治国”，“历经岁月的变迁”可以跟“平天下”扯上一点关系，至于“不屈服于美的真实”，来自我的个人信仰：真、善、共产主义。顺便一提，我的格言是：为善者须当自信，须当细无声。

正是那段军旅生涯和后来这些年，让我有时间、有兴趣去思考何为美、何为个人、何为家、何为国、何为信仰，从懵懂迷茫里、在潜移默化中、在润物细无声中，有些逐渐清晰明了，有些变得牢固坚定，有些变得圆润温柔，而那些仍需思考的，将继续思考下去。

【最朴素的东西】

那些最朴素的东西才是最美好、最珍贵的。比如：土地、国家与民族；比如：家人、稻米与故乡；比如：纯真、平淡与温情；比如：责任、恪守与真诚。

那份对国家和民族的热爱，扩展到这片土地和人民，让我更加爱好旅行，渴望在这片大地上走走，看看山河、看看百姓、看看世间万物，也让我明白了知识的重要，渴望更好地了解这片土地上的文明、历史、哲学、心理、宗教和社会。

那份对家人和朋友的珍重，扩展到所有情感和眷恋，让我无比强烈地想成为一个温柔的人，渴望自己强大到能守护身边的所有温情和美好，不知道在过往经历中未曾察觉的哪一刻，或者哪段时光，这成为了我坚持奋斗和前进的精神动力。

【安静与狂野】

回忆起来，两年的部队生活很多时刻是孤单的：夜幕下的岗哨、凌晨的失眠、挫折委屈时的内心、一个人的劳动、长跑时耳边呼啸的轻风、半夜加班赶材料时的台灯、身边人都在打电话时处在人群里的沉默……那些孤单的时刻，亦是安静的，我一直明白，我的内心还是喜欢安静。安静地看书、安静地观影、安静地思考、安静地相处、安静地等待。

回想起来，有些时刻是激昂的：体能训练场的激情汗水、愤怒时锤向柜子的拳头、半夜突然响起的紧急集合哨声、对朋友春风拂面而对敌人要秋风扫落叶的感悟、严守纪律一动不动时突然的军事命令……那些强烈的时刻，亦是狂野的，让我明白关键时刻要有勇气和野性。勇敢地追求美，勇敢地守护内心的珍重，伴随着一股追求理想的狂野习性。

【心态与能力】

当兵给我带来的一个较大收获是锻炼了心态和心境。我会以更加乐观、豁达、平和的心态看待生活中那令人无从防备的挫折、失意和悲伤，告诉自己，这是锻炼坚韧的心志、培养强大的内心的绝佳时机。有时，我还会刻意创造一些消极的场景，营造消极的氛围，先静悄悄地聆听自己的反应和心态，然后加以修补和完善。

主动、被动地锻炼，我可以慢慢觉察到心态越来越平和，害怕越来越少，内心越来越强大。慢慢地，越来越觉得，人要增强三种能力：化解劫难、挫折和失意的能力；承认失败、愚蠢和无能的能力；认可不足、缺陷和恐惧的能力。拥有这些能力，足以在这个有着无穷的恶的世界里热爱生活。

【错误与愚蠢】

这些年，犯过很多傻，有过很多错误：在与家人相处时、在与朋友相聚时、在面对学业和生活时、在当辅导员带学生时、在爱情里与恋人沟通时、在组织参加活动时、在权衡两利或两弊事情时、在享受和抵抗舒适区时、在超我和本我之间徘徊时、在该坚持没坚持该放弃没放弃时、在潜意识或不经意间时……

有时会焦虑不安想逃避，后来意识到这些消极情绪部分来源于错误本身，部分来源于对自身不足的逃避式否认，也慢慢明白，在内心深处和别人面前，承认自己的不足与愚蠢是一件多么重要的事情。

那一个个愚蠢和错误，内容虽有不同，但背后的源头终归只是那么几类：或想法观念、或思维视角、或性情脾气、或自尊自律、或知识经验。可以肯定的是，以后还会犯傻，还会有愚蠢和错误，但我会努力让它们变少、变轻。

清華園

艰难困苦，玉汝于成

个/人/简/介

郑玉昆，男，汉族，中国共产党党员，1993年1月出生，山东招远人。2011年考入清华大学自动化系；2012年12月参军入伍，服役于火箭军96117部队；现为清华大学计算机系大四学生。服役期间，获得个人三等功、优秀士兵和旅嘉奖各一次，并于部队入党。本科学习期间，获得清华大学学业优秀奖、社会工作优秀奖，被评为清华大学自动化系“2014年度人物”。

时光匆匆，如白驹过隙，退伍也已经两年有余了。回忆起两年的军旅生涯，心中的那些酸甜苦辣历历在目，这段旅程于我而言也渐渐珍藏于心底不喜表露，但它带给我的改变却深刻而又持久。

——郑玉昆

在清华，当兵就像一场说走就走的旅行

刚开始，去当兵是一种特别突然的感觉。

甚至我人已经去了，身边的人还不知道这件事。吕老师开着车把我送到火车站，票都不用买，一上车，发现车厢里黑压压地坐着的全是新兵，高铁把一车皮一车皮的我们从北京送到全国各地。到站之后，一车皮新兵下了火车再登上解放卡车，一起被运到新兵营的山里，四五百人的集体跨省流动，穿着一样的军装，怀揣着各不相同的复杂心情，看着匆匆而过的风景，这应该是难得的人生体验了吧。

说走就走，这个决定下看似突然，实际做的准备却很充足。

我的辅导员陈炬是一名退伍老兵；在我大二时候刚刚退伍回来的刘尧师兄就住在宿舍对门，抬头不见低头见；而我当时所在的自动化系也具有良好的军营氛围；一定程度上，我认为他们的优秀来源于其在军营中受到的锻炼。同时，我接触到的门良杰等师兄当时都是刚刚退伍回归校园的，从他们的精神气质到与我分享的军营故事，都使我对军营心驰神往。我看到，在他们身上散发出的历经沧桑之后的深邃和笃定，想必他们也把我的迷茫与困惑看在眼里。当时的我刚上大二，虽然说平时成绩不错，但是却突然之间陷入了一种虚无，很长时间里都不知道自己想要做什么。我觉得我好平庸，甚至有点可悲，从小到大几乎所有的时间都用来学习了，根本没有和别人不一样的东西和特点。所以我内心有一种冲动，我要做一个和别人不一样的人，走一个和别人不一样的道路。有什么履历是真正能够让自己的人生丰富多彩、更有阅历的呢？我可以做些什么从中学到更多的东西，变得和别人不一样呢？如果给自己一段时间脱离原本的生活节奏和生活状态去锻炼一下自己其

他方面的技能，是否会让自己变得不一样呢？

当"好男儿，去当兵"的标语映入眼帘的时候，我觉得机会来了。把国家和时代对于青年应承担起的责任的召唤与个人发展成长的需求结合在一起，是一个再契合不过的选择了。

当兵入伍和修双学位、交换、实习不一样，它是直接打乱培养方案计划的，而不是助长学业规划的一部分。当兵入伍和军训不一样，在学校军训时，一天的训练结束了自己就变成了一个学生，吃吃喝喝怎么都行，但是当兵入伍就一天到晚都是个兵，都要遵守军营的纪律和规范。对我来说，当兵入伍和辍学两年旅游或者创业有一点相似，但是当兵入伍却更可以让我成长、成熟，也可以让我在其中学会更多人生的道理。

填表、体检都过得非常快，一眨眼之间就到了要去军营报到的日子。坐在高铁上，我已经记不清楚和旁边的战友聊了什么，只记得呆呆地看着窗外一个一个快速退去的电线杆。风景的不断变化带来的是内心的逐渐紧张和对军营的愈发好奇。

下车，军营到了，新兵连的日子开始了。

迎难直上，清华学子就是要逆袭

提着简单的几件行李，来到宿舍门口向里一看，一个排33人住在一个宿舍里，里面大的像是一个教室，收拾得整整齐齐，所有的上下铺的床靠在墙边，与宿舍4人间可是大不相同。吃了饭之后开始整理内务，一切就这么风云不惊地开始了。

若是单从训练来说，我感觉刚开始的几天训练的内容和科目与军训差不多，只是训练量大了不少，但是好在我在清华体育成绩也不差，所以接受起来也相对容易。但是真正有挑战的，也是我来之前有想到的，就是每天24小时里时时刻刻保持军人的要求和作风，这太艰难了！

刚去的前几天，对很多军营事物我是很难理解的。

刚去第一天，班长对我说，你把被子扔到地上，用凳子压它，天天如此。榫卯结构那种农家小院里几个人围坐着剥毛豆用的凳子，只有半个小腿这么高，加上整个扔在地上的被子，我是跪着几乎全身贴地的压被子。刚刚开始的三四天的时间里，4点钟起床，6点多开饭之前，整理内务压被子；吃完早饭回到屋里压被子；吃完午饭不能睡午觉压被子；下午整理内务压被子；晚上学习条令、条例，快到12点的时候睡觉，第二天重复。加上睡觉，一天有接近十七八个小时和被子在一起纠缠不清。

不自觉，有的时候会带来惩罚。有一天晚上，按照普遍规律，大家应该去军人俱乐部（就是军人自习开会的活动室）自修条令、条例，但是班长没说，也没有人提这件事，于是33人中有20多人留在了寝室里，心想反正也没有硬性规定说一定要去自修，就在侥幸心理的作祟下和班长同处一屋，相安无事，睡得特别香。

第二天早上就被整惨了。第二天早晨眼都没睁开，忽然听见吹了一个紧急集合哨，所有人忙里忙慌打了背囊冲出宿舍站到楼外接受冬日寒风的“爱抚”，冷空气里都能看见人呼出水蒸气的样子。班长说，昨晚没有去背条令的人出列。作为昨晚表现不自觉的惩罚，这20多个人就开始了每个人喊40个蹲起的接龙，每个人喊的时候，20多个人都要做，而且是背着放了被子、鞋子、衣服等物品的20多公斤的背囊做蹲起，800多个蹲起做完，腿都伸不直了。此外，还有为了让大家休息大腿而做的100多个俯卧撑。

班长看着累得恨不得躺在地上的人说，给你们3分钟，回屋把背囊恢复原样，所有人饿狼扑食一般冲回宿舍把东西从背囊里甩出来，好不容易把东西都整理回去之后，紧急集合哨声再次响起。

把所有东西一股脑再塞进去、站好队、集合完之后，班长让这20多个人开始跑步。天空开始下大雪，大家就在有的地方还结了冰的水泥地上不停歇地绕圈跑。没有人知道跑了多长时间、跑了多久，就是不停地一直跑啊跑。跑了好久之后，大家都快没有跑下去的动力了，因为谁也不知道跑到什么时候是个头，这个时候班长说，跑最后20圈，谁先跑完谁就能回宿舍。大家一听能回宿舍，顿时来劲儿了，不要命地往前冲，但其实下雪天气下，雪很厚，所以有的地方非常滑，接二连三地一堆人全都倒了，出尽了洋相。

我就是那20多个人中的一个。因为没有自觉地去背条令、条例，就被一顿惩罚，类似的事情，在军营里十分常见，所以让每一个人都加强了纪律意识。

还有数不清的行为规范需要遵守，例如33人住在一个屋里，每次只要有班长或者干部进屋，就应该立刻放下手中任何正在做的事情，朝门口说班长好。还有，新兵被点到名字时第一时间立刻大声喊“到”。现在的我，有的时候突然被从背后点到名字时依然会下意识地喊声“到”。

两个半月的时间里，新兵连重新塑造了我的言行。这源自军营对于每个人说话、做事重新制定的一套规范和要求。同时，这套规范和要求很严格，只要稍微违反了规则，就会受到惩罚。

冬天很冷，在新兵连的日子经常吃不饱，干活不利索还会被班长批评，但是仍然有很多人会说新兵连特别好，即使它的确非常辛苦。因为物质上的不足和空白，会被战友之间互相倾诉而获得的精神上的温暖填补。有人和你一起犯错、有人和你一起挨罚、有人和你一起出丑、有人和你一起成长，大家经历着共同的苦难，分享彼此的心路，也有着更为相似的成长，这是在校园里不曾感受到的。但是这个幸福我当时并没有体会到，真正感受到这种幸福，是在我新兵连训练结束下连队正式开始当兵的时候。

下连队之后，一个班里可能只有一个新兵，所以缺少同年入伍的新兵之间共同成长的惺惺相惜，取而代之的是内心感到更大的孤独和对于适应环境更大的需求。

但时刻铭记自己清华人的身份让我对未来的军旅生活仍然充满斗志。在此之后，我通过努力让战友们重新认识了我，也通过立功和荣誉重新证明了我在军营中收获的成长和进步，向军营证明了清华人的实力和精气神儿。

艰难困苦穿肠而过，军旅情怀滋润心间

经历了刚到连队的一番波折之后，我决心安心服役，不给母校丢脸。

自己服役的部队是一支常规导弹旅，长期担负着繁重的战备任务和大量的迎检任务，一年里东西南北各地辗转。为了更快地成长，改变别人对自

己的不好印象，服役期间我自己主动请缨远赴青海，在高原上度过了我觉得今生都会难忘的艰苦驻训时光。提起那段时间，很多细节已经不记得，但是又好似从那时开始，生活像是被按下了快进按钮，飞速前进着。还记得先遣设营寒风刺骨；还记得严重缺水高烧不退；还记得战备生活挑战极限；还记得冬雪飘飞苦练战术；还记得夏日炙烤鏖战军姿。驻训的日子里几乎每天都在和各种各样的恶劣天气作斗争，脑子里想的都是今天还有多少任务没有完成。别人能坚持，我也能坚持，不能让别人把清华看扁，要顶着一口气死撑。

平日一旦入睡，我常常在梦里想念在家和学校的日子，醒来之后有一种大梦初醒的感觉。穿上大衣拉开营门，再一头扎进漫天飞雪之中，那个时候日子过得很快，每天事情很多、很累，多到很多事情我还没来得及细细回味就已经忘记。

慢慢地，我发现我融入了部队的生活，也在这里找到了我的归属感。尤其当我亲身体会过导弹呼啸升空、直刺苍穹的那种壮观场面，眼看一枚枚导弹刷新着精度纪录之后，我坚信这一切苦与累的付出对我来说都是值得的。

有句俗话叫“革命战士是块砖，哪里需要哪里搬”，我在部队的时候深刻体会了这句话的精髓。作为一名保障导弹顺利发射的岗位号手，除了要认真学习业务技能以外，还需要会写稿、会拔草、会砌墙、会理发、会才艺、会缝补、会种菜，以及会各种各样其他神奇的生活技能。因为不知什么时候，部队就能够给予你展示自己才能的舞台。

在部队，无论操课训练还是课外娱乐，我都充分利用自身特长，把每个细节都做得有模有样，不给清华丢脸。俗话说：机会总是给有准备的人，我时刻牢记这句话，专业、体能、文艺会演、演讲比赛等各种场合都力争第一，最后能够取得如此惊喜的成绩完全是我意料不到的。所以，每当有人问我在部队如何建功立业时，我都会坚定地回答他：要脚踏实地，把握当下。

打破自我不断成熟，玉汝于成不忘初心

成长的过程总是痛并快乐的。两年军营生活，无疑是一次重要的成长历练。除了强壮的体魄、过硬的军事技能，我也养成了令行禁止的作风和吃苦耐劳的意志品质。还记得第一次熬夜出公差的疲惫、还记得第一次被纠察登记的情景、还记得第一次被连长臭骂的委屈、还记得第一次班务会点名批评的无地自容，这些都让我更加自信，走向成熟。

生活不能只懂得求根公式而不懂得人生哲学，在这点上，军营给了我很大的锻炼和成长，因此军营也时常让我留恋，让我难以割舍。

我认为，“成熟”的含义有两层：第一层是经历风雨之后的坚强与豁达；第二层是思想上的逐步坚定与成熟。第一个层次是量的积累；第二个层次是质的升华。从这个意义来说，军营，就是我人生的大学，我在这其中接受了集体教育，也接受了挫折教育。

不忘初心，方得始终。两年的期限让我更加珍惜在军营里的每一分钟。其实，来部队之前自己会有很多憧憬：我想要在部队里做什么？我还记得自己当初来的时候的初心吗？转眼，我也成为了一名上等兵；再转眼，我已经退伍了。当初的问题也慢慢在行动中得到了解答。

以前我是非常注重自我的人，是以自我为中心的。但是当兵的两年以一种近乎强制的力量让我打破自我，重新融入一个集体，也学会了在集体中生活、在集体中成长，不再以自我为中心。例如，入伍之前，寝室作息不一样，有人打扰到我休息我就会很烦，抱怨室友为什么那么晚睡觉；再比如，曾经的我认为大学就是高中的延续，只需要好好学习就好。现在看来，这些想法多么的片面啊。以前我是容易钻牛角尖、认准一件事情非要做成不可，只知道向上追逐却不懂得如何面对挫折和伤痛的人。但是当兵两年里的种种磨炼和摔打，让我认识到人生并非一帆风顺，人时常要面对自己无能为力的事情，而在这些磨炼中，我也学会了坚强，学会了豁达。

这两点的成长，也得到了同学老师的印证。回来之后，很多人跟我讲我变得不一样了。首先，就是我的高中同学觉得我更加活泼了，爱开玩笑了；住在同一个宿舍的舍友两年没见，虽然他们大四我大二，但是大家明显都更加成熟了，也能够以更加成熟的方式相处，比当兵之前和谐了不知道多少。我至今觉得刚刚退伍归来和原舍友相处的那一个学期是我大学生活中经历的最好的寝室关系和寝室生活。

最后，我要感谢我的父母和姐姐，感谢清华母校，感谢那些曾经在背后默默关心和帮助过我的老师、学长，他们在我前进的路上给予了我不竭的动力，给我树立了模范的榜样，让我能够有幸取得今天的收获和成长，此情、此义此生铭记。

后记：军营是新生活的起点

两年前我告别了火热军营，告别了亲密的战友，告别了直线加方块的环境，往事如烟，留下了一段又一段难以忘怀的青春记忆。在这段难以复刻的记忆中，写满了激情、豪情和自信；溶入了汗水、泪水和友情；收获了果敢、智慧和成熟。训练场上摸爬滚打、执行任务中默契协同、生活中相互宽容；还有邻铺战友的鼾声、举杯共饮的豪情、点滴中的欢乐等，谱写了我军旅生活朴素而真实的篇章，时常在我的脑海里回荡。如今，我脱下了军装，回归学生身份，回忆起过去，仍然颇有感触。

不当兵我永远不会懂得离开了清华这座象牙塔还有那么多我不会也不懂的事情，还有那么一群人在为祖国的和平崛起奉献着自己无悔的青春。而如今，我可以自豪地说，我成为了一名自己曾梦寐以求的辅导员，转系后担任新班级的班长，在校学生会担任副主席以更好地在集体中成长，我虽然离开了军营，但我仍然是那无数战友中的一员，在促进祖国和平发展的道路上，我走在了最前方。

当兵，很值！

个/人/简/介

池中海，男，汉族，中国共青团团员，1992年8月出生，云南曲靖人。2011年考入清华大学机械工程系；2013年9月入伍，服役于中国人民解放军66157部队；2015年9月退伍，现为机械工程系大四学生。服役期间被评为“优秀士兵”一次、立“个人三等功”一次。

现在想来，我很感谢当时的我做出了参军入伍的决定。人生就是用来经历的，当兵的经历尤为难得，过了就不会再有。

——池中海

2013年4月的一个晚上，在没有与任何人商量的情况下，我作出了报名参军的决定。作出这个决定，并非我一时冲动或者心血来潮。

当时我大二，学业方面不是很理想，对未来的两年没有一个清晰的规划，感觉整个人处于一种混沌的状态。我意识到不能将这种状态持续下去，自己应该换一个环境，调整好自己的状态。再者，军队纪律严明，生活相对比较艰苦，可以很好地约束和锻炼自己。于是，在收到关于征兵通知的消息时，我毫不犹豫地报名参军。刚开始和父母说这件事的时候，父母很不理解，也不支持。但是很凑巧，大二暑假的时候，学校安排教师和辅导员队伍去我家乡调研，我就委托老师做我爸妈的思想工作，最终说服我父母同意我去当兵。

2013年9月6日，我承载着亲人和同学们的祝福，上了火车，前往服役地点，我服役的部队是驻扎在保定的38集团军野战部队。记得当时在选择服役的地点和兵种时，我唯一的标准就是条件要艰苦。当看到第38集团军野战部队的时候，我想，就是它了。虽然后来当兵的岁月确实证实了“艰苦”二字，但我从来没有后悔过这个选择。

新兵三月：在磨砺中成长

我的新兵生活是在涞水县度过的。提起新兵生活，总是有太多的回忆，而这些回忆，许多都是苦涩的。

新兵生活中，最艰苦的要数体能训练。入伍之前，很少有人专门训练过体能，别说5公里，就是3公里也很少跑过。不但如此，量上增加了，质上也有严格要求，5公里要在21分钟左右的时间里完成。就我个人而言，入伍前因为在有名的“清华体校”待过，体能还算可以。即便如此，要达到班长们的要求，我还是很吃力。

“新兵腿”，也就是脚背发炎，是新兵体能训练中必然会经历的一道坎。什么感觉呢？就是脚背肿了，一使劲就钻心的疼。每到这个时候，我们心里总是很想休息，想泡个病号。但是，班长却让我们继续跑，只有迈过这道坎儿，体能才会有质的飞跃。记得有一天，班长带着我们这些新兵跑步，一直不停地慢跑了一下午。后来，我的脚就再也没有疼过。

新兵团组织考核，我们连是全新兵团唯一一个所有新兵3公里都及格的连队。但由于重视跑步而忽视了其他项目的训练，我们连在考核中倒数第一，于是，我们迎来了新兵生活中最为黑暗的一个月，起床，就意味着噩梦的开始。一天的生活是这样的：早晨5点半起床叠被子；6点早操（3公里）；8点到10点战术训练；10点到11点半体能训练；午饭后开始站军姿，以出汗为标准（注：时间是河北的12月）；下午体能训练；晚饭后看新闻，接着进行体能训练；晚上9点洗漱，9:15上床，然后继续体能训练，10:30结束。我们当时最为期盼的事情就是外面刮大风，这样我们就可以不用外出训练，而改为上教育课了。

体能训练虽然辛苦，但我当时最害怕的还是紧急拉动。每次拉动，我基本都是最后出去的。为啥？总体来讲，还是自己的心理素质不过关。每次拉动都十分紧张，背包总也打不好，集合总是最后跑出去，而最后出去的结果就是挨罚。所以，每周周四晚上和周五早上，是我最怕、最难熬的时候。每周周四晚上排里组织拉动，以敲床声为号，9点到12点不定时，拉不拉动也不定。就好像告诉你，你今晚有可能会死，时间不定、结果不定，最难受的还是心里的那种煎熬。

新兵训练战术时，由于自己的动作要领掌握不好，加上肩关节原来就有旧伤，导致肩关节脱臼。因为经常训练战术，我的肩关节也就经常脱臼，后来慢慢就成了习惯性脱臼，关节窝比较大，肱骨骨头比较小，骨头经常容易错位。严重的时候，自己穿衣服都费劲。每次脱臼，我都忍着剧痛，用另一只手将骨头用力推回原位。直到现在，我还是经常听到骨头摩擦的声音，一想到那声音牙齿都要变酥了。

新兵训练除了有体能和技能以外，还有一项军事理论学习，也就是背诵部队的条令、条例，还有武器的基本常识。当然，作为清华学生，背书功底还是不错的，考试的时候基本都能拿满分。所以，有一段时间中午休息的时候，战友在床下背书，而我则被特许上床睡觉。

在新兵连的时候，我还常常与被子“较劲”。部队里有句话，只有把被子叠好了，才有个当兵的样子。如果要拿这个标准来衡量我，那我一定不是一个合格的士兵。被子叠不好也是我的一大硬伤，因为这个事情而被惩罚的次数占了所有惩罚次数的半壁江山。检查卫生是部队每天的例行之事，部队带出训练，留下班长检查卫生，然后在院子里的黑板上公布不合格人的姓名。我人在外面训练，心里却总是很担心自己上了“光荣榜”。部队带回，我们就蹲在黑板前面，班长一个一个念名字。如果榜上有名，晚上就会有精彩的“武术表演”。

新兵连3个月终于在忍耐和期待中度过了，随后我们下了连。我的老连队驻地在保定定兴县比较偏僻的农村里，到县城需要1个小时左右的车程。到了老连队，就开始做一名真正军人做的事情：训练、上教育、出公差。在部队里，我的专业是4〇火箭筒，属于载员专业。

内蒙古驻训：真正军人的样子

两年的时间虽然短暂，但我比较幸运，遇到一些难得的好机会，参加了几项重大军事活动。

2014年5月，我赶上了集团军两年一次的赴内蒙古驻训。在内蒙古驻训期间，参加了“和平使命—2014”上海合作组织联合反恐军事演习，以及我们师和159旅的“北剑—1410”实兵对抗演习。

刚到内蒙古，我们首先要安营扎寨，也就是搭帐篷。部队的标准是比较高的，要求高度一致。不但帐篷的位置需要整齐划一，压帐篷的砖、拉绳上的扣也要在同一条直线上。为此，我们把帐篷搭了拆，拆了挪，搭好后又拆，如此反复了好几遍，终于让领导满意了。到内蒙古的前20天里，主要任

务就是建设帐篷村。全团的帐篷是一天搭起来的，包括画线、挖沟。我们从上午7点到晚上9点，除了午饭时间，其余时间都在搭帐篷，期间只供应绿豆汤。当时有战友低血糖晕倒在帐篷里，把营长吓了一大跳。部队就是这样，任务下来，必须要完成。

记得有一次，我用镐十分卖力地挖沟，班长见了夸我说，“回学校去肯定和其他同学不一样”。还有一次，内蒙古下雨，上级要求我们去除帐篷周边的积水。我们当时是用脸盆端积水，有一些地方比较远，我就挖了一条小沟，把积水引了出去，班长见了夸我说：“不愧是清华的，脑子就是好用”。

2014年6月14日，我有幸打了我军旅生涯中第一发4〇火箭弹，也是唯一一发火箭弹。打前是期待的，打时是震撼的，打完是蒙圈的。打弹的时候我没戴耳塞，也很作死地把耳朵贴在了火箭筒上。可以试想一下，一个40毫米粗的鞭炮就在你耳边炸响，感觉是多么酸爽。并且火箭弹是在我预压扳机，认为还不会发射的时候猛地一下出去的，我毫无心理准备。只知道当时大脑一片空白，之后几天耳朵都在嗡嗡作响。

2014年7月，我有幸参加了“上合联演”。我是机降分队的一员，乘坐的是某型运输机。当时直升机上有一种比较奇怪的味道，闻着让人有想呕吐的感觉。我们第一次坐飞机的时候，几乎全都晕机，还出现了两个战友争抢垃圾桶的笑话。这直升机，你坐一次是兴奋的；坐两次，内心是拒绝的。我每次坐之前都会涂抹风油精，味道虽然很难闻，不过它可以转移你的注意力。在演习中，我们的任务比较简单，直升机把我们运到山头上，我们跳下飞机后，开始进攻，期间只要做几个卧倒、前滚、后滚的动作就可以了。动作虽然简单，我们也为之准备了两个月之久。

最后合练时，据说5国的总参谋长都来观看，规格应该算是比较高的。中国军方比较重视这次演习，所有过程都一丝不苟。我们的动作要投影到大屏幕上，摄像头安装在哪个位置、哪个高度都很讲究，并且行事都要按照规章制度来。相比之下，外军则表现得随意很多。他们并不在意大屏幕上是否能看得见自己，也不要求队形整齐划一。俄罗斯的军队演习完之后，就打开坦克的舱盖，抽根烟放松一下；而我们中国军队则是原地待命，随后整齐返回车场。还有，他们可以在车上打空包弹，而我们演习完要反复验枪，以确保安全。我并非想评判孰好孰坏，这应该是文化差异造成的。但就个人而言，我认为对于枪支弹药的管理，还是谨慎为好。

上合联演结束之后，我们开始了红、蓝对抗的准备工作，比如勘察地形、模拟对抗、器材准备等，当时我们的驻地是在野外圈了一块地后搭建而成的临时帐篷村。9月的内蒙古已经开始降温了，10月1日国庆节晚上，我们组织在广场上看新闻联播，电视里是穿着短袖爬长城的游客，而电视外，则是穿着棉大衣加外套的我们。那时的内蒙古，放在室外的水已经可以结冰了。在野外驻扎，比较辛苦的一点就是岗哨比较多。围绕着帐篷村，我们共有12个岗位，并且要求站双岗。因此，我们几乎每天晚上都会有一班岗，每班岗一个半小时。晚上在野外站岗时，有时旁边还有狼在四周转悠，还好它个头比较小，还不足以威胁到我们的安全，但这却是我平生第一次看见狼。

2015年12月，全师组织了为期3天的拉练，每天行程40公里左右，最后一天下午奔袭10公里。刚听说要组织拉练，一位老班长立马休假，第二天就走了。用班长的话来讲，拉练是对你身体和心理的双重考验。

第一天上午9点半，脚底已经有了刺痛之感，但时间只过了3天中第一天上午的一半，想想后面的路程，简直绝望。最舒服的是中途休息，最痛苦的是再次出发，站起来刚开始走的时候，由于脚还比较“清醒”，每走一步都会传来剧痛之感。走过一段路程之后，脚麻木了，也就还好了。

在拉练过程中，一位战友脚底起了7个血泡，仍然要坚持走下去，因为每个连队的病号数是有限的。我的脚痛倒还可以忍受，更为要命的是肩膀，由于肩部有旧伤，还要长时间承受40多斤的重量，早已疼痛无比。在拉练途中做得最多的，就是看太阳的高度，太阳落山，就意味着这一天的辛苦日子即将结束。只是常常会发现太阳好像定格了一样，迟迟不见变化。

我们拉练的时候，河北天气干燥，公路又是土路，路面浮土很厚。最后一天奔袭回营区时，可以看到这么一个壮观的场面：土路上是绵延几公里的灰尘，只能听见喊声，却不见人。

拉练过程虽然相当痛苦，当时觉得极其要命，不过在当兵期间能有这么一次刻骨铭心的体验，还是让人回味无穷的。

部队生活：快乐并很简单

当兵的日子虽然很苦，但也乐在其中。我们每天的训练内容或许相同，但是在这过程中总会遇到一些人、一些事，让你开怀大笑。在部队的日子里，连欢乐也会很简单。

在内蒙古训练的时候，训练场地是长满沙葱的沙地，老鼠特别多。于是，我们原来指定的科目是地雷埋设，但到了训练场地，就变成了挖老鼠洞。看见哪一个洞里有老鼠，我们就用工兵锹开始挖洞，我们挖得不亦乐乎，有挖的、有乐的。不过这些事情都要背着连队主官，他们在的时候我们还是规规矩矩的。

在野外搞体能也是一种很不错的体验。在内蒙古野外跑5公里，起点和终点由汽车确定，汽车开动，5公里开始，汽车停，就是终点。于是，你就会看到这么一个景象：漫山遍野全是人，有在山上跑的，有在山脚的，还有在半山腰的。怎么样最近，各人有各人的判断，或许没有判断，只是从众而已。在内蒙古的山上，由于雨水的冲刷，有许多雨裂沟，有的比较深，有时还会遇到一些战友下到沟里上不来的情况。跑惯了无聊的跑道和跑步机，这种奔跑的方式会让你豁然开朗。

部队里也是有闲暇时间的。休息的时候，和战友下象棋、打升级，或者到网络学习室打dota。逢年过节，部队要组织战备，有时候为了预防突然紧急拉动，我们会踏着作战靴，把子弹袋和钢盔穿戴好，然后悠然自得地坐下来打dota。戴着钢盔玩游戏，也是没谁了！

因为制度和设施的限制，部队的业余生活确实比较单调，不过现在的部队在这方面正在进行改进，比如，开设军营网吧。我在老连队时还负责连队热水器的管理，每天早上上楼把开关打开，几个小时之后再关上。有时集热管出现问题，还要更换集热管，甚至上水的泵有了毛病，也是我负责牵头进行修理。

清华人在部队：戎装青春最无悔

在部队，清华人是自带光环的。大家一开始会对你有很高的期待，觉得你什么都会，所有事情都应该很擅长。做得好了，“不愧是清华的”；做得不好，“亏你还是清华的”。而且还会对你格外严格要求。可惜我并不是什么能人，比如叠被子和拉动我就做不好，为此没少挨训。甚至在某些情况下，我也因为这个光环，受了更多更重的惩罚。一开始我很在意别人的看法，我的新兵班长也总说我太容易受别人的影响。不过，我们所擅长的理论，始终是别人替代不了的。

在部队文化生活方面，因为自己有一定的底子，所以，如果连里、营里有什么知识竞赛活动，一般都会派我参加。我当然当仁不让，也从没有辜负过组织的信任。凡是有此类任务，我都会加班加点把内容背熟，最终帮助营队取得好成绩。在2015年建党节的时候，团里组织党史知识竞赛，我利用晚睡和午休时间，把内容背得滚瓜烂熟。在比赛中，我主要负责问答题，基本都能够一字不差地回答，最后评委也给了一句评语：一字不差。最终，与另外两名战友一起努力，帮助营里取得第一名的好成绩。平日里，我也会为连里写一些稿子，出一些板报。

参军之前，老班长们曾跟我们说过，到了部队，既要记住自己是清华人，又要忘掉自己是清华人，既要有责任担当，又要有实干精神。就我个人而言，做到了一部分，但也欠缺一部分。临近退伍时，团里为了感谢上等兵群体为团里作出的贡献，共设置了10个三等功名额。营里和连里综合考量之后，为我申请了一个三等功。第一年获得一个优秀士兵。所以，从成绩上看，一个优秀士兵、一个三等功，就是我军旅两年的成绩。

现在想来，我很感谢当时的我作出了参军入伍的决定。人生就是用来经历的，当兵的经历尤为难得，过了就不会再有。地方人了解部队，无非是看一些军旅题材的影视剧和小说，而这些艺术形式所展示的只是部队生活的冰山一角，甚至只是阳光的一面。只有深入其中，才能了解真正的部队生活。我们在部队里看军旅题材的电视剧时，看完都会感叹一句，又有一批无知的小孩要被骗到部队来了。当然，部队没那么恐怖啦！现在退伍了，有时回忆起当兵的岁月，总是颇有感触。与人聊天谈到部队生活，也总是滔滔不绝。不是因为我健谈，而是军旅生活的点点滴滴，已经深深烙印在我心里。

现在的我依然会保持着一些在部队养成的好习惯。首先是个人卫生，与入伍前相比，天壤之别。各种物品摆放要整齐，衣物要干净。刚回来的时候，新宿舍中厅杂乱无比，我花了一上午时间清理垃圾，物品归类，摆放整齐。但好景不长，随意乱丢乱放已经是室友们习以为常的事情，后来我又整理了一次，但现在又乱了，看来又要重新整理了。

我很怀念部队里的长跑。“5公里一趟，心情舒畅”，这句话虽然是搞体能之前的自我安慰，但每次跑完之后，我心情都特别舒畅。现在在学校也时常跑步，但始终找不到在部队里的感觉。在部队里，跑步的时候我们可以放声大吼，释放自己；而在学校，我边跑边喊，总会有人投来怪异的目光，我也就收敛了一些。不过有时绕着学校跑的时候，还是会忍不住释放自我。

回到学校之后，经常有人问我当兵会不会很苦？我的回答是：很苦，但是很值！如果给我再次选择的机会，我还是会毅然决然地选择部队。

在梦里，我常常遇见久违的战友，我们一起奔跑在内蒙古朱日和的草原上……

清華園

绵宇肃清，乾夷坤宁；定国安邦，清华当先

个/人/简/介

冯夷宁，男，蒙古族，中国共产党党员，1992年10月出生，辽宁阜新人。2011年考入清华大学工程物理系，学习核工程与核技术专业；2013年9月由学校应征入伍，服役于陆军第38集团军，112师，步兵第335团；服役期间获团嘉奖一次，被所在单位评为优秀士兵两次；2015年9月服役期满，返回学校继续学习；2016年获得本专业直博名额，定向中国核工业集团公司工作；现任工程物理系核32党支部书记、核3支部组织委员。

虽然我是清华的学生，但我不想让别人拿清华学生作为我的标签，还是想在军事技能上让大家认可，要证明清华的学生不仅是头脑聪明，而是在什么环境就能做什么事。

——冯夷宁

古诗有云："男儿何不带吴钩，收取关山五十州"，每个好男儿，心中都有一个军营梦，参军入伍、驰骋沙场，只是碍于眼前的苟且，暂且忘记了诗与远方。也许，一则帅气的征兵海报，或是一个生动的军旅故事，就足以唤起你心中沉睡的雄狮。

清华大学工程物理系11级的冯夷宁，就是在学校里听完武装部老师的宣讲后，悄悄动了心。那时，即将升入大二年级的他，还有着一张稚气未脱的脸庞，也没有完全适应大学的学业。"我怕耽误学习"，于是他将心中的冲动暂且放下，继续为学业努力。但过了一年，清华园再度挂起了激动人心的征兵海报。"都纠结一年了，一咬牙一跺脚，我就去了"，这次是真去了。

2013年，全国各地有不少部队征兵，但冯夷宁偏偏认准了38军。抗美援朝时期，彭德怀将军在给38军大捷的嘉奖电中写道："三十八军万岁！"从此，38军又被称为"万岁军"。38军既是英雄部队，又是野战部队；既满足了冯夷宁的英雄梦，又比较历练人，最对他的口味。他心想，"野战部队最有战时的军旅生活，在那里一定不会过得比较平淡"。清华的学生，就要当最苦的兵、最职业的兵。

敢于争先，素质过硬

带着冲动和兴奋，从学校出发的当天下午，冯夷宁坐车来到了38军新兵连的所在地。进部队大门的时候，老兵们排成两排鼓掌欢迎，但这热闹的场面反而让他有点紧张，因为他意识到，自己两年的磨炼就要开始了。

"清华是一份责任，咱们学生出去，一个人就可以代表整个清华，你做成什么样，人家就说清华学生什么样。”冯夷宁从当兵第一天起，就在给自己施加压力，努力把所有事情做好，由于在清华的体育课上练出了良好的身体素质，他跑步一直跑在新兵排的前三名，很多时候还是第一名。

“做什么事我都想争一争”，站军姿时他也特别较劲，全身绷得笔直，不到10分钟，整双腿就开始颤抖。军姿一站就是1小时，烈日灼烧、飞虫袭扰，但不管再累再渴，小虫爬过的地方再痒，他也没有打过一次报告。有一次，隔壁连的班长问哪个是清华来的，班长指着冯夷宁说：“站得最精神的那个就是。”

爬战术，也就是匍匐练习，在新兵连里是非常痛苦的一个科目。每个人第一次练，膝盖和手肘都会被磨破，第二天再练，衣服就会被血迹洇透。这是一块硬骨头，每个人都不好啃，谁能忍住痛，谁就能练好。冯夷宁不会放过这个争第一的机会，没有喊过一句疼，成为排里最先达标的几个人之一。

他刚来新兵连的时候就对班长说：“虽然我是清华的学生，但我不希望它成为我的标签，而是在军事技能上让大家认可。我想证明，清华的学生不仅是头脑聪明，而且是在什么环境下就能做什么事。”无论是跑步、队列、爬战术，还是扔手雷、叠被子、打扫卫生，只要是有评比的项目，他全都在争第一，渐渐地，他就成了班长们眼中的好兵——不怕流血，吃苦耐劳。

新兵连期间，冯夷宁在各个项目上都很顺利，但唯独在紧急集合时丢了人。第一次紧急集合，冯夷宁怎么也扎不好自己的背包，最后一名到达队列，而且这时背包还是散的。他羞愧难当，就想方设法找机会练。他每次都会用尽全力拉绳，用力用到手指甲缝里全是血，但绳子就是不够长，扎不起来背包。后来，班长看到他的背包绳，才发现确实是绳子不够长，换了一条好绳，他15秒就把背包扎好了。

下连队以后，班长带他们进行挖地雷的训练。挖地雷，讲求四个要点，挖出来的坑，既要足够快、足够圆，还要深浅合适、大小合适。由于小时候干活干得少，冯夷宁第一次使用工兵锹并不熟练，成绩没有达到优秀。班长很不满意，就把全班带去了一处更硬的地面来加练。“感觉那条路的路面硬到往下挖可以刨出火星子，”冯夷宁说，“但是也只能硬着头皮挖下去。”两三个小时后，冯夷宁的一双手上已经结了11个水泡，但从此，他挖地雷的成绩就变成了优秀。

冯夷宁所在的连队属于信息化步兵部队，一个班有一台步战车，车上每个人分工不同，而他负责扛56式40mm火箭筒。当初在新兵连，冯夷宁的体能成绩较好，班长特地选他来做这个40火手，就是因为火箭筒比机枪和步枪都要沉，全班一起跑武装5公里时，扛着火箭筒的冯夷宁可以跑快一点。其实，冯夷宁第一次跑武装5公里时也非常不适应，背着步枪、弹匣、手榴弹、水壶、挎包和子弹袋，他觉得浑身发沉，迈不动腿，最后跑了23分钟，刚刚及格。但他说，身体会渐渐适应负重，跑了几次，成绩自然就上去了。最多的时候，班长带着全班人每天跑4个5公里，早上刚起床，没吃饭就跑1个，上午下午跑2个，晚上睡觉前再跑1个，就这样，冯夷宁渐渐适应了武装5公里的强度。

“部队有很多东西就是速成，这不能叫作加练。人就是需要逼一逼，让你感觉到难受了，就会很快提高。”对于如此高强度的训练，冯夷宁却说，部队的训练非常规律，也比较科学。

球场变通铺，被子变海军

部队艰苦又相对单调的生活，让大家更感性，每一点快乐都被放大，甚至是加练也可以很有趣。

紧急集合是大家最紧张的训练，班长敲床头，就代表紧急集合。一次，冯夷宁的班长站岗回来，敲了两下床头，班里顿时乱作一团，穿衣服、打背包、塞胶鞋、扣脸盆，争先恐后冲出营房。整队报数，才发现缺了一人，回屋一看，那位同志居然还没睡醒。班长火了，不让大家回营房，而是就地加练。当晚，营房楼下的篮球场上出现了非常有趣的一幕：一个班的士兵，一个挨一个整整齐齐地把铺盖铺在了篮球场上，脱掉外衣躺在被窝里，等到班长叫紧急集合，迅速原地打背包，集合完毕再铺好，足足练了一晚上，全楼的人都能看到。班长这招真灵，在一栋楼的人面前丢了人，从此紧急集合无人迟到。

在部队，大家的被子都叠得方方正正，原因很简单，被子被划分为海、陆、空三军。被评为空军，证明你的被子质量过关，可以整齐地放在床上，其次是陆军，陆军上等兵会被扯散在床上，下等兵会被扔到地上，或者楼下，但这都不是最惨的。最惨的是海军，被子会被直接扔到水房厕所，沾到水在所难免，也就不用想舒舒服服睡觉了。每天早晨5点，天还没亮，楼道里却是灯火通明，一走廊的人，都猫着腰蹲在地上叠被子。冯夷宁觉得这样的场景非常有趣，同时也表示，自己的被子从没当过海军。

不忘初心，继续前进

冯夷宁在部队里的生活，虽然艰苦，但也快乐，转眼两年过去，到了离别的时候，他反而忐忑起来。临走那天，他回头看着他即将离去的部队，忽然问自己："来部队锻炼了这两年，我究竟发生了什么变化？"其实，部队对人内心的塑造，远远大于外表。冯夷宁一回到清华园，就立刻豁然开朗起来，对自己的变化有了全面的认识。

他发现自己变得从容不迫了。大学快节奏的生活，很多同学都不适应，以前，当学习、社工、人际关系和情感问题一起涌来时，冯夷宁往往手足无措。拖延症是一种恶性循环，越拖反而越严重。但现在，他对自己的执行力有了一个清晰的认知，什么事要现在着手做、什么事可以拖、拖到什么时候，他都胸有成竹。

冯夷宁回校以后就进入了所在班级党支部的支委，2017年还担任了党支书。他说："大四的党支部，杂活非常多，我愿意接下这个麻烦的工作，为大家服务。"以前，他会被各种各样的工作分散注意力，现在他活得更清楚了，愿意做的工作，就拿出100%的精力来做，不为功利的目的，也丝毫不迷茫。

冯夷宁所在的专业是工程物理系的核工程与核技术专业，他同时也是一名定向生。2016年9月，他获得了本专业的直博名额，并确定以后的工作单位会是中核工业研究所。做出这个选择，冯夷宁更多是出于对国家的考虑，他认为，在一个规模较小的研究方向中，更能施展自己的才华，以一名技术型人才为国家作更多的贡献。

古文有云："绵宇肃清,乾夷坤宁。"是说天下太平，内外安定。"夷宁"二字正是冯夷宁国防梦、军旅梦的体现。尽管他已经离开了部队，但部队的灵魂将留在他的心中。他说："我不会忘记，有一群年轻人，为了祖国安定、人民幸福，手握钢枪，奉献青春。我曾是他们的一员，我为自己感到自豪，我为大家感到骄傲！"

影响我一生的从军经历

个/人/简/介

黄亚平，男，汉族，中国共产党党员，1993年2月出生，江西宜春人。2011年考入清华大学工程物理系；2013年9月参军，服役于武警8730部队工兵防化营；2015年9月退伍，现为清华大学工程物理系大四学生。服役期间，因工作表现突出，被评为“工化营螺丝钉人物”，荣获“优秀士兵”2次、营嘉奖2次，并在部队入党。

感谢自己当初坚定正确的选择，两年从军行，一生无憾。

——黄亚平

“还记得那年报名参军吗？还记得第一次穿上军装吗？还记得营房前的那棵树吗？……”

从报名参军到如今，已是近四个年头。虽然离开了部队，但依旧爱听部队的歌，爱想部队的事，沉浸在那段军旅岁月里。现在提笔来回忆点滴，情景相异，多少有些失真，好在平时爱记些随笔，翻看着旧时的文字，记忆的碎片逐渐拼接成一个个场景，喜怒哀乐、五味百感又在心头凝聚起来。

坚定的从军梦

在大一入学没多久，学校的征兵宣传工作就开始了，学长、学姐们的光荣事迹和飒爽英姿很快感染了我，在我心底埋下了应征入伍的种子。考虑到大一要适应大学生活，大三要学专业课参加暑期实习，大四要保研、推研、找工作，我把参军的时间选定在了大二。

大二那年征兵的消息出来后，我到学校武装部找吕冀蜀老师报了名。清华一向是鼓励大学生参军的，所以入伍过程倒显得简单，并没有什么阻力。我以前虽然不经常锻炼，但身体各项条件还算可以，体检过程很快结束，各项指标都合格，唯独视力这一项让我犯了难，毕竟我有400多度的近视，视力测试不是靠瞎蒙就能通过的。吕老师询问我的想法，看是打算放弃还是打算手术参加复检。积淀了两年的想法自然不会说变就变，但用激光切削角膜我也是心有担忧，大胆的我自己在网上找了种方法——矫正眼镜，随后独自前往北医三院进行了咨询，费用颇高。我想是时候和父母聊聊参军的事了，尤其是还要自费矫正视力参军。

如我所料，荷塘月色下的这次商谈并不轻松，父母不同意我中途休学去参军。“放着好好的学不上，去当兵干嘛？”这是当时我的家人们的想法。

电话足足打了两个多小时，我把能想到的参军理由和从小到大听话孝顺的场面通通讲了一遍，只求能得到他们的理解。最终父母作出了让步，父亲问我：“你认准了这件事吗？”

“认准了。”

“那你就自己做选择吧。”

直至今日，我依旧感谢父母给我的独立。

视力矫正之后，复检和政审就简单通过了，入伍通知书也顺利发到手上。我平日里不甚张扬，因此，只通知了北京的高中同学和大学的同班同学，临行前聚了两场，收拾行装，踏上了南下的火车。

新兵连的苦与乐

出了火车站就上了运兵车，换气窗开得很高，看不到外面，就这样在广州绕来绕去大概两小时，也不知绕到了何处，到营区已是下午5点多。受到的欢迎很隆重，班长们在路两边列着队，又是敲锣又是打鼓的。

我们是在教导队楼前下的车，粗看上去营区是个矩形的院子，教导队在院子的最北端，最南端是机关大楼和正门，东西两侧是各连的营房，中央是一大片草坪和环形跑道，各营房之间和道路两侧都进行了绿化，环境很好。后来才知道这只是冰山一角，西侧营房过去还有两个团的营区，以及靶场、多功能训练场等诸多场地。

我们被集合在教导队前的大操场开始分班。领兵干部把新兵档案排成一排，让各班班长随机抽取。

“黄亚平。”

“到！”

“跟我走。”

“是！”

就这样我被分到了新兵营二连一排一班。陈华班长，一米六五的个子，浓眉大眼，黝黑壮实，言辞不多，喜用短句。他翻看着我的档案材料。

“清华大学的？”

“是。”

“江西宜春人？”

“是。”

“咱俩老乡。东西靠墙放，先吃晚饭。”

在部队吃的第一顿是面条，加了鸡蛋，还有一盘包子、馒头和几碟小菜，颇为丰盛。第一顿接风饭还比较随意，体会不出来，但之后饭桌上的规矩就多了。

接风洗尘过后，新兵连魔鬼般的生活真正开始。中秋节刚过，训练强度开始加大，之前的训练都是小儿科，充其量算活动活动身体。现在的训练，先是按时间计，把时间训足；后来按数目计，追求米、秒、环；再后来按效果计，比如，大冷天里做俯卧撑时把报纸垫地上，什么时候汗把报纸浸透了才算完。

我从未接触过如此高强度的训练，尽管我内心一直告诉自己“要坚持”，但身体还是罢工了。我的腿部肌肉在日复一日高强度的训练下，渐渐失去了力量。最严重的时候腿部完全无力，特别酸，膝盖不能弯曲，一弯曲就会摔跤。上厕所不能蹲下，上下楼梯也需要人扶。

在一天的队列训练中，我显得格外突出：齐步走，我走一步，趔趄一下，整个身子向前倾倒。我想坚持训练，但我知道，我做的每一个动作都极度不标准。班长终于看不下去我那变形的动作，叫我下去休息。我想回绝掉，但班长的眼神不给我机会。我是被否决掉了？穿着军装上了训练场却没有参加训练，我的心被狠狠地刺痛。

部队崇尚人人争先，每名士兵都不愿落后。为了尽快提高身体素质，我暗暗跟自己较上了劲。我们单位附近有一座小山，我拖着无力的双腿每天冲山头，上去下来算一组，大概15分钟冲完。记得我最多一次冲完9个来回。由于当时腿部肌肉力量太弱，每一步我都要用尽全身力气。就这样一步一步地向上爬，一天天地坚持。当我爬到山顶，一人俯瞰我每天生活的这片土地，看到与我同甘共苦的兄弟，内心又充满了力量。

想为部队做些事

部队生活使我收获满满，我也想回馈部队，让它变得更好。

我在担任部队文书工作时渐渐发现，单位重军事轻政工、重考时轻平时的现象很突出，我当时就想改变这一局面。和营长汇报完我的想法后，也得到了营长的大力支持。他单独给我找了一个房间，我在里面奋战了两个月，几乎没怎么睡过觉。经过两个月的筹划、修改，设计积分细则，一个囊括了军事、政工、后勤、比武4个方面16个科目的综合积分评比项目应运而生，它涉及面广，比在平时，各项积分，年终总评，极大地调动了官兵积极性。在上级组织的考核中，我们的考核成绩脱颖而出，得到了首长的肯定。综合工作大竞赛也得以推广和延续。

在部队考学是战士转干部的重要途径。通过了解，我发现他们多是自学为主，相互之间也鲜有交流，学习效果非常不明显。我萌生了集中辅导的想法，得到了主官的大力支持。于是这项考前辅导工作有了专门的时间和教室，有了专门的教材和练习。辅导的效果比较理想，连续两年实现了考学录取人数新高。

部队是个卧虎藏龙的地方，其中不乏各类专长人才。但空闲时间，士兵们往往不会培养、发展自身爱好，而是聚在一起打牌、聊天或是出去散步。与其让时间在闲聊中溜走，为什么不学点自己感兴趣的东西呢？就这样，我想到了建立兴趣班，找有专长的战士负责教授才艺，为官兵们提供丰富的业余生活。能建立起这样一种良性机制，我也在官兵的欢笑中找到了满足。

这些经历，让我的警营生涯时光短暂却厚重无比。

部队深深的烙印

实践出真知，小处蕴大智。舞过的棍、打过的靶、站过的岗、放过的哨、冲过的山头、跑过的障碍、摸过的铁栏杆、爬过的战术场、真挚的战友情……两年的部队生活，让我渐渐拥有军人的气质和品性。尽管脱下军装已有时日，但部队带给我的改变却深入骨髓，永远不会消失。

回到学校，很多人都说我变了。的确，从前的我，内向不善交际，喜欢一个人吃饭、学习，不敢尝试新事物，遇到事情就“往后站”。但在部队，人人争先的环境渐渐改变了我。回学校后，我主动申请担任班委、支委，这是我之前绝对不会做的事。以前，我觉得管理一个班级、党支部很困难，处理人际关系很困难，当众发表自己的观点很困难……但从部队回来后，我的思想发生了转变，我开始觉得人生中其实没有不能解决的事情，只有敢不敢承担，一旦向前迈出了脚步，肯去谋思路想办法，事情就会一步步得到解决。遇到事情、问题，我不会有很多的顾虑，只会踏踏实实地去做，因为我觉得“遇到问题，若是我一个清华的学生都上不去、打不赢，那谁还能解决！”这种舍我其谁的霸气也是部队带给我的。

在部队养成的生活习惯至今仍保留着，每天规律地作息、高效率地工作学习，生活得紧张充实，让我感觉从未离开部队。说实话，现在很多大学生很难把生活规划好、把时间管理好。珍贵的青春岁月不容虚度，我们真的应该在最宝贵的年华，为社会、国家多做些事情，成为祖国发展的脊梁。

在部队里，有两种情感让我动容、迷恋。一是战友情。真的是一通电话、一封书信就能让你牵肠挂肚，自己有难处有麻烦，战友们一定会尽全力相助。这种不掺杂任何利益诉求的情谊在当下社会更加珍贵。二是家国情。“若有战，召必回”绝不是一句口号，当国家有难，我们真的会挺身而出，保家卫国，义不容辞。

最重要的决定

部队的烙印不仅体现在我回校后的生活上，我的思想也在这两年中越发成熟，也让我渐渐坚定了从政的想法。在部队里发生的一件事让我真切地体会到政策对人的影响。2014年，“群众路线”和“三严三实”学习活动在单位如火如荼地展开。按照“照镜子、正衣冠、洗洗澡、治治病”的总要求，整个部队从师、团到连、排，从严、从实，深刻反思，发现问题，多办实事，部队存在的重军事轻政工、重考时轻平时、训为演练为看等诸多积弊得到解决，上上下下面貌焕然一新。

当时我才意识到，原来一项政策的实施，竟能产生这么大的改变。我想到了改革开放、“一带一路”，这些都是利国利民、功在千秋的好事。出于这种现实的考量，我有了从政的想法，我越来越感觉到从政是一种能够快速改变社会、富强国家的途径，我也想能凭借自己的力量为社会和国家做些事情。

两年的部队生活，说长也不长，但部队里的事总感觉说不尽道不完。有很多人问我，为什么去参军？我想回答：有很多事，不用去解释，时间会让我们懂事；只有傻子才在年轻时候不做尝试，然后去羡慕别人有故事。

感谢当初坚定的抉择，让我拥有了比金坚、比海深的战友情，看到了自己的无限可能，确立了更加坚定明确的目标……收获太多，唯一遗憾的是不能再为部队尽绵薄之力了。我将带着部队给予我的财富，在园子里，在未来的工作中努力发挥自己的能力，创造更多的价值。

清華園

我和我的兄弟们
——回忆大学生战友

个/人/简/介

李岳，男，满族，中国共青团团员，1993年6月出生，辽宁丹东人。2011年考入清华大学化学工程系；2013年9月参军入伍，服役于武警8730部队79分队营。服役期间，因工作表现突出，被评为“爱警精武标兵”，荣获“优秀士兵”2次。

部队，那是多么丰富多彩的回忆啊！有防空警报撕心裂肺的声音，也有夜里站岗时低吟的虫鸣；有挖战壕时一起抓毒蛇生吃蛇胆的刺激有趣，也有退伍时踏上运兵车时想哭不能哭的酸涩；有催泪瓦斯的辛辣，有鲜血的腥甜，有歇斯底里的激情，也有经历挫折而成长；有崇高、有低俗，又爱又恨、短暂又漫长，也有对立又和谐……

——李岳

退伍已经有半年多了，放下了枪又捡起了书，刚开始很不适应，感觉焦头烂额，现在的我学业早已经步入正轨，融入了每天上课科研的滚滚人流中。但我现在还时不时地梦到自己回到过去，和战友一起训练执勤，那些熟悉的面孔依然非常清晰，即使在梦里，吹哨集合时的紧迫感和部队生活的压抑感都会涌上心头。部队的经历真的是非常深刻，像碑文一样刻在内心深处，在不经意间浮上心头，像放电影一样在眼前重现。

在这段丰富的记忆中，每日陪伴我的战友最为触动我的心灵；尤其是教育经历和我相似的大学生士兵，我们共同经历军队的洗礼，也共同在抛泪洒汗后获得了涅槃一般的感受，感情尤为真挚，体会尤为深刻。那些苦啊、累啊、委屈啊什么的，就像在演习中低姿匍匐前进，粘了一身烂泥，爬起来抖一抖洗一洗就掉了，但是那些伸手拉我一把的弟兄、那些一起哭过笑过的日子，早已经印刻在我的回忆里，怎么也忘不掉。

一

第一个战友阿球，来自北京大学，考古学专业，是我北大的同年兵，坐上同一列火车从北京南下广东，一个新兵营，后来分到了相邻的两个连队。虽然同是“隔壁”，往往相距不过几十米，但由于部队每个小单位都进行着严格的封闭管理，我们接触的机会很少，多的话不过一周两次，少的话一个月也见不到面。

一次团里要对抗演练，在后山上挖战壕，那真是一段有趣的日子，如果抓到了蛇，先用铁锹拍死，再带回连队剥皮，抠了蛇胆，谁的胆子小就给谁生吃了壮胆。有的战友挖到了一些瓶瓶罐罐，古香古色的那种，感觉自己挖到了老古董，当作宝贝似的小心包好，欢天喜地地拿给阿球看，正好阿球在北大学的是考古专业，这时派上了用处，阿球看看罐子底部印的文字，又打开了罐子检查，鉴定结果年代清末，并不值钱，而且还是个骨灰盒（工事交通线挖得深，刨了人家祖坟）。

我们有的时候会把带到部队里面的仅有的几本书互相交换着看，如果有出营区置办生活用品的时候，那真是高兴得不得了，我总要去书店挑一两本书看，再给阿球带一本。我们那批兵里面在高校直接入伍的不多，我俩平时尽量多读书、多交流，在学校的时候看书看多了感觉枯燥，但在部队里机会少了，又想方设法地找东西读。记得新兵连里每周看一次报纸，把所有版面里里外外看个遍，如果评论版面看到深刻的观点，高兴得不得了，反反复复看个好几遍，特怀念当时那种阅读带来的纯粹的快乐。

阿球所在的连队训练比较严格，他也比较刻苦。爬战术钻铁丝网的时候，训练条件不太好，地很硬，没有草，石头还多，为了护住手上的步枪，手上磕得全是血，他管也不管，还是在那儿爬个不停，基本每个新兵手都会破，但起码我会偷偷把血舔干净，否则会沾上草屑和土，但他没有丝毫不情愿的样子，好像那手和膝盖都不是自己的一样。

他训练上没有太多的怨言。但世事难测，夏天跑5公里的时候他严重中暑，处理措施不够得当，迅速恶化，横纹肌溶解加肾衰竭，被送到省总队医院抢救了好久才从鬼门关门口拽回来。

我当时听说这个消息以后心里非常难受。当时我因为不适应广东湿热气候患上了皮肤病，有了一个外出就医的机会，趁着这个机会我跑到了医院去看他，差点没有认出他来。一场病下来有一半的头发变白了，脸上黑蒙蒙的没有一点生气，20出头的小伙子看上去就像四五十岁的病人一样，部队医院住院条件并不算好，我把他的柜子翻了一圈，没什么像样的营养品。即便是这种情况下他还在啃着一本砖头厚的欧洲史和一本法语书，准备退伍以后出国的事情，我的心揪成一团，难受得不行。阿球是个学霸，学术素养非常好，生病期间还在坚持学习，我常常在想，这样一个人才跑到部队为国家服役，结果把自己身子搞成这个样子，自己的前途会不会有影响？父母该有多伤心？好在后来身体恢复得快，等到退伍的时候，一头白发已经完全反黑了，算是不幸中的万幸。

阿球是我的好战友，我会难过，不希望这样的事情发生在他身上。但是在军队，训练伤是每个战士和基层部队都要面对和解决的问题，连队的老兵患上了疲劳性骨折，还要坚持跑5公里；且换个角度看，慈不掌兵，用当下的口号来讲就是“军人生来为打仗”，履行职责过程中伤亡在所难免，战争时期哪还会考虑训练受伤这种问题呢。而且所谓的血性、战斗精神，很大程度上就是不惜命、不怕伤和疼的精神，在现在这种太平日子里，如果受点伤都不敢，这种部队、这个战士，我认为执行任务中也不会承担起太多的重担和期望，如何指望他在危难关头有英雄主义的行为，不惜一切代价在逆境险境中赢得胜利呢？

二

“二胡哥”是另外一个很有特色的同年兵，在海淀武装部的人堆中第一个抓住了我的视线。他一手拎着二胡，旁边站着的家长是一个中年的部队干部，那时还不会看肩章，现在知道了那是个一毛四的大校，“二胡哥”就是个标准的文艺军二代了。他后来竟然和我分到了同一个新兵连，就这样熟络起来。

他是首都师范大学的本科生，已经毕业，本来已经在北京一所学校当上了音乐老师。我们一起刷泔水桶，一起被各自的排长指定去参加心理咨询，然后一起鄙视心理咨询师、一起吐槽，和他聊天总有一点小快乐。后来他的干部父亲到师里面来了一趟，下连以后就被调到了我们团里面的标兵连队装甲连去了。下连一个多月以后，我们在团里面春节晚会排练的时候又见了面，见了面以后他整个人跟失了魂儿一样，眼神空洞，一点也没有当年吐槽狂喷时的灵气儿了，我找别人要了根烟递给他，他大口大口的使着劲儿地

抽，在夜色里对着静谧的训练场长长地叹了一口气，把手给我看，手背上八个骨节的地方全都烂了，黑、红、黄、紫的什么颜色都有，我一看就知道是撑拳头做俯卧撑磨的，是长期体罚的结果。他觉得是班里的老兵和班长对他这个大学生看不顺眼，认为是层次不同根本合不来。

的确，兵源不同对部队的管理有着很大的影响，20世纪就有“城市兵”之说，班长普遍认为这种兵不好管，“城市兵”的管理还被当作一个小课题进行研究，改革开放以后思想进一步变化，现在又多了这种“学生兵”“本科兵”。成分不同，相互之间不了解、看不惯，都是比较正常的事情，在所难免。实在地讲，就基层的步兵而言，学历低、地区闭塞的兵源比较听话，自由人权之类的意识较淡漠，挨打挨骂反抗意识小；山区、务农打工的兵源比较吃苦耐劳，身体素质基础较好，这些人退伍后出路较少，也比较喜欢留在部队，在现阶段士官干部队伍中占了很大比例；再加上地域问题，还有很多孩子家里管不住送到部队的。

象牙塔里的大学生士兵进入部队就像水滴进了油锅里，很容易不适应，有的人反应还是比较激烈的。但我们面对这种情况，如何适应环境就是自己的事情了，如果他当时没有进入装甲连，而是进入我们的普通步兵连队，也许他会成为一名军政素质都不错的战士，但由于进入了一个并不适合他的集体，导致了自己的痛苦。后来听说他终于无法忍受，向家里反映了情况，最终调进了师礼堂管理仪器设备，这样自己的学习能力和知识储备终于发挥了作用，整个人的精神状态都有了较大的改观，后来考上了干部。

对于清华的同学，很多人当兵都血脉贲张，希望去最艰苦的地方去，到一线去、到基层去，就好像当年的热血青年——我。现在想来，无论你是想体验不同的人生，还是真心想作贡献，最好要做好各方面的心理准备，要提高相应的情商和韧性，而且要把身体素质练得好一点，如果感觉相应能力比较欠缺还是想作贡献的话，还是去技术部队比较适合。

三

如果要我挑一个对自己影响最大的人，那个人只能是我的指导员。

我的指导员在本科时读的是中国政法大学，在大二的时候不顾家人阻挠硬是从普通学生转成了国防生，选择了从军的道路。我在入伍的时候也是全家反对，好在父母教育理念比较开明，非常尊重我自己的想法，在我一再坚持下不得不同意。因为有相似的成长经历，“三观”相合，意气相投，所以我和指导员总是有一种惺惺相惜的感觉，感觉这就是一个长我几届的老学长一样，非常的亲切。很多人认为，他放弃日后安稳的生活和体面的工作，去部队自讨苦吃是误入歧途，得不偿失。但我有切身的感受，一个血气方刚的年轻人，心里时常涌起家国情怀，渴望去建功立业，那胸口憋着一腔热血，烧得人坐立不安，非要到军队去把能量释放出来不可。

军队需要这样有情怀的军人，有全局意识，甘于奉献，站在那里不用开口，他自己就是一本生动的政治工作教科书。大学期间接受了良好的教育，知识体系全面，带兵理念先进。作为干部，各项军事科目优秀，扛起枪军事素质过硬；放下枪政治工作出色，让我打心底里敬佩。他本人也取得了非常出色的成绩，立功受奖不在话下，更是比正常情况下提前两年晋升连级主官。

现在回想起留在部队的战友们，最让我担心、最让我心疼的，也正是指导员。我退伍以后，他的事业又上一层楼，但为部队作出的牺牲也越来越多：因为任务需要，家人辞世不能及时回家；家属随军名额有限，夫妻两地分居；常年进行高强度训练，加上极高的工作压力，导致身体损伤比较严重。还记得他跟我聊天说，大学同学聚会的时候，自己和地方上的同学明显不一样，腰板更直、精神更足、气场更强，与此同时，工作强度更大、社会地位较低、经济收入不足、家庭生活不够美满，这些和其他同学都是没法相比的。没有对比就没有伤害，手动心疼一分钟。

大部分军官都要面临转业，这些人在部队付出了人生中最宝贵的青春时光，离开体制后才发现，自己在部队的专业技能没有用武之地，人到中年以后一边背负家庭负担，一边摸索着融入地方社会，在我和一些军官及士官交流的过程中，能感受到这种压力才让他们感到无奈和恐慌。正因为如此，我觉得那些像我们学校门良杰学长那样，敢于把自己一生投入军队的人，是敢于牺牲的勇士，是满腔热血的爱国者，是国家需要关心和回报的人。

基层的战士非常辛苦，基层的干部更加辛苦。国防事业发展需要大量优秀的青年人才，如果像指导员这样，收入还不起房贷的话，军队的吸引力无从谈起。我非常盼望着国家能提高基层军官的生活水平，解决好基层干部的后顾之忧。目前部队各方面的改革在持续深化，习主席执政以来，部队发生的改变我在部队也是有切身感受，尤其是期间几次待遇调整，让官兵非常欣慰，上级也越来越重视军、地两用人才的培养，希望接下来还会有新的举措，让我们的强军梦成真。

四

同年兵，感情深。和我关系最紧密的同年兵，我在这里称呼他的外号："钢炮"，入伍前是北京化工大学的本科生。我们俩第一年在同一个排，第二年在同一个班，吃一桌饭，干一样的活儿，甚至现在还在读同一个专业，感情很深厚。

还记得入伍接近一年的时候，军委调研组到全军武警抽调部队考核，当时各兵种掀起了轰轰烈烈的实战化训练，首长很重视，这次考核只能比平时更好，不能更差，否则有考核记录弄虚作假的嫌疑。我所在的连队考核5公里武装越野，全连70多个人参考，平时跑得慢的提前安排好帮扶者，连拖带拽，帮着背枪、背弹药。关键的考核，一声哨响，大家一起步就拿出了冲刺的架势，节奏都打乱了。跑不到一半的时候，感觉越来越吃力，担心自己慢慢跟不上队伍了，心里直发慌，于是向周围的战友大喊"谁来接枪"，钢炮看我有困难，第一个上来，一声不吭地把我的枪拿下来背在自己的身上，陪我跑完了剩下的路程，记得当时越跑越快，意识已经有点模糊了，考核结束以后集合，突然发现枪不在身上，钢炮帮我背着跑了大半程，急得我直想哭，现在想想真是有趣儿。

战友是这样的人：考核中大家跑得都很累，在关键时刻宁可增加自己的负担，也愿意帮你一把；在防暴队行里，每名战士都要用盾牌互相掩护，我把自己的侧翼交给战友，这种无条件的信任；他偷着抽烟的时候我给他放哨，我犯了错误他帮我扛着。我新兵班里战友们入伍地不同，口音鸡同鸭讲，沟通问题解决了以后，又发现经历差异太大，有的人只会读书，有的人吃喝嫖赌，完全没有共同语言，等到新兵训练结束以后，就已经不分彼此了。新兵连里一人犯错，全体挨揍，班长越是严厉，同年兵感情越是深厚，当时还不理解，现在想来部队的凝聚力可能就是这样培养出来的。

五

最后谈谈我自己吧。

我能与部队有缘，首先需要感谢吕冀蜀老师。作为一位在部队奉献了几十年的老前辈，他从一名战士靠着努力和成绩一步步成为炮兵团长，继而到清华大学执教，继续为国防事业辛苦耕耘。他是我军旅生涯的领路人，是我的第一位老战友。征兵季忙忙碌碌，吕老师会给我们逐条讲解入伍政策，亲自带着我们体检政审，手把手教我们填志愿、选兵种，到各级单位东奔西走给我们协调入伍名额。

每到9月，他亲手把新兵送上开往各大战区的运兵车，同时等待着天南海北的老兵重回清华的怀抱。

40天减重30斤是一种怎样的体验？我入伍体检的时候，是个185斤的胖子，部队不打算录取我，经过吕老师的争取以后，才获得了一线希望：如果在下次复检之前能够把体重降到160斤以下，可以考虑批准我入伍。得到消息的时候只剩40天的时间，情况不太妙。但吕老师相信我，我不想让他失望，而且，如果我想成为一名战士，那就要拿出点儿战士的样子。最终我咬紧牙关，少吃多动，在复检中达到合格线，领到了属于我的绿军装。

新兵下到连队的前几个月，天气非常炎热，生活非常紧张，训练非常辛苦，从小到大我一直安安稳稳地坐在学校里，从没有受过这份儿罪，军队的磨炼超出了我的预期，精神逐渐变得消沉，状态不太好。没多久，正赶上吕老师和董老师千里迢迢从北京到广州看望我，当时我那个激动啊，就像黑暗中见到光明，离家许久以后重新见到亲人，亲切又温馨，真真切切地感觉到还有人在关心和保护我，鼓舞着我走出低迷期，身心素质明显提高了不少。

学校保证过，无论是青藏高原还是南海岛礁，在服役期间，要到一线部队去把所有清华的兵慰问一遍。只有亲身经历了的战士才能明白，这一次见面有多么重要，这一句问候包含多少感情，老师们东奔西走多么辛苦，现在想来真是扎心啊！

总体来说，在军队的短短两年，每个人的发展都不尽相同。回想起当初在入伍的火车上，都是离开校园进入军营的小伙子，我身处他们之中，都有一样的憧憬和激动、一样的豪情和热血，但退伍回京的列车上，却有了不同的收获和感慨。在参军之前，恐怕谁都无法想象两年以后的那个自己会得到些什么吧！但我相信每个人都是充实而难忘的。

另外，对那些打算参军的同学们我想给一些建议。我们入伍报名的时候，争着去一线、去基层、去吃苦、去受罪，这是好事儿，但要做好充分的心理准备，太苦、太累、太委屈，难免偶尔会怂，做好心理调节，尽量避免受伤。平时多锻炼身体，学点人情世故，增强抗打击能力，这些素质能给部队生活提供不少助力。

有些战友在回到学校以后，学业方面还不是非常的适应，两年来没看课本，而且大脑接受了很多其他方面的刺激，学习能力真是出现了严重退化，基础知识忘记太多，回来以后我连导数都忘了怎么解了，有时候我们也打电话互相吐槽自己的状况、互相鼓励一下，或者打听打听老连队发生了什么事情。本来有一些部队的照片的，临退伍的时候保密工作大检查都给搜走了，现在只剩下后来从连队要来的几张。激情燃烧的部队生活已经过去，但美好的校园生活还在继续，甚至说是翻开了新的一页，我衷心的祝愿这些退伍的战友们能适应新生活，把部队学到的东西沉淀下来，让今后的人生道路更加丰富多彩。还有那些直接留在部队的战友们，希望他们能够抓住部队转型改革的机会，找到合适自己的工作岗位和发展道路，在部队安心服役，在军营实现自己的人生理想！

清華園

我在改革强军征途中成长

个/人/简/介

刘丰年，男，汉族，中国共产党党员，1992年12月出生，河南柘城人，2011年考入清华大学经济管理学院；于2013年9月参军入伍，服役于中国人民解放军第38集团军66157部队炮兵营单兵防空导弹连；服役期间司职单兵防空导弹射手；曾任副班长、基层文化骨干，后担任团政工网管理员，为所在团政工网站建设与维护作出突出贡献，先后荣立“三等功”一次、“嘉奖”一次、两次被评为“优秀士兵”；2015年9月退出现役，返回学校继续完成学业，现已获得经济管理学院免试攻读硕士研究生资格。

每个人参军的理由都不同，但相同的是部队赋予每个人的成长和希望。我很庆幸选择了部队，因为清华和部队共同赋予我的信条，让我走出了封闭的小我，走到军营这片更广阔的天地里，让我在改革强军中不断打磨自己，看到人生新的价值。

——刘丰年

我是刘丰年，清华园一个普通的学生，部队里一个普通的兵。

当兵之前，退伍的班长告诉我，每个去当兵的人，各有各的理由，并不是每个人都从小心怀军旅梦想，并不是每个人都始终深爱着部队，但这都不重要，事实上，每个从部队走出来的人，身上都会带着部队特有的鲜明烙印，更重要的是，他们都会让自己和身边的人变得更好。

我是一个农村来的孩子，19岁之前，我的目标、全家的目标，和我所经历的每一所学校、每一位老师的目标一样，都只有一个，就是考清华。19岁那年，我如愿以偿地走进了清华园，可是，度过了新奇和躁动的大一之后，到了大二，当身边的人都纷纷开足马力朝着自己的目标大步前进的时候，我却陷入了困境。

我突然不知道自己应该干什么了，当别人在为社工、出国交换等事情而做准备的时候，我甚至不知道这些事情都是要自己主动去申请、去争取的，我还天真地以为跟高中一样，到了该做的时候就会有老师告诉我应该做什么，那个时候的我，真的是沉浸在自己空白的小世界里，对外边发生的事情一无所知。

我知道我不能再这样下去，我想要换个完全不同的环境让自己重新开始，一开始我想休学打工，可我觉得那还不够彻底，我决定参军。

我很幸运，当兵的两年正赶上改革强军的号角吹响，让我有机会亲身感受部队方方面面的变化，这让我看到一种崭新的面貌，一种新的气象；我也很庆幸选择了部队，因为清华和部队给我的信条，我把握住了机会，成为改革强军大潮中的一员，让我能够为我所在的连队，留下我投身改革强军实践的果实。

改革强军，基本素质要提升

当过兵的人都知道，在上级领导来检查时，基层单位往往是高“标准”，严“要求”，这个“标准”和“要求”不是训练，而是卫生。比如，道路两边的草地，战士们要把草扒光，土地翻整一遍，最后再用抹子抹平，像水面一样平。很多人不明白，这样做的意义何在，我也问过班长，班长的回答很简单，因为“传统”。可从我们这一批兵开始，“传统”变了。师政委来新兵团视察的时候，我们提前一天就按照“传统”把“标准”搞好了。结果，政委来到新兵团的第一件事就是责令全团重新学习党的“十八大”会议精神，尤其是“四反”思想，并且点名批评用抹子抹平草地是典型的形式主义。班长说，他当兵十几年，头一次见到这么彻底的思想变革，“你们赶上了好时候”。

我们的确赶上了“好时候”。作为第一批9月份入伍的士兵，我们的集训去除了冬季新兵训练时环境因素的干扰，恰好我们又赶上了第一次全师合训，各级领导都很重视训练成果，为了迎接军区考核，我们的训练量比前几年大了很多。每天上午5公里热身，随后百米、单杠、俯卧撑、引体向上交替进行。有的人跑不动了，我们就拖着他跑，一直把作训服搓漏了，也要拖到终点；我引体拉不上去，班长就用自己的手正面握住我的手，让我无法下杠，直到手指根部的皮全都脱落，用这样的方式，我们全班体能都合格了。然而，我最怕的不是训练，而是半夜紧急集合。白天累了一天，最大的愿望就是能睡个好觉。在3个月时间里，除了每周五早上固定的拉动训练，我们几乎每周都会额外增加两次紧急拉动，至于拉动时间，完全看连长心情。在这样的紧张气氛中，睡觉永远都睡不踏实，有时候半夜还能梦见紧急集合的哨音。经过这样的高强度训练，我们的训练成果得到了军区认可，我也由刚入伍时的青涩学生，成长为一名合格的新兵蛋子，新训结束时，由于在各项考核中成绩优异，我被评为“十佳新兵”。

改革强军、练兵打仗，从思想抓起，从基础体能练起，这是我在部队上的第一课。

改革强军，信息化水平要加强

原北京军区政治部要求，每个团级单位必须有自己的政治工作网。团政治处要求每个基层连队推荐1名战士到师里参加网站建设集训，为期10天。由于平时在工作中表现出色，我最终通过选拔，有幸参加此次集训。集训第一天，师信息中心主任告诉我们，这次集训任务只有一个——每个团建成自己的政工网，集训考核也以最后网站建设成果为准。整个培训没有人专门讲授网站建设技巧，老师只负责给我们提供学习资料，提供答疑，剩下的全靠我们自己。

团领导在集训前专门跟我交代，“丰年，你可是清华大学的，一定要完成任务”。就像清华里退伍的班长告诉我的一样，在部队里，一声“清华”千钧重，尽管之前没有接触过网站建设，尽管没有老师，我还是告诉自己，一定要在10天之内把网站建成。

可是到了现场我才知道，原来也有类似的集训，可是没有学员会真心学，老师走个过场，学员也走个过场。我心里不太舒服，在学校的时候即便我成绩并不好，可大家做事的态度都是认真的，我从来没见过这种情况，我觉得我还是要坚持自己的原则。

集训的那段时间，我几乎每天只睡3个小时，除了吃饭睡觉我都待在机房。我不光要学习HTML超文本语言，还要学习Photoshop绘图技术，用于网站页面设计，同时还要了解服务器等硬件知识。我的热情和刻苦打动了本次培训的老师，他专门把自己的藏书拿给我看，又亲自帮我修改网站页面。在老师的帮助下，10天时间，尽管总体上只有一个骨架、内容还有待填充，可我终归完成了网站建设的任务。

出于网站建设管理的需要，我在2015年被借调至机关，担任团政工网管理员。机关的工作不同于连队，体能训练相对少一些，但经常加班，实际上一点也不轻松。特别是为了消除徐才厚和郭伯雄两个军中大老虎的影响，我们要清除有关他们的所有文字音像资料。我负责清除政工网中的不良信息，文字部分比较简单，可以通过文字检索工具完成，图片部分却异常复杂。在建设网站时，我为了让网站内容丰富一些，手动把2007年以来的图片文字新闻手动输入了服务器，当时的丰富内容现在成了巨大的工作量。在3天时间内，我把自己关在机房，一张一张看图片，逐张手动清理了所有涉及徐才厚和敦伯雄的图片信息。在上级检查时，团政工网上未出现任何问题。

一直到现在，我们团的政工网仍是在我那时完成的骨架基础上进行填充和修改。历次检查中，我所建设的政工网都受到了上级的表扬。我也因在政工网建设中作出突出贡献荣立个人“三等功”。

改革强军，在部队信息化的路上不断前进，我至少能决定我自己怎么做。

改革强军，战斗力标准不能降

我所在的部队是单兵防空导弹连，我的专业就是单兵防空导弹射手。我们这个连队包括三个导弹排和一个配属排，配属排又包括一个雷达班，一个检修班和一个司机班。连队的主要任务，就是面对防空雷达检测不到的低空飞行的敌方武装直升机时，能够形成有效打击，保护步兵的坦克、步战车免于被敌方直升机消灭。

听起来很炫酷，每天的训练内容却很枯燥，也很折磨人。由于单兵防空导弹主要配属于步兵或坦克分队，防空目标也主要是直升机或低空巡航飞行器，对展开和撤收速度要求非常高。因此，我们最多的训练科目就是“开启包装箱”及“导弹装箱”。

包装箱上一共两排六个卡扣，如果慢慢开合当然不会有问题，可是，经过长期使用，箱盖本来就不容易关严，再加上考核要求在6~7秒的时间内完成装箱动作，于是，为了练好快速开关扣动作，每个新兵的大拇指几乎都被盖子夹破过，班长说，这是必经的过程。当然，展开撤收是为了获取导弹的发射时机，最终要让导弹准确命中目标。所以，最重要也是最枯燥的训练就是瞄准练习。背着总重17公斤的导弹，采取标准的瞄准姿势，站立1个小时以上，对双臂力量和腰部力量要求非常高，很多老兵都因为这项训练导致了腰肌劳损。每天重复着这些训练，我心里最初的激情一点点地消退，不过很快这种情况就不存在了。

练兵备战，战场上见真格。

2014年，我们部队参加了3次大项演习，其中一次上合联演、一次实兵对抗、一次卫勤演练。在茫茫的大戈壁滩上，我们驻扎了5个多月的时间。一开始，我不适应内蒙古的气候：昼夜温差极大、空气非常干燥、春季风沙频繁，皮肤干裂、每天流鼻血，一周时间身体所有暴露与非暴露部位形成强烈色差。外在的恶劣环境重新点燃了我入伍时的激情，训练场景从操场变成演习场，绕着基地公路跑一圈就是8公里，挖的战壕比在操场深1倍，步战车在草原里上下跳跃、浓烟滚滚、战旗飘扬，这样的场景比电视剧还要壮观。我也开始明白，平日里的枯燥乏味训练在演习时多么重要。红、蓝对抗时，我们排配属给机械化步兵二营，蓝军派出两架直升机准备远程“歼灭”二营，由于低空飞行，雷达没能探测到敌机，从前线的观察哨报告敌情到部队进入直升机的打击范围只有1分钟，接到无线电报告的那一刻，我才真正感受到战场那种紧张的感觉，这跟训练比武时那些激烈相比截然不同，那种紧张是可以让人短时间失去反应能力的，也正是这个时候，才体现出平时对战斗力训练高标准严要求的作用，尽管感到紧张，所有动作几乎都是下意识完成的，尽管比训练时稍微慢了一点，我们还是圆满完成了任务——我们排使用红缨-6单兵便携式防空导弹在不到20秒时间完成射击准备，四弹齐射，并“击中”敌机两架，最终导演部判定，蓝军两架直升机坠落。

如果没有平时夹破手指的训练热情，没有日复一日的枯燥训练，我们根本无法在这么短的时间完成任务。由于在基地化训练中表现出色，我被评为“优秀士兵”。

我从中深深感受到，改革强军，思路要变、方法要变，但战斗力标准不能变。

改革强军，每个人都收获成长

不知不觉地，两年时间很快就过去了，我自己也在不知不觉中发生了很

大的变化。

这支逐渐除去陋习的部队让我感受到一种蓬勃向上的希望；投身到改革强军的事业当中，让我感受到自己的独特和价值；平时练兵、战场杀敌，让我体会到付出与回报这个简单而又经常被我忽视的道理；击落的那两架敌机，让我始终有一种难以言喻的自豪感和成就感。在这些感触和希望当中，我发现我当初选择入伍时的目标早已实现，而且远不止于此。

回到学校之后，我开始专注于课业的学习，尽管中间放空了两年，重新拿起书本时明显感到不适应，我却用加倍的努力取得了比大一、大二高出很多的成绩，付出和回报之间的关系，部队当中已经让我体会得够清楚了！我会主动去听那些跟我专业相关的讲座、去跟老师和同学交流，去为自己下一天、下个月、下一年和接下来的整个人生构建规划，并且不断为实现规划当中那些或大或小的目标而做些什么。

到了推研的时候，因为前两年的成绩比较差，我的总成绩没能达到推研标准，我就拿着大三的成绩单和大一大二的成绩单去找了来自3个不同院系的教授，请他们看到我如今的变化，告诉他们我如何从迷茫无知到胸有成竹，最后，拿着3位教授的推荐信，我顺利获得免试攻读研究生的资格，实现了又一个我以前想都不敢想的目标。

是啊，每个人参军的理由都不同，但相同的是部队赋予每个人的成长和希望。

改革强军，是部队的幸运，也是我的幸运，部队在改革中蜕变，我在改革强军中成长！

清華園

清华的兵就要响当当

个/人/简/介

马高建，男，汉族，中国共青团团员，1991年7月出生，安徽阜阳人。2010年考入清华大学化学系；2013年9月入伍；2015年9月退伍；曾服役于中国人民解放军66013部队。服役期间，连续两年被评为“演习先进个人”、被评为优秀士兵一次、荣立三等功一次。退伍返校后，曾代表清华学生参加“剑鹰-2016”军事技能竞赛；现为化学工程系研究生一年级学生。

每次跑完步，虽然很累，但是我都觉得非常非常爽，感觉毫无压力，全身特别放松。从第一次跑完5公里之后，以后每次跑，就特别期待，期待跑完之后的感觉。

——马高建

2013年9月初，清华园里，新的学期刚刚开始。一天，化学系2010级马高建同学的父亲忽然接到了“远在北京”的儿子打来的电话，一听才知道，儿子不在学校里，而是在河北，没有在上学，居然参了军。

人生最有意义的就是在部队那两年

对于马高建一家人来说，参军都是一个突然降临的事情。2013年夏天，大三即将结束的马高建拿到了推研名额，完成本科学业并继续读书，几乎已经成为了顺理成章的事情，但是命运却给他加了一段美妙的插曲。就在那年，军队征兵时间进行了调整，从以往的冬季征兵变成了夏秋季征兵。这一改不要紧，马高建坐不住了。他形容自己一直是一个彻彻底底的军迷，“每年我都会关注征兵信息，但以往征兵和开学时间冲突，这一年突然改革，我觉得时机已到”。

来不及多想，马高建立刻报了名。还没几天，马高建通过了政审，通过了体检，但那时的他还不敢告诉爸妈自己参军的事，这是因为他害怕家里担心。但时间一天天过去，转眼就该走了，直到新兵连收手机的时候，马高建为了给父母报平安，才终于下决心打了那通电话。生米已经煮成了熟饭，马高建的父亲还能说什么！是儿子做的决定，父母当然要给予尊重，“既然去了部队，就好好干吧”。就这样，马高建美梦成真，军营路起航。直到现在，他还不无庆幸地表示：“我觉得我人生最有意义的就是在部队那两年。”

清华“大哥”爱跑步

进入军营，新兵连永远是一个绕不开的话题，也是每位军人难以忘却的回忆，因为在这里，军队用独特又难忘的方式，把每一个朝气蓬勃的年轻人变成一个个刚强勇毅的军人。

进入新兵连的第一个仪式，就是剃头。军人的发型都是帅气清爽的寸头，新兵连更甚，要剃到3毫米长。马高建所在的新兵连，每个班都配发了一个剃头用的推子。剃3毫米头，不需要理发师，也不需要什么技术含量，只要把标尺卡到3毫米，相互推就行了，推完以后，每个人的头都亮光光的。

作为一个大学生士兵，马高建在新兵班里算是年长的，自然承担了一部分“大哥”的责任。剃头的时候，班里就有小兄弟接受不了，自己在家里娇生惯养，到了部队怎么是这样的待遇？哭着叫着要走。这时候，马高建就会上去安慰他们：“来到这儿就好好待这两年，这两年一定会让你锻炼很多。”这样还真奏效，他们班的氛围越来越好。马高建所在的班，在连里的表现一直是最好的，班里很多战友后来都留下做了士官。

长跑是清华大学的传统，每一位清华男生本科时都要参加3000米测试，12分20秒及格，马高建以前刚好能跑12分20秒。但部队的跑步训练更加严酷，部队不跑3000米，而是5000米，也不是轻装跑，而是背着枪跑。新兵连考核时，马高建的新兵班被拉到了一个长达5公里的大坝上，终点就在大坝尽头，但却怎么也看不到。跑到一半的时候，有一个战友跟不上了，马高建就把他的枪拿过来，过了一会儿，又一个战友体力不支，马高建也把他的枪拿过来。他身上背了3支枪，加上其他装备，负重十几公斤。最后，全班8个人一起呐喊着冲过终点线，他这个“大哥”功不可没。他说，“虽然背了3支枪，但是跑完的感觉非常爽”。从第一次武装5公里开始，马高建就喜欢上了跑步，喜欢跑完步浑身放松的感觉。

清华的兵就要响当当

去参军那天，马高建宿舍里的所有人都非常兴奋，清晨6点钟，3位舍友都起床送他出发，拎着他的包陪他去了车站。校武装部的老师还送给马高建一句话："咱清华出来的，当兵肯定也是响当当的。"马高建一直记着这句话。

在新兵连，单杠也是非常重要的训练科目之一，但马高建一开始只能拉六七个，距离合格还有一定距离。他的班长为了锻炼他的臂力和其他肌肉，让他每天晚上做500个俯卧撑、500个仰卧起坐和500个蹲起，不做完不许睡觉。马高建意识到，单杠没什么技巧，只有多练才能练上去，因此一直坚持睡前锻炼。这一坚持，就坚持了整整的新兵连3个月。尽管拉杠时手经常磨破皮，但他的单杠成绩却飞速提升，最多的时候可以做三十几个。甚至有一次，他做了30个还意犹未尽，正准备继续做下去，然而"用力过猛"，手上一滑，从杠上摔了下来，还好不是很严重，休息了一段时间就恢复了。

新兵下连，马高建来到了有着"老山作战神炮连"称号的荣誉连队。该连队在收复老山的战斗中，以快速的反应、准确的射击和猛烈的炮火，对战斗的胜利作出了巨大贡献。荣誉连队在纪律方面的要求尤其严格。其他连队平时的队列可能比较随便，但神炮连的士兵，无论何时走队列都必须最严格、最整齐、最标准。其他连队每周安排1天时间训练队列，但神炮连的连长时刻盯着连队的队列，什么时候走得不好，就什么时候拉出来练。站军姿，一站就是两三个小时，直到手臂失去了知觉，两腿都在打颤。基础就是这样练出来的，即便退伍一两年，马高建还自信地说："你让我现在走也没问题。"

马高建在连队里担任的是侦察排的计算兵，顾名思义，计算兵需要通过几何原理来计算出火炮怎样准确地命中目标，给敌人最大的打击。尽管这是个技术活，不需要体力劳动，但千万不要以为这是个轻松的差事。计算需要动脑力，这对于来自清华的马高建来说是天然的优势，但也绝不轻松。身在侦察排，白天、黑夜站岗是常事，"当兵站岗天经地义"，马高建站的岗哨，经常是两个小时纹丝不动的岗哨。另外，侦察排对体能的要求高过其他部队，白天，全连队练完了体能，晚上睡觉前侦察排还会单独拉出去跑5公里。等到其他人都休息了，马高建才开始练自己的专业技能，计算是一个熟能生巧的过程，为了锻炼熟悉程度，让计算又快又准，马高建起早贪黑算题，提高计算水平。

付出终有回报。在驻训期间，马高建为连队争得了荣誉：在两次团单兵专业比武上，他都捧回了冠军奖杯；在两次实弹战术演习中，他圆满完成保障任务，被评为“演习先进个人”。由于两年中各项任务的表现，他被评为“优秀士兵”一次、荣立三等功一次。响当当的清华士兵，凭借自己的勤奋进取，为集体、为个人赢下了响当当的荣誉。

“预备 放！”

两年的军旅生涯转瞬即逝，命运曾经跟马高建开了一个小玩笑，但这个插曲也要结束了，他又要重返清华园，继续自己的学业。临走那天，连指导员亲自为离别的战友们煮了饺子，钢铁柔情的大男子汉们，一边吃着饺子一边哭。

马高建现在还清楚地记得他回学校的那天。那是2015年的9月5日，清华园里下着雨，路上行人寥寥，办理完复学手续的他，连一间宿舍都没有，以前的同学也几乎都毕业了。看着这个熟悉又陌生的校园，马高建忽然感到很幸福，在部队的两年，让他更加珍视在这里读书的机会。尽管两年的空白让他忘记了很多知识，但他却更加勤奋地学习，在实验室一待就是十几个小时。努力成为了一种习惯。

部队对人的塑造是全方位的。马高建爱上了早起叠被子，也爱上了跑步，他经常参加马拉松比赛，还作为清华大学队员参加了“剑鹰-2016”军事技能竞赛。部队的纪律转化成了他自身的约束力，跟别人约好的事，就一定能做到。部队的等级观念比较强，礼节、礼貌非常重要，回来以后，他也保留了这个习惯，以至于身边的同学不解地问，“你这个学长，怎么跟学弟学妹这么客气啊？”

马高建现在在读研究生一年级，所在单位是化工系的应用化学所，研究方向是生物柴油。他从部队回来以后，一边复习知识，一边思考研究生的方向，这时他注意到了化工系可再生能源的研究方向。“现在环境问题挺突出的，尽管这个方向去的人不多，以后工作也可能不好找，但是我觉得挺有意义”，马高建说。

离开部队一年半了，但那段火红的岁月已经深埋心底，马高建无法忘却自己为祖国奉献的青春，也常常回想“老山作战神炮连”的点点滴滴。带着部队教给他的，他已整装待发，在新的征程上扬帆起航。

“预备 放！”

从清华园到英雄营

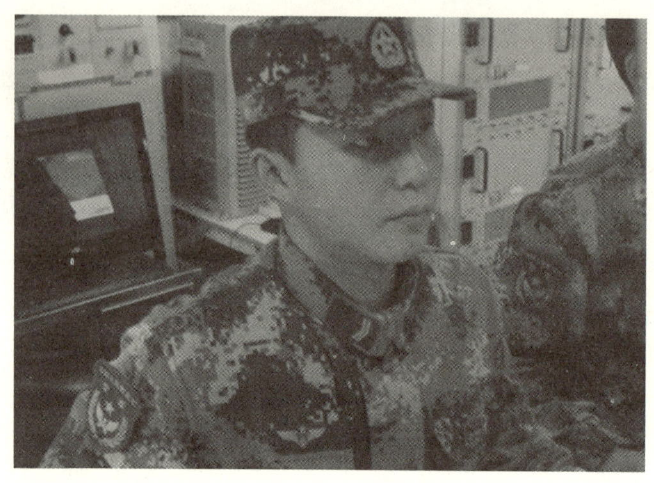

个/人/简/介

王海亮，男，汉族，中国共产党党员，1991年12月出生，山西新绛人。2010年考入清华大学；2016年9月保送至清华大学社科学院国际关系学系攻读硕士研究生；现为社会科学学院6字班带班辅导员；2013年9月至2015年9月服役于中国人民解放军93460部队，先后从事指控和警卫专业，同时担任营史馆解说员；服役期间获得“优秀士兵”两次、“优秀共产党员”一次；在2014年度全师全员全岗竞赛性考核比武中，所参加的警卫协同项目获得全师第一；2014年4月作为空军代表参加了“首都高校征兵工作启动仪式”。在担任营史馆解说员期间，接待参观500余次、外事活动30余次，被营评为“金牌解说员”，两次被《空军报》报道，并被中国空军网转载。

当兵入伍对我来说是一段难以多得的体验，就像是平行时空中多出来的人生经历，但却又有意无意地加深了我对现实生活的思考和感悟。有人问我后不后悔当初的这个决定，我要坚定地说：如果能重来，还是要当兵！

——王海亮

服役期间，我几乎随营参加了所有的任务。在执行任务的过程中，我曾住过1个月的帐篷，坐过4天3夜的火车，见过美丽的海滩，到过一望无垠的大戈壁。一次又一次的任务不仅提高了我的生存技能，磨砺了我的意志，同时也使我对于生活本质的认识更加深刻。军旅生涯可以说是我人生中最为宝贵的一段财富。

时光荏苒，不知不觉已经退伍两年多了。回忆起自己这段时光，史老师在我们入伍之前给我们讲“一切向好，妙不可言”的样子、临行前学院领导送我的场景、吕老师送我去车站时路上的谆谆教导、两年之间的摸爬滚打、酸甜苦辣一一浮现在眼前。想到学校对自己的培养，部队对自己的锻炼，我感受到了自己的成长。

投笔从戎心愈切，一朝踏入英雄营

2013年初从法国巴黎政治学院交换回来之后，我对人生的理解已经有了很多更新的认识，很多想法也比大一、大二时期更加坚定，当兵入伍就是其中一个。交换期间在巴黎遇到了华裔的退伍兵，他经营着小咖啡馆，抱怨着赋税太重；也遇到了偷渡到法国的人，打着黑工，在地铁躲避着警察；还遇到了年过花甲的法国老人，在咖啡店喝着咖啡，回忆着20世纪70年代法国经济腾飞时的激情……而我自己则一边骑着自行车感受着巴黎，一边在餐馆打工感受着老一辈勤工俭学的共产党员的日常。在走遍欧洲的交换生活中，印象最深的，是在巴黎政治学院时，有一位同学去参军大家为他献花的场景。我感受到在所有的国家，参军报国都是一种最为光荣的行为，于是，压抑两年多的军营梦再一次占据了我的脑海。

念念不忘，必有回响。交换回来，清华又一次给了我实现自己梦想的平台。其实，大一、大二每年征兵的时候我都会去看，每次都因为各种原因推迟和拖延。这次我瞒着父亲作出了自己的决定，在6月份征兵时报了名。经过重重审核，我终于如愿以偿穿上了军装。

9月份，我暂别清华园，有幸来到北空导弹某师“英雄营”，成为一名光荣的空军战士。在入伍之初，自己的学生气很重，认为做事情只要做的过程认真就好，并不能强求结果，而且对部队很多严格服从命令的作风不能理解，所以经常会跟班长讨论做事认真、不计结果以及每个人都应该有自己想法的问题，这也是我进入部队之后遇到的第一个坎儿。

新兵连在进行跑步走训练时，我们班始终不能踏在同一个节奏上。班长曾说，部队的节奏是“一二一”，我便始终在心里默念“一二一”，并且努力排除其他人脚步的干扰，不管前一名的步伐节奏。前一名步伐节奏一旦和我不一样，我大都认为是他错了。班长最初告诉我“是你错了”的时候，我还在狡辩，我行我素。之后我们开始一遍遍重复，我仍然坚持自己的节奏，直到那天中午我们跑步、踏步整整一个中午，全队的人牺牲了休息时间，气喘吁吁跑步、踏步。班长说：“你明不明白自己错在哪里？”我仍然不明白，班长告诉我：“你们是一个整体，即使前一名错了，你也要跟随他错误的步伐前进，这样你们才是一个整体。况且在训练场上，只有后一名错，哪有前一名错的道理？”。我恍然大悟，终于明白，这才是军人，协调一致、相互配合，最终才能整齐划一，心往一处想，力往一处使，形成战斗力。

我以为新兵营一定是激情澎湃、敢打敢拼、豪气冲云天的状态，然而等待我的除了热火朝天的训练之外，更多的却是疲惫与煎熬。站军姿时双膝的麻木、端腿时双腿的酸痛、俯卧撑、深蹲时浑身的乏力以及结束后肌肉的酸痛、紧急集合带来的慌乱和焦虑曾经让我倍感不适，也让我深刻领会每个科目的进步背后都要付出无尽的汗水和痛苦的道理。

记得第一次拉单杠时，我一个也拉不上去，为了提高自己的成绩，班长教我们吊杠，吊杠对提高自己的力量帮助很大，但是其过程十分痛苦，尤其是时间越长，痛苦越大。为了提升体能水平，不给连队训练拖后腿，我自己也坚持吊杠，而且为了使自己坚持更长的时间，撑不住的时候就用牙去咬自己两臂的肌肉，一次训练下来，两臂肌肉上的牙印中都是瘀血。但我没有放弃，继续坚持，力量也在不断增长，终于在新兵营结束时我的单杠成绩已经进入优秀行列。

我是班里最后一批到的新兵，为了赶上连队的训练节奏，在部队前3天的训练中我就尿了血；大三一年缺乏锻炼，俯卧撑一个也做不了，双臂一夹，趴下去就怎么也起不来；队列训练场上，因为对动作要领掌握不好，饭后被罚站；被子不能叠好也曾到处寻找。但是我从未放弃，坚持自强的精神，要做一定做好的信念，在班长的帮助和自己的努力下，最终通过全部考核，部分科目成绩优异，并作为新兵代表参加了授衔仪式。

一位退伍的老班长曾说："没有经历过新兵的人，永远不能理解新兵的紧张、焦虑、委屈和苦痛，这一点新兵自己也不会感受到，因为他们没有时间和精力去感受。"

初入军营，我就在这份紧张、焦虑、委屈和痛苦中逐渐适应了部队生活的节奏，学习了军人的各种规章制度，也培养出军人雷厉风行的作风和英勇顽强的素质，这些都为我的军旅生涯打下了坚实的基础。

英雄营中长才干，清华战士作贡献

下连之后，我对老连队的生活也出现了一些不适应的情况。

第一天上阵地进行操作口令练习，同年兵个个底气十足，轮到我时声音却怎么也放不出来。战友们和我开玩笑，称我为"软羊羊"，班长说："口令中听不到血性，将来怎么上战场？" 我是个不服输的人，打那之后，每天练习报口令，学习用胸腔发音，并且一练就是一个多钟头，3周下来，自己的口令不仅洪亮有力，而且上报目标又快又准。领导夸我："像个打仗的样子！"

防空导弹的指挥控制是个技术活，所以摘掉"软羊羊"的帽子之后，我一头扎进了专业书籍里，又向操作系统的"原理表"和"电路图"进军。

一段时间之后，我一次性通过“懂原理、会操作、能值班”3项专业水平考核，成为连队一号战勤班成员。上车值班那天，班长对我说：“你真是个‘学霸’，要知道别人达到相同水平通常需要3倍的时间。”

经过几个月的训练后，我迎来了人生中第一个大项任务。我们要在训练基地的河滩上驻训1个月，而到达之后的第一项工作就是搭帐篷。我跟着一位老班长去负责把我们“英雄营”的名字固定好。为此，我们准备了一个铁架子，为了使架子不被风吹倒，就需要在架子里面固定好。架子里面空间很小，同时我们带的大锤都被用来砸帐篷的地钉了。班长说：“咱们大锤不够用了，我刚从炊事班拿来这个锤子，我们用这个。”我看了锤子就傻了，大锤立起来有半个人那么高，但是这小锤子是炊事班用来砸碳的，恨不得只有一个脚掌这么大，我认为不可能把工作做好，就说：“班长，用这个砸怎么着也得到明天了吧？”班长看了看我，看了看锤子，没有丝毫怀疑，脱口一句：“就是铁骨头，咱也得把它啃下来！”声音不大，但极其坚定沉稳，说罢一头扎进去继续固定营牌。此情此景，在我心里留下了深刻的印象，因为在那一瞬间，我仿佛感受到了军人的真谛：军人不就是要完成在别人看来不可能完成的任务吗？军人的天职不就是坚决完成任务吗？从此以后我不再为不能完成找理由，我深切地感受到，世上无难事，只要肯去做。

回到单位后不久，营里选拔人员参加全师警卫专业大比武，我心中热血涌动，主动请缨。为期1个月的集训中，我参加了包括警卫拳、刺杀操、应急小组临危反应等8项课目训练，每天除了进行武装5公里越野、变速跑等基础体能训练，还要完成前扑后倒、一招制敌、战术演练等一整套“技能大餐”，身上常常是青一块紫一块。比武当天，我在穿越铁丝网时感觉手有点不对劲，但顾不得太多又大吼着冲向下一个障碍，终于和队友拿下警卫协同项目第一名。下来后一检查，才发现手背上被刮掉一大块皮，伤口上还混杂着黑土黄沙，然而心中喜悦之情完全盖过了手上的疼痛。

运用清华培养我的知识、能力为英雄营作贡献，也在英雄营中磨砺品性进一步增长才干，部队就是我人生的第二所大学。在英雄营待得越久、了解越多英雄营的历史、见证越多英雄营人的事迹，我越被英雄营的精神所感动，也进一步加深了我对又红又专全面发展的理解。

指控警卫练技术，扎根营魂靠讲解

下连后的第二周，在我毫无心理和知识准备的情况下，教导员让我去担任营使馆的讲解员，一干就是两年。所以指控、警卫和讲解就成为了我在军营两年生活中的三大主线。

由于在大学时就在紫苑学会不断学习校史，2011年百年校庆校史馆落成之后，我和另外两位同学发起成立了校史馆义务讲解队，当时认为自己能讲解得了清华校史，就能讲解得了营史馆。然而，部队的标准并不如同我想的那样轻松。

部队本就要求精确，还记得第一次给班长讲解完以后，班长说："你看看你，军姿不行，敬礼敬不好，说话嗯嗯呃呃，怎么才能成为一名合格的讲解员？讲解一定要精确到每一个字、每一个步子。"文字图片资料好读，但是真正领会其精神，并且把精髓讲解给参访的人难。我意识到自己的不足，开始不断重复练习，并且一遍遍整理属于自己的解说词，将解说的信息点内化成自身的一个部分，终于成为一名合格的讲解员。

然而，在自己不断熟练进行讲解之后，我又遇到了新的问题。一遍又一遍地重复，不分时间地迎接参观，时常不能按时吃饭或睡觉，这让我倍感疲劳。我时常问自己，作为一名真正的战士，不去练习指控技术，不去参加训练，反而投入大量时间进行讲解，这到底为了什么？讲这些东西有什么用呢？每每想到这个问题我就感到非常困惑。

我的消极态度被教导员察觉了。他告诉我，我们虽然是在做着重复的工作，但是让更多的人了解我们的部队、了解我们的历史，就能够让这个社会多一些红色精神；而向外国人讲解，则能够展示我们的军威，不战而屈人之兵，何乐而不为？同时我还通过阅读《飞鸣镝》（也叫《地空导弹作战实录》）等记载着英雄营历史的书籍，进一步扩充对于营队历史的了解和挖掘。学习得越多，我越感受到英雄营老前辈的伟大。20世纪60年代，在技术和环境都很恶劣的条件下，英雄营曾经有10年没有固定营地，四处流转住帐篷做训练的历史，所有官兵没有退缩反而10年之间咬牙坚持克服困难。而且，那个时候防空导弹命中率很低，英雄营在经过苏联工程师的培训之后也

往往是屡打不中，老营长岳振华能在没有任何人指导的情况下，带着英雄营的官兵刻苦钻研、想办法，创造出了“近快战法”，取得了击落5架敌机的辉煌战果，获得了国家科技创新金奖。每每读到这种故事，我的内心总是充满震撼，也对老一辈英雄营人充满敬佩。这样的精神和历史，怎么能被忘记呢？这种艰苦奋斗的忠诚、荣誉、勇气、血性，如果我不来告诉地方的人，如果我不告诉外军参访人员，还有谁能够知道这些令人感动的历史片段呢？

我豁然开朗，对自己的工作有了更大的热情。两年的时间里，我完成了近500场解说，接待外宾30余次，接待过小学生，也接待过新西兰空军总司令。这些好似平生都难以遇到、也难以想到的人却以这样一种奇妙的方式与我的人生发生了交集，而且看着我带给他们认知上的改变，我更加坚定了讲解的意义和价值。

老兵重回清华校园，又红又专全面发展

经过部队的培养和自己的努力，各方面素质都得到锻炼，逐渐成长为一名合格的军人，受到领导和战友们的认可。然而，铁打的营盘流水的兵，两年时间匆匆而过，转眼到了该离开的时候，退伍的前一晚，我去向一直在关注我成长、帮助我成长的教导员辞行。教导员说，“每年都会有个兵在退伍前见我，今年我在等你。明天就要走了，回到地方后，要继续坚持我们英雄营的传统，不要给咱们英雄营丢人”。我明白，两年的历练，部队的精神已经融入自己的血脉中。而这一段两年的“神交”现在也在联系，激励我不要忘记英雄营的精神和作风。

英雄营中的忠诚、荣誉、勇气、血性和清华一直强调的又红又专全面发展是一致的，无论是清华还是英雄营的历史上，都有太多牺牲小我成就大我的感人故事和光荣传统。从这个角度来说，除了显著提升的体能素质、更加成熟的品质性格、能修电脑懂电路的理工新技能，我的思政素养和积累水平在英雄营得到了进一步发展和提高，这也让我更加坚定了要做一名思想政治辅导员的意愿。

学生一开始认为我带班太严，有一种军事化管理的感觉，但是带兵和带孩子有着很大的差别。相比于部队，学校对于犯错的容忍度高太多，而我在大学的生活中和部队的锻炼中尝试了不少想去做的事情，也犯了很多错误，但是这些错误都让我有很大的成长，所以，我也会激励学生们去勇敢尝试自己想做的事情。学校里试错是为了将来有一天到了部队或者这种不允许犯错又需要坚决完成任务的地方能够不犯错、少犯错。慢慢地，他们理解我的用心，相处也轻松愉快了很多。

我是王海亮，我是清华退伍老兵，当兵入伍对我来说是一段难以多得的体验，就像是平行时空中多出来的人生经历，但却又有意无意地加深了我对现实生活的思考和感悟。有人问我后不后悔当初的这个决定，我要坚定地说：如果能重来，还是要当兵！

在部队里凤凰涅槃

个/人/简/介

王子卓，男，蒙古族，中国共产党党员，1994年4月出生，内蒙古自治区通辽市人。2011年8月考入清华大学自动化系；2013年9月入伍；2015年9月退伍；曾服役于中国人民解放军原总参谋部61623部队。服役期间被评为“新训优秀士兵”一次、“优秀士兵”两次，获得新训团嘉奖一次、师嘉奖两次，并于服役期间加入中国共产党。现为清华大学自动化系大四年级学生。

"一天狼牙，终身狼牙"，一天军人，终生拥军。我在部队待了两年，尽管我选择了离开，但我永远不会忘记这721个日夜，不会忘记我曾经是一名中国人民解放军战士，我将永远热爱支持它。

——王子卓

如果祖国需要，
请把我埋在遥远的山冈，
让我的身躯
长出一道无形的屏障，
往来的战友会为我泪流两行；

如果祖国需要，
请让我紧握滚烫的钢枪，
让我的双手
握出一轮沧桑的红日，
冰冷的大地会为我抚慰创伤；
如果祖国需要，
请让更多的人
走向杀敌的战场，
让我与你的心跳在蓝天上，
谱写出永远不朽的乐章！

这是高中时我特别迷恋的电视剧《我是特种兵》里面侦察连一排长陈国韬写的一首诗，诗的名字叫《如果祖国需要》。每次品读这首诗都感觉热血沸腾，当时我曾经暗暗下定决心，等考上大学一定也要像主人公小庄一样申请休学服役两年，感受一下军营的热血，结交几个一辈子的兄弟。

参军入伍：一波三折

进入大学，感觉上天眷顾了我一回。我的辅导员竟然是刚刚退伍回来的老兵！没错，就是校内流传极广的《士兵日记》的作者，陈炬辅导员。

陈炬，湖南人，2006年考入清华大学自动化系，2008年年底应征入伍，曾服役于中国人民解放军总参谋部兵种部教练团，服役期间荣立三等功一次，并被评为“四会”优秀教员。

陈导给我的印象，很冷，笑容也很浅，但是处事总是很冷静而且周到，那股很自信、很深邃的气场，是跟其他学长很不一样的。当时特别羡慕他能有这样的气质，也很希望能有同样的经历，能成为大家口中的兵哥哥。

我自己有强烈的入伍参军的意愿，辅导员又是一位退伍老兵，如此好的环境，本以为我会实现来大学前的梦想——参军入伍，但来到大学后的新鲜感完全占据了我的生活，我尝试了各种类型的社工，参加了很多活动。我沉醉于各种没见过的事物，也渐渐忽视了当年的那个渺小的梦。

如果说有什么直接促使我下定决心去服役的话，那就是浑浑噩噩度过的大二一年，学业很失败、感情也很失败。我不能主宰自己的生活，每学期选课，我都是按照培养方案来选，没有自己想选的课。我曾多次问自己：每天做的各种事情，到底是为了什么而做？我的未来在哪里？但是每次，都没有结果。

心底的梦又在萌芽，20年了，我一直处于校园的环境，接触老师、同学，说不定，换一个环境我会有些更加明确的答案呢？这样的想法也愈发坚定，谁会想要一直在谷底生活呢，黑暗中探索光明，或许才是人们本来的反应吧。当然，我也已经思量清楚，自己并非是去逃避，而是出去蓄力，让一个更好的自己回来继续奋斗。

当我自己坚定从军的信念时，家人的不支持成为了我从军路上的一大阻碍。我和父母说我要休学去当兵后，父亲看我态度坚决，也没有过多地反对，但我母亲是完全不同意的。我和她讲我参军的理由，她就和我说部队生活比我想象中要辛苦、艰难。就这样，我们两人来回周旋，互相劝说对方，3个月后，我母亲勉强同意我去参军，但也能感觉出她非常不放心，还是很犹豫。

在我劝说母亲的3个月里，我还在经历着人生中的第一次减肥。我有些肥胖，打算参军入伍时体重大约160斤，严重超标。为此，我踏上了漫长的减肥之路。以前的我不太喜欢运动，但为了达标，每天我坚持跑步3公里，游泳1000米。就这样，一直坚持了3个月，减到140斤。不过还是勉强达标。

参军入伍之路一波三折，当我拿到海淀区武装部的入伍通知书时，那一刻，我知道，青春中注定不一样的两年要来了。

新兵连：永不消失的阵痛感

2013年9月15日，我踏上了南下的火车，望着车窗外渐渐退后的一草一木，默默地跟熟悉的一切告别。心中暗自发誓：未来，是未知的，也是坚定的，不管遇到什么，我都要坚持下来，做一个顶天立地的男子汉，一定！

新兵连的日子很苦，身体方面得到了极大的锻炼。印象最深的还是训练完的开饭，新兵连每天运动量很大，但是吃饭时间仅有3分钟。记得有一天早饭前我们唱完歌，班长觉得声音不够响亮，只给我们1分钟时间吃早饭。班长说“开饭”，全班士兵迅速拿起碗筷，把饭菜往嘴里送，1分钟之内我一共塞进去两个馒头，还喝了一碗粥。新兵连吃饭只管吃饱，完全没有时间去挑自己爱吃的。在当时精疲力竭的状态下，任何食物都是最美味的。

新兵连第一次吃包子，连长说不限时，大家吃完再走，结果我吃了8个大包子，班里饭量最大的人吃了 13 个。那天把炊事班班长都吓到了，后来听他说:“同样的人数，老兵们一共就消耗了 4 屉包子，新兵消耗了 32 屉，还没够，又给加了 4 屉馒头！”那时候是有吃的，但是没时间吃，所以每天都很饿，大家都特别盼着帮厨，第一次帮厨的时候战友还偷拿了几颗食堂煲汤用的大枣来分，新鲜得不得了！还记得新兵连第一次站岗就是夜岗，战友不知道从哪儿搞来了一个鸭脖分给我吃，就是真空包装的那种，绝对没浪费，除了包装袋扔了之外其他的全吃了，连骨头也嚼碎了吞进去了。

要说最苦的日子，莫过于新兵连练战术的日子，正值寒冬，地上都是荒草，还有很多石子，很容易就把手割破了，我从小还有顽疾，一到这个季节双手就会褪皮，更容易受伤，一个月下来双手、双肘、双膝没有一块不带伤的肉。不过因为有战友们在一起，真的一点也不觉得苦，有你很信任的人一起承担的时候，真的很幸福。

如果你问我，当兵流过泪吗？我会如实地告诉你，我哭过，而且哭得很惨。那应该是这辈子经历的最辛苦的3个月了，流过汗、流过血、流过泪，但我知道，今后的日子，我不会再惧怕困难了，我已经有了面对人生任何困窘的勇气。

甘做一枚螺丝钉

新兵下连，意味着你已经有资格穿这身军装了，也正式成为了为军队这个大机器正常运转贡献力量的一颗小螺丝钉。

没想到，我竟然被分到了总站机关。不像新兵连每个班是一个老班长带着一群新兵，下连之后的班级更倾向于按照职能分配，每个班的老兵数量远大于新兵。我先在警卫班站了一段时间岗后被调至连部当文书。

开始的时候很排斥我被分配的岗位，与我自己预想的完全不一样，本以为会是每天很辛苦地训练，然后参加演习，但是却变成了守着一台电脑和一部值班电话整理连队的各种资料。后来也向领导申请过想去偏远的地方，就算很艰苦也不怕，但是领导表示单位这么多年好不容易被分来了一个大学生，不放人。

后来想想，自己的心理也的确有些问题，对自己的定位不准确，既然选择军旅，就得服从命令，不能随着自己的性子来，我们首先需要的是按照部队的需求奉献自己的力量，而不是让部队去适应自己的想法。

调整了心态之后，我也就全身心地投入工作中了，尽管每天的工作都很简单而且单调：打扫卫生、整理材料、拟定通知，等等，但自己也确实发现了自身的一些不足，看似简单的工作，想尽量做到完美也是有难度的。而且，文书的工作很让我有一种当家长的感觉，连队的每个细节都要了解，

“柴米油盐”都要算计，各种关系也要协调。此外由于部队改革，兵源更多地流向基层作战连队，在我之后连队就没有新兵补充了，所以我们的工作量在逐渐增多，本身也是一种挑战。这也让我意识到没有哪种工作是不重要的，没有哪种工作是轻而易举就能做好的。部队就像一台复杂的机器，我们每名士兵就像使机器正常运转的零件，在自己所处的位置好好待着，不捣乱，发挥自身的作用，就是对这台机器最大的帮助。

一次火灾的检验：真战士

当兵期间，我有幸经历了一次火灾救援，我也算是上过“战场”的人了，2年的训练和学习真正派上了用场。

2015 年底，警卫班的两个同年兵在院里巡逻，经过一栋居民楼时，发现有一户家里冒出黑烟，他们迅速请示了队长，队长命令全队紧急集合前去灭火。当时情况比较紧急，大家根本没时间按照往常的消防演练流程操作，再加之我们都不是专业的消防队员，大多数人是第一次经历火灾救援。但士兵们都很镇定，按照队长的指挥，有人负责想办法进入住户家里、有人去搬消防云梯、有人接管子。

火势渐渐得到控制，消防队员及时赶来，经过专业的检查，才得知幸好我们处理及时，火马上就要烧到燃气管道了，如果真的引发了爆炸，后果将不堪设想。

灭火任务结束后，我才开始回味这段惊心动魄的经历，不禁倒吸一口凉气。参与灭火的战友们大多是负责站岗、电工、通信保障等任务，没有一位专业的消防队员。不专业的救援很容易造成事故，现在想想都有些后怕。但当时，我们完全没有考虑这件事情是不是很危险，只是一心想把火灭了。那一瞬间，我自己脑子里最先萌生的想法就是“向前冲灭火救人”。

是什么让我们忘记了危险，只是一心向前冲？责任，穿上军装的那一刻，我就感觉到为人民服务不是一句口号，其实已经融入战士们的血液里了。中国人民解放军的战士，总是在被需要的时候和被需要的地方出现。

尽孝需趁早

当兵期间，我吃过不少苦，流过汗、流过血、流过泪，哭得最惨的一次是梦见我父亲。记得那天午饭时我看到邻桌的一个兄弟在哭，连饭都没吃。后来才了解到，原来是他爷爷去世了，但他没有机会回去戴孝。结果，那天晚上我也梦见了老爹，梦见他载着我骑行在回家的路上，结果一个并不很陡的上坡老爹特别吃力才上去，嘴里还很喘地说："爹老啦，不中用了。"早上醒来，发现枕头是湿的。当时心里就一直在想，不管自己出了怎样的状况都无所谓，但是父母千万要平安，如果他们遇到一丝困境而我还没有能力马上赶到他们身边陪他们分担，我会愧疚一辈子的。那也是当时刻苦训练的精神动力，我要变得更强、有能力去保护我的家人，哪怕只是让他们感到心安。

当兵期间，我利用零散的空闲时间为我父母写了一本大约250页的小书，主要是从我高中到大学、再到入伍从军我的一些想法。我想让他们能对我有更多的了解，毕竟见面时间不多，相互之间的交流也很少。

当兵回来后，我利用大四上学期实习赚取的工资，带着他们去云南旅游。假期，教他们用微信、发朋友圈，尽管他们在慢慢变老，我也希望他们成为"很潮"的老头儿、老太太。之前，父母的重心一直都在我身上，我现在希望他们能培养些自己的爱好，有自己的生活圈子。

参军的这两年，我看到了很多"忠孝难两全"的例子，深感尽孝需趁早的重要性，别留下"子欲养而亲不待"的遗憾和悔恨。

新起点、新征程

如今的我，脱下军装已经有一年半之久了，但部队带给我的改变没有消失。我从一个不爱运动的小胖子，变成了不运动就难受的体育达人；从之前被动地学习、生活，变成了能够很好地规划自己的时间，尝试很多有意义的事情。我退伍回来后，加入了学校马拉松协会，经常和协会的同学一起跑步，参加比赛。尽管难以保持像部队一样的作息，但每天的生活都是很有规律，很有计划性的。

从部队回来后，我继续学业，大三的学业压力很大，再加之两年的时间没有接触专业课程，我很担心这会影响我的成绩，因此我大三上学期很刻苦地学习。4个月的时间，我估计只在宿舍睡过2个半月的觉，剩下的1个半月几乎全是在实验室度过的，晚上学习累了，趴一会儿再继续学，有时就一觉到天亮了。2年前的我，还是一个经常因为赖床翘掉第一节课的人。但退伍回来后，因为在部队养成的纪律意识，对自己要求很严格，闹铃响了我一定会起床，这种翘课的事情再也没有发生过。

那种浑浑噩噩，毫无目标的生活已经成为了过往，我越来越感觉到主宰自己生活节奏的快乐。无比感谢这段从军经历，它让我找到了一个全新的自我。

现在的我是毕业班的学生，离别的气氛已经开始在同学们中间蔓延，这不禁让我想起我离开部队的场景——2015年9月5日早上5点，我背上提前整理好的背包，准备悄悄地离开宿舍，讨厌别离的时候总是充满了泪水，我不想战友们因我流泪。打开门，强子已经站在了门口："一猜你就要偷溜，怎么着，还不许我送送你呗。" 一个噤声的动作，我就拉他下了楼。强子是我的同年兵，关系最铁的一个，一路无言，到了营区门口，他一个拥抱："常回来看看。"瞬间，脑子就是一片空白。

两年，721个日夜，4个连队，几百号战友。就像《我是特种兵》里面何大队说的那样："一天狼牙，终身狼牙"，虽然那天我选择了离开，但我永远不会忘记我曾是中国人民解放军的一员，我会永远支持并钟爱我的部队。

重新站在清华园的土地上， 已经没有了青涩、没有了迷惘、没有了孤单，两年的蓄力，我要继续在这里奋斗。感谢20岁的自己，勇敢地选择了义务兵两年的生活，这注定成为我一辈子的财富！

光荣的火箭军

个/人/简/介

杨清山，男，汉族，中国共产党党员，1993年3月14日出生，云南陇川人。2012年考入清华大学生命学院，在校期间曾获国家励志奖学金；2013年参军入伍，服役于第二炮兵第53基地某旅测试连，随军从云南到东北，任导弹操作手，历任战士和副班长，先后被评为“优秀士兵”两次、“嘉奖”一次；2015年退伍。现在基层发展研究会担任骨干。

大概每个男孩子都会有一个军营梦。军营是真的很苦，有很多和我们平时生活完全不一样的东西。里面的事，给了我面对一切苦难与困厄的勇气和力量；里面的人，则告诉了我什么叫作在最重要的岗位上做着最朴素事情的执着和牺牲。这是我这么多年来遇到的最不平凡的一段经历，有了它，我的人生注定不同了。

——杨清山

大梦伊始

与部队的结缘是从高中开始的。我高中就读于云南省陇川县第一中学，学校的位置与边防武警的营区距离比较近，高中时候军训教官就来自边防武警。那时候，我学习以外最大的乐趣就在于长跑，每天下午下课后我就会绕着学校外面的县城跑一个4~5公里的大圈，每当跑到边防武警的营门口都要驻足对站岗哨兵的“英姿”欣赏一番，联想翩翩，从军的想法就这样孕育而生——此生一定要有一段“戎马生涯”！

紧张的高三生活还在继续，并不断有部队飞行员的招生公告粘贴在教学楼的宣传栏。由于身体条件要求比较高，我没有达到相关要求，但是一直在关注部队各大院校的招生公告直到高考。2012年夏天，高考录取工作结束，一个个喜讯传到我家里，传到家人耳中：我以陇川状元、德宏州第二的好成绩被清华大学录取了，成为了陇川一中建校以来考上清华的第一人。这是多么令人振奋的一件事，但也意味着我可能要缓一缓或者换一种方式实现自己从军的愿望了。

坚定信念，绝知此事要躬行

来到清华，迎接我们的是为期三周的军训。8月的北京，太阳和清华园的军训热情同样火热，火热得足以让一颗充满梦想激情的心砰然爆炸，穿着军装更是让我异常兴奋，虽不是军营，但是带着笔杆和枪杆结合的袖标，我把这次军训当作锻炼自己的难得机会，严格要求自己。但是这只是开始，军训结束我立马找到辅导员说出了自己热切的从军愿望。他给我介绍了学校“红色”的传统，让我持续关注学校的国防动态，同时告诉我在军训时期从军还为时尚早，因为我还没有真正地成为一名“清华人”。这时候我体会到，我需得先学会成为一名合格的清华学子，我不再是当年那个仅有热血的少年，有朝一日携笔从戎，必须不辱使命。

明白了辅导员的一片苦心，我不再一次次跟旁人提及自己心中的“秘密”，而是一面静下心来刻苦学习，一面各方搜集信息做各种准备。我在学校健身房办了一张健身卡，每个星期会去健身房健身两到三次。由于源远流长的“为祖国健康工作五十年”的口号，学校的运动氛围一直很好，体育课也要求每个学期刷满18次的长跑纪录。但是我明白，仅仅这些还不够，我对自己提出更高要求，大一我修的学分也不少，课业还是比较忙的，但是只要是下决心要做的事情，比如健身和运动，我总会能抽出时间来的。繁忙的课程之余，我每周还是会抽出至少3个下午去长跑。

2013年征兵工作提前到了暑期进行，期末考试还没有到来，征兵工作已经如火如荼开展起来了。这对于我来说是一个特好消息，我再也不用继续等下去，而且义无反顾报了名。不过体检初审我就遇到了问题，医生说我心率只有五十几次，还没等得及医生继续说下去，我打断医生恳请重新为我检查。医生看我着急中尽显执着的样子，好奇地问了我的情况，并问我是不是运动员，或者喜欢足球？我立马回答：“是！是！是！喜欢踢球。”，医生笑了笑，给了我通过。

纸上得来终觉浅，绝知此事要躬行！我幸运自己将要去实践自己的梦想了。8月份运兵，我从云南赶到北京，坐上了开赴53基地的军列。

两个人换的

从运兵的白色大巴车走下来已是黄昏，我们是从建水火车站被大巴接到营区的。“向右看齐，向前看，稍息……”带队排长在新兵营给刚下车的新兵蛋子下达军营的第一声命令。刚到的新兵站得松松垮垮，虽穿着军装，显然没有当兵的样子，还带着舟车劳顿之后的些许疲倦，队伍也是歪歪斜斜。

初次见面的营长自我介绍后就开始点名，分兵开始了。一群士官，从刚转的下士到四级军士长都有，他们开始“挑”自己的兵。北京的兵算是稀缺资源，老班长们都很稀罕，都想招募一两个到自己麾下。我一开始被二连的老班长挑中，分兵结束，一连的连长、也就是后来我新兵营连长找到二连长，商量道：“看到没，我们队伍里那两个高个，你带走！把那小个留下！”连长说得很决绝，要知道，那俩大个是我们同一车厢里的，同是北京的兵，同是北京高校大学生，连长可谓良苦用心。二连恰好也缺打篮球的高个，也就答应了，而我成为了一连的人。在此以后，连长不用打骂体罚，光一句“你可是老子用两名大将换来的啊！”就够我喝一壶的了。连长对我可是关心备至，越是如此，我越感觉压力和责任重大。新兵的日子并不好过。正如大多数清华的战友所感受到的，作为一个清华的学生，在部队，你做得多、做得好，人家觉得这是应当的；一旦你有哪里不如别人，就会受到非议甚至鄙夷。同时，能者多劳，做新兵时，连里像理发这样的零零碎碎的活计都交给我来做。

同时，军队讲究绝对服从和规矩。一次长跑测试中，班长说：“如果你们谁跑进了11分30秒，以后的训练我再不会管你们。”憋着一口气，我硬是跑进了11分30秒，拎着衣服就打算走的时候，被班长拉了回来狠狠教训了一顿。这时我才知道，所谓傲气，在铁一般的部队中是不该出现的。唯一能够证明自己的方式，就是努力、努力、再努力，让自己的各项素质水平都处于领先的位置。

当初的小个子，经过几个月的苦训，成为了训练时兼顾自己还能帮别人背背包的人，也会是训练结束考核时的旗手（冲在队伍前面带队跑的人）。在新兵营结束全营组织强军主题演讲，我代表一连获得全营第一的好成绩，也算是给连长一个交代，给自己的新兵营画上一个圆满句号。

战场无亚军

刚下到老连队，由于连队大部分人跟随连长在外执行任务，有一段时间由指导员带我们生活和训练。连长带队回来就开始分兵了，就在分兵前的一个晚上，指导员找我谈话。内容主要是说我们连是独立连，可以配备文书、通讯员，如果我愿意的话可以给我安排，平时主要帮忙连主官整理文件资料、打理房间和传达通知。我觉得我当兵只有手握枪杆子才有意义，于是婉拒了指导员的好意。指导员明白了我的想法后问我想到哪个班里面，我说都行，只要不是闲着无所事事就都行。

第二天，连长带队回来，安顿好之后就吹哨召集所有新兵集合。同样的方法——让老班长自己挑！只是让我直接出列了。后来就有老兵过来帮我搬东西，说："你已经分好了，我们回来之前就知道咱们连分到了个清华的，只是不知道会到'地面控制'还是'平台'班去。这是专业性、综合性最强的班了，来了才知道连长把你分给了我们。"

第二天，全连所有人都投入到训练中。平时训练包括基础训练、导弹专业学习训练和导弹实装操作训练。训练的时候连长也是我们这个班的号手，是一个指挥号手。连长开始对我其他方面要求不高，只是导弹专业方面的期望值高。他是军校毕业的，他就是想看看我的"实力"，认为清华学生不能有名无实，总之他要考验我。

我在班里面是一名新兵，按理说，新兵只需要按部就班跟着老班长慢慢学，操作一个一般号位就行。在我这，连长偏不。他将控制全局的主机交给我来操作，那是一台计算机，所有的操作都是按照里面的流程来的。但是按严格的连长的要求，为确保万无一失，每一个号手都要将自己号位的操作规程和正常现象背熟了，才能参加操作和对弹测试。但是，无论是班里的老同志还是其他连的主机操作手都没有背诵过主机规程，因为，只要对着电脑屏幕操作就行。然而，连长笃定地让我去背诵流程。规程分3本，虽然各项操作都比较类似，但是打印在A4纸上加起来也有100多页。时间仅有一个星期。

有了这样的任务，我是中午、晚上都睡不好了，每天都在背诵。在给自已不断地施压之后我还真的背下来了。一个星期之后，就要进库房进行操作，安全起见，通电前要进行规程串背讲一遍，就是所有人在一起背诵着对规程，只是负责主机的人向来是看着打印本子和别人一起对的。通电之后，机关的首长就要在一旁把关了。走进库房之后，连长组织我们对规程，把我本子收了，当时很多把关的首长都在。他想看看，我到底有没有两把刷子，如果有，代表连队在首长面前露一手；如果没有，我的脸就丢到机关首长那里了，以后再要想重塑形象就难了。就在那么多首长在场的情况下，我都背诵了出来，在场的首长都很吃惊，连长也就放心地把号位交给了我。操作上算是让人信服了，但是还有很多方面、理论学习还要每个星期都考试，只有在不同形式、不同内容的考试中一直取得好成绩，那么大家才会真正信服你。不过，学习始终是我们大学生的强项，只要对自己不放松要求就行，我做的不仅让班里老同志信服，还让其他同志也信服，用一个兵龄和我的年龄相当的“老五期”的老士官的话就是：“这小伙儿靠谱！”

光专业行那可不够，否则上等兵交不了差，因为体能等基本素质的大梁主要靠上等兵来挑。对于每个连队来说，只要不出意外，体能最好的总是集中在上等兵之间，因为年轻的练不够，再老的没人监督也练不动。每次体能考核，总是上等兵帮老兵扛枪背东西，以及监督新兵不掉队。所以，他们对我们的标准也就是年终考核各项达标，跑步还要能帮班长背东西，如果你能超越所有上等兵，那他们就可以不管你了，只要你不要做事出格违纪。

当兵最看重血性，如果你没有一点本事、没有一点好胜心，别人不会把你当一回事。新兵也是正值血气方刚的年纪，在达到上等兵要求的过程中是非常痛苦的，由于高强度的压迫，时常火药味十足，在这时候你如果爆发除了被揍还是被揍，唯一的出路就是早点实现蜕变。不过原始暴力加上适当引导确实奏效。2013年6月我们下连半年，新兵综合素质就有了质的飞跃。我们也有了和上等兵对抗的资本。为了在连队树立标杆、刺激连队的竞争氛围，连长决定拟订计划让全连百八十号人同台竞技，最终评选连队的5项全能冠军。作为奖励，连长自掏腰包给获胜者买一箱红牛。

连长的择优计划将持续一个星期，5项全能的内容包括：400米中长跑、400米障碍、仰卧起坐、组合折返跑、5公里全副武装，外加专业考核。新兵中我是获胜的苗子之一，唯一有悬念的就是重装5公里，竞争激烈，当时的上等兵始终占据不容小觑的位置。就在考核竞赛的最后一天，以“老五期”加其他老班长组成的评委团见证了我们新兵的翻身时刻。在最后一圈，在强大的好胜欲望和荣誉感的驱使下，我咬牙超过了他们的实力选手——一名姓郭的上等兵，迈过终点线我就瘫倒在地。只听到“老五期”对着紧跟上来的上等兵说了句：“郭超，不行了啊。”自此以后，新兵在连队的地位也不断提高。当然，连长给我买的红牛大家也分着喝了。

能者多劳

连队的事情就是全连战士的事情，归根结底是有能耐之人的事情，虽然没有任何回报，大家也会争先恐后，只为了证明“我能行”，大家都是顶天立地的男子汉，谁也不会说自己不行。我也一直在不断证明着自己，给自己争一口气。

到了2014年底，连长和指导员就不断地给我分配活儿了。连长先是让我跟着排长参加旅里面“三防骨干”培训，回来给连队讲解原理和仪器操作；指导员给我的任务是参加旅里面新闻小组的培训，回来负责连队的新闻报道，并立下一个星期3篇报道的硬杠杠；除了一些技术、战术、政治的学习和训练，连队还要抓各种文化建设，包括宣传栏和板报制作，所有这些指导员也统统交给了我负责；装备方面，随着对班里面设备操作的不断熟练，连长则让我当起了班里副班长，班长缺席的时候带着训练操作。我简直成为了一名“全能手”。

2014年12月，基地有一批价值100余万元的模拟装备要交付我单位，需要官兵前去做性能测试，当时连长在休假，营长打电话点名道姓主机要杨清山过去，于是我和其他人奔赴昆明对模拟装备进行了测试，之后将装备接到我单位驻守的洞库里面。这大概也是首长对我的一种信任和认可。

除了多劳，我还从很多人身上学会了做事情的专注与认真。

我很佩服我的老班长。他是十几年的老兵了，很多时候大学生兵们学起来都很难的东西，但是这么多年他自己摸索来去，都可以把每个平台的事情搞得异常仔细。上课的时候，明明是已经耳熟能详、倒背如流的东西，他还会认真地去听、做笔记。在实际平台操作的时候，他一个人能够连续操作几个小时。

还有我们头发花白的总工，对他来说，那颗导弹简直比亲人还亲。平时去测试导弹，我们都是一段时间一换班，但是他自己会在那里一直待着，似乎永远不知疲惫。有一次，他大半夜地敲响了岗哨的门，只因为他突然想起来觉得哪里的电缆不对。

我在部队碰到了形形色色的人，但是老班长和总工却是我最佩服的那类——在最基层的岗位最踏实地做着自己的工作。

军纪严明

作为一名战士，无论在敌人面前要多么神勇，在人民面前都要是最可爱的人，解放军有自己严明的纪律。2014年年底，基地为了检测我们的实战能力，作出部署，下达命令让我旅开赴吉林进行“红蓝对抗”，按照计划，我们单位需要3节车厢和十几节平板运输准备、物资和人员。货物的装卸载都在火车货运站，为了支持军事行动，民用货运在我们执行任务的这两天是停止的，火车货运站全部交给军方。

演习就是实战，从接到演习命令那一刻我们就进入演习状态，由于时间紧任务重，所有战士都在没日没夜地进行装备物资的装箱、运输、车辆上平板、加固，等等。由于路途遥远，考虑到避开敌国卫星监视和列车“超级超限”，单程耗时10天左右，要求必须注意每一个细节，车辆上平板左右不能有毫厘之差。战士们一直处于紧张状态，就连吃饭都是炊事班做好之后送到火车平板上给大伙吃。到了预计出发时间当天凌晨2点，车辆还没有完全上平板。于是，旅长亲自指挥、给战士们打气。直到凌晨4点货场全部任务结束，等着天亮后下午1点出发。这相当于两天时间，所有战士只有打个盹的睡眠时间。

第二天准时出发，不过由于导调失误，少了1节车厢。全连全部挤在一节绿皮硬座车厢，每人1个座位，接近10天的时间大家就这么将就着睡觉。在火车上什么资源都是稀缺的，天气又热，水资源表现出了严重的稀缺程度。喝的水都要严格控制，更不用说用的，火车必须熬到下一个军供站才能进行补充。

几天几夜在货运站操作，每个人的身上都糊上一层厚厚的煤灰，天热了流下来的汗水都能留下痕迹，我们戏称它为“地图”，每个人或多或少都会留下这样的“地图”。记不清是第几天，我们到了湖南的军供站，终于有水了，大家都忙着用盆接水冲洗，有热心肠的老乡也带去自己家里洗澡，带队主官看到立马吹哨集合训话，严禁此类无组织无纪律的事件再次发生。

到了吉林，我们驻扎进了长白山深处，那里的树木和南方的就是不一样，树根都不往地下长而往周围长，偶尔看到有倾倒的大树，其树根都是饼状的，地形也不一样，南方人进了林子深处很容易迷路。所以，连队也是明令禁止个人在林子深处单独行动的。

大概驻扎半个月时间，带去的物资就告罄了。出山采购物资都是由炊事班负责。一般人是不允许的，有的排长比较好说话，在带车的时候私自允许停车让战士下车在路旁小卖部购物，结果被上级发现了，回去就得了警告处分。

纪律依然是不可触碰的底线。在对抗过程中，严禁战士使用手机等无线设备。有战士由于任务前得知家人患病，私自将手机随货物一起偷偷带到东北。其无线网无意间连上了机关保密计算机，被远在昆明的安全部门捕捉到，最后违纪战士被记大过。

二炮部队，千人一杆枪，环环相扣，不允许任何个人在任何环节出现丝毫差错。当兵两年，令行禁止的习惯就在这样的环境下慢慢地培养出来了。

全票通过和夹道欢送

两年的军旅生活充实又意义不凡，临近退伍才发现时间如此短暂。两年来，我随着部队从云南到东北，辗转国家最南、最北，其中的辛苦和收获已难用简单几句话说出来。

两年过去的时候每名战士都要面临抉择，选择留队还是选择退伍。不过都是在找能最好的发挥自己价值的一种状态。营长找我谈了话，没有劝我留队，他说留队就葬送了人才，回学校好好学习，把专业知识搞深、搞透才是属于我的最佳状态，也才能更好发挥我的价值。在退伍之前，必须要完成的一项工作就是年终总结和评功、评奖，我很顺利地获得了“优秀士兵”和“嘉奖”的殊荣。临走前的一天晚上，指导员和连长把我叫到房间，感谢我两年来对连队作出的贡献，同时嘱咐我今后的路要把握好，要走得更远！最后，指导员还补充道："当天的投票结果你获得了全票通过，这是我辗转机关和基层连队多年未遇上过的，说明你获得全连的认可。你是我们连历史上第一个获得两次优秀士兵的战士！"

由于我退伍回云南，不和大家一起走。所以，第二天一大早我就可以离开连队了，没想到明明是周末，正常是要比工作日晚半小时起床的，连长和指导员还是早早吹了起床哨，起来列队欢送我。在战友们夹道欢送下，我的眼睛含着泪水，肩上扛着使命，背负着所有人对我的殷切期盼不舍地走出营区，走出生活工作两年之久的老连队，去开始自己的新征程。

曾经当过兵，一辈子不会忘了爱人民的使命和强国的荣誉感。回到校园内之后，我一边上着自己的课，一边补习之前落下的课程，但是这些辛苦比起在部队的生活其实也不算什么。

感觉军队赋予了我最重要的两件事：一是面对一切困难、磨难的勇气和毅力；二是对周围人的责任感和担当。带着这些，我在清华园的日子还长，一切都会更好。

两度逐梦终无悔，七尺之躯许家国

个/人/简/介

袁苏苏，男，汉族，中国共产党党员，1993年1月出生，甘肃平凉人。2011年考入西安交通大学，后退学复读，于2012年考入清华大学工程物理系学习；2013年9月入伍；2015年9月退伍；曾服役于海军训练舰队，服役期间被两次评为“优秀士兵”。现为工程物理系本科三年级学生，在校期间曾获国家励志奖学金，现任清华大学学生军事爱好者协会会长。

在我们最肆无忌惮的青春年华，总该有些肆无忌惮的梦想，总该有些家国天下的情怀，总该用最勇敢的行动来让人生不留遗憾。

——袁苏苏

一腔热血逐梦清华

故事应该从5年前说起，2011年8月份，我成功考入西安交通大学，收到录取通知书的时候，几多兴奋，也有些许无奈，高考发挥不是特别好，感觉有点对不起自己的努力。不过，后来得知好友祁金伟、马斌也被西安交大录取，祁金伟还和我同一个专业，心中的失落感得到些许安慰，也开始规划自己4年的大学生活。

去西安的那天，天气炎热，那是我第一次去西安，所以印象特别深刻。路上和两位好友聊了很多，关于大学、关于人生、关于梦想。我们是在报到前两天到学校的，原以为学校里会冷冷清清，没想到早有学长在校门口迎接我们。学生会负责迎新活动的同学积极负责，给我留下了深刻的印象。闲暇的时候，我们3个喜欢在校园里闲逛，交大面积不大，却很美，参天的梧桐、夹道的樱花，让人觉得很舒适、很温馨。他们两个过得很开心，我的心情却一天比一天沉重。

开学不久，交大物理实验班进行了选拔，我无意间报了名，没怎么准备，却幸运地被选上。每天正常上下课、写作业、参加学生活动，日子就这样过了一个月。但那一个月对我而言，太过漫长。每一天我都在心里酝酿退学复读的计划，但一直没有足够的勇气。就这样，一天天在心里作着斗争，我清楚地知道自己心里想着另一个地方，却不敢付诸行动，毕竟太过冒险。然而，时间久了，也就想清楚了。终于，我去找了辅导员，记得那是一个很友善的女辅导员，她劝了我很多，最终却明白“这孩子，太执拗”。

回到高中，看到的都是熟悉的面孔，复读的也都是以前的老同学，大部分都很熟悉，就这样我开始了“高四”的生涯。这一年我过得并不如意，成绩忽上忽下，心情时好时坏。不过，最后结果尽如人意，我考入了清华大学工程物理系，也算是对得起那一年的努力。

清华园中立大志

清华给我的感觉，与交大完全不同，北京的天气比西安凉爽些，清华比交大更大，也更美，这里的生活让人觉得很舒适，也许是心理因素。总之，很喜欢这里，总算是实现了自己最初的梦想，心情自然是一路飙升到了历史最高峰。清华给我的初印象，除了它独特的美，还有杨振宁教授的一场开学演讲，从小到大，我们都是在书本上去了解教授的故事，得见本人，心情也是十分激动。

大一的生活充实又满足，说实话，对于在应试教育制度下长大的我们而言，清华的一切，都为我打开了新世界的大门，我从没想过学校的生活也可以是这样。那一年，我在学习上自然没少下功夫，最终取得了班里前三的成绩，大体让人满意，其他方面也没落下，在班里做了班干部，在学校的几个社团里做社工，加入了学校的马拉松协会，坚持了每一次艰苦的训练，还参加了国防定向生演讲比赛。暑假的时候，我还担任支队长组织了一支实践支队。这一年，我拼命地汲取清华的养分，日子充实又快乐，也许是想把自己耽搁的那一年弥补回来，所以使出了十二分的力气。

然而，在清华这一年最重要的还是思想上的变化。我高中就加入了中国共产党，复读的时候转为了正式党员，但毕竟年龄太小，对党的理论没有什么深入的认识。但在清华这一年，让我在思想上脱胎换骨。清华是一个重视红色教育的学校，工程物理系在这方面更是有着极其良好的传统，无数的前辈为我们指明前进的方向。“又红又专，全面发展”，入学伊始，我们便熟记这句口号，随着时间的推移，学校的老师和辅导员们，用他们的切身行动，让我们感受到了清华独特的力量。我之前在交大待过一个多月，在思想教育方面，我感觉清华胜出太多。当时接触过很多信息，现在记忆最深刻的一句是“祖国终将选择那些选择了祖国的人”，这是朱凤蓉将军说的，一个在罗布泊试验基地待了30年的人，是共和国为数不多的女将军之一。当然了，也还记得一些离我们更近的人与事，当时都未曾谋面，只是听说，李振华、刘新华、贾娜、王晓丽、刘婷……清华儿女多奇志，不爱红装爱武装，在那个年龄，对于她们，只有无限的崇拜与向往。

在我很小很小的时候，就有一种军队情结，我想这是许多男孩子共同的心理，只是，与大多数人不同的是，我的这份感情格外深刻。从我独立思考人生开始，就给自己立下了2个目标，第一是考取清华大学；第二便是有一次军旅生涯的经历。当第一个梦想实现的时候，我开始更多地思考第二个梦想，尤其是在经历了清华的教育，以及身边这些例子的感染后，我更想将自己的梦想付诸实现，用自己的青春，去开启一趟保卫祖国的旅程。这一次，没有犹豫，决定下来后，我便立即付诸实施。大一下学期，选修了武装部吕冀蜀老师“高技术战争”这门课，一次上课之后，我主动找到吕老师，向他咨询了入伍的事情。然后，打电话告诉了父母，也许这辈子最幸运的是，父母从来没有反对过我做任何事，这次，一如既往，他们说“没事，去吧。”有了之前一年的历练，这次面对人生的又一次重大抉择，我没有一丝犹豫，没有一丝恐惧，就这样，安静地做出了抉择。当时和几个知心朋友聊过，他们问“不怕苦吗？”“男子汉大丈夫，有什么可怕的，就是要趁着年轻多吃苦。”“学业耽搁了怎么办？”“回来可以再补。”“但是你这两年好像得不到什么啊？”“苟利国家生死以，岂因祸福趋避之。虽然现在是和平年代，但是我们的付出对于国家也是有益的嘛！”现在回想起来，当初选择军队这条路，一半是因自己的梦想，另一半则是因为清华培养出来的家国天下的情怀。或许很多人都不理解，但我们当初确实有很多同志是怀揣浓厚的爱国热情去参军的，这种伟大的精神，从清华立校开始，就从来没有中断过，我想，以后也不可能中断，这种对国家和人民无限的忠诚与热爱，才是清华的魂，代代传承，生生不息！

心系深蓝入海军

当一切都定下来的时候，没有改变自己的生活节奏，依旧忙碌而充实，暑假带队去了拉萨做社会实践，然后便是很多的告别，许许多多的老同学都来送我，当然也包括交大的两位挚友。知道自己两年都见不到他们，却没有悲伤与留恋，有的只是平静，连自己都觉得震惊，心情平静得波澜不惊。出发前一天，学校组织了欢送会，第一次近距离与史宗恺老师对话，第一次认识贾娜学姐和王晓丽学姐，在与这些昔日的偶像面对面的时候，第一次感受到了梦想的力量。

新兵连在青岛度过，有幸与邢国卿学长分到了一个连队，他是一个英俊帅气、善解人意的人，于是，心情不好时，还能有个人说说话。新兵连的生活，如预想中一样，单调而重复，却没有传说中那么辛苦，得益于清华马拉松协会的训练，在体能上轻轻松松过关，甚至还拿到了区队第一名。那个时候，我们总是在下午5点钟跑步，刚好是夕阳一丈高的时候，落日的余晖洒在我们的脸上，一群穿海魂衫的新兵，在几名年纪相仿的士官的带领下，拼命狂奔，实在是一幅绝美的画卷！最幸福的时刻，莫过于第一次接触步枪的时候，那段时间，跑步要带枪、战术要带枪，甚至睡觉的时候，枪也放在床头，每天晚上是例行的拆装枪训练，手在磕碰之下到处都是口子，却依旧不减训练的热情。士兵的构成比较复杂．来自社会的各个阶层，在与他们的交流中，了解到了许许多多截然不同的人生，也是收获良多。在一次盛大的阅兵中，我们结束了自己的新兵生涯，那天，天气很冷，只是丝毫不影响我们的心情，全体新兵身着洁白的水兵服，军容严整地接受田中司令员的检阅，军乐震天，气势如虹。在那一刻，我对于军队的认识一下子上升了一个层次，那严整的队列所展示的力量，是我这辈子都难以忘却的东西！

也有些不好的回忆，却也在情理之中，印象最深的莫过于两个士兵为了抢吃包子而打架，但如今想来，控制不住脾气也可以理解。所谓不好，大体如此，也不过打架斗殴、训练偷懒，这些鸡毛蒜皮的小事，丝毫不能影响解放军在我心中的光辉形象。

之后的学兵连，日子与新兵连差不多，只是将日常的队列与战术训练换成了上课而已，海军士兵培训的课程十分简单，没有怎么下功夫就取得了第一名，毕竟一起的战友文化水平有限，这也不足以作为什么吹嘘的资本。不过，这段时间倒是乘机读了不少书，作为一个书虫，自己带了许许多多的书籍，也从一些大学生战友的手里搜刮到了不少课外书，训练学习之余，便会拿出来认真读读。那段时间，难得的心静，因此读书也有很多的收获，写了5本读书笔记，对于人生、对于军队、对于国家、对于梦想，都有了更进一步的认识。这段时间，帮助区队长做了很多学习辅导的工作，也曾帮助教员讲授过一些课程，还收获了不错的评价。记得有一日晚饭之前，我们按惯例在楼前列队，正值夕阳西下，血色的晚霞映红了半边天，海军军旗在随着微风缓缓地飞扬，天上有一架直升机，发出隆隆的轰鸣声飞过，这样的场景，此生难忘，只有亲历的人，才能感受到那份独特的美。

不过，作为海军，最期待莫过于登上军舰的日子，分配的时候，有人欢喜有人愁：最幸者，直接去了航母；次之，也有去驱逐舰、护卫舰等；最不幸则是海岛守备。那几天领导也不怎么管，纪律略显松散，大家难得开怀畅饮，互诉离殇。得知自己被分到了训练舰队，虽不是一线战斗舰队，不过比起那些连船都见不到的同志，也该是知足的。

舰艇上的生活比起之前略有改善，工作依旧单调，却经常可以去执行任务，对于我而言，也是十分知足，每次出海都带着极其激动的心情，尽管会晕得天翻地覆，不过下次依旧是活蹦乱跳地参与任务。

最辛苦的大概是站岗了，当时人手有限，所以站岗任务极其繁重，要求也高：荷枪实弹，军姿挺拔，尤其是冬天，好几个小时下来，人几乎已经僵在那里了。不过，在经历了这样艰苦的历程后，回头看去，反而是一种很有益的磨炼。

印象最深刻的任务有两次：第一次是出远海，那趟航程，让我第一次领略了祖国海疆的壮美！每天早上，在还没有拉起床铃之前，我都会早早爬起来，带着相机去拍日出，拍完了，就坐在甲板上，静静地欣赏海上的一切——飞翔的海鸥、活泼的海豚、汹涌的波涛。都说“曾经沧海难为水”，那一刻，我总算明白了，什么叫曾经沧海难为水。船上载了数百名海军舰艇学院的学员，因为都是同龄人的缘故，很快便打成一片，结识了不少好友，还有几名外国留学生。与战友们在一起的时候，大家多是谈论生活和挣钱，与学员在一起时，大家谈的更多的则是梦想与事业、祖国与人民、荣誉与尊严。每次与他们在一起，我都会觉得，军队能有如此朝气蓬勃的新鲜血液，真是祖国之幸、民族之幸；能够与他们并肩战斗，也是人生的一件幸事。后来，受一名首长的邀请，我给学员们发表了一场题为“中国梦，强军梦”的演讲，被《解放军生活》和《郑和航迹》报道，也算是给国家出了绵薄之力。那次任务途中恰巧与“甲午战争”120周年纪念重合，我们组织观看了《甲午大海战》，以自己拙劣的文字，写下了一篇纪念先辈们的文章。我想，每一个心怀祖国的人，对于“甲午”的历史，或遗憾、或无奈，总有无限感情，我也不例外，每每念及“甲午”，总是万分感慨。不过，看到今日如此强大的国防力量，如此先进的海军舰艇，也算是一种安慰。

还有就是最后一次出海，那天海上风很大、浪很高，因为快要退伍了，所以领导并没有给我排班，但我自己主动走上了战位，换下了相处一年的班长。其实，很喜欢在战位上的感觉，我知道那是人生最后一次执勤了，所以格外珍惜。恰巧那天遇上了一艘外国船只，在用英语驱离的过程中，对方没有任何反抗，没有任何胡搅蛮缠，“Yes，sir”，那是他们给出的回答，那一刻，我眼角湿润了。百年之前，洋人在我们的土地上肆无忌惮；今天，他们也得恭恭敬敬地称呼我们“Sir”。国家强大了，军队强大了，我们才活得有尊严。走下战位的时候，一个人去了后甲板，就在那里安安静静地坐着，看海、看天，从日出一直看到了日落，指导员说“回舱里吧，浪大，衣服全湿了”，我说：“真的就是最后一次出海了，让我多看看吧！”

服役的地方在旅顺军港，那是一个有历史感的地方，好多码头与船坞设施还是清朝北洋水师留下来的，每每看到它们，我总会浮想联翩，对比过去与现在、现在与将来，真的能够切切实实感受到国家的强大。周末出去的时候，战友们喜欢看看电影、唱唱歌，我则喜欢去博物馆参观，旅顺有许多历史的痕迹：清军留下来的炮台与弹药库、日俄战争的阵地、关东军的遗址，以及苏军烈士陵园，这些东西，能够引发我很深的思考，每一次，对于国家、对于民族、对于军队、对于人生、对于梦想，都会有更深的体会。

再与清华续前缘

2015年9月5日，终于回到了阔别两年的清华园，生活似乎与两年前没什么不同，只是内心多了许多的厚重与安静，对于祖国的热爱、对于梦想的坚定，都加深了无数倍。9月8日，参加了欢送新战友的仪式，他们，一如我们两年前的模样，即将奔赴祖国的五湖四海，为了崇高的理想开始自己的军旅生涯。然后回家，见到两年未见的父母，他们似乎苍老了很多，今后的日子，要学会多尽孝道。

学校的生活一如既往，忙碌、充实、欢乐，充满激情。与两年前一样，我的身影再一次出现在教室、食堂、图书馆，认真上课、疯狂读书，只是内心更加平和，梦想更加坚定。

退伍之后，我的意志品质得到了极大的加强，对于基层有了更深刻的认识，具备了将所学的理论知识与实际结合的能力，思考问题也不再是一个只会空谈的学生。同时，我对于自己的成长也有了更加宏大的视野，除了认真学习之外，更加懂得在实际工作中磨炼自己各方面的能力，补足自己的短板。从去年开始我担任了清华大学学生军事爱好者协会的会长，并且作为发起人与北京其他高校的兄弟社团联合创办了北京市高校军事类社团联盟，并担任了第一任执行主席。同时在寒暑假积极参与各种实践、实习活动，先后组织和参与了8次社会实践，获得最佳调研奖。返校之后，我还积极参与党建工作，担任多个党课小组长，并在2016年获得所在党支部优秀共产党员称号。

军旅生涯对我的改变是多方面的，尤其是思想上，越和基层接触，就对社会主义体会越深，对国家也爱得越深沉。退伍之后的那个寒假，我带一支实践支队去沈阳参观了志愿军烈士陵园，以前总觉得英雄们很伟大，那一刻更是百感交集，20万条生命，长眠异国他乡，他们中的很多人都是像我们一样的年轻人，却不能在教室里享受最好的教育。今日的一切，都是前人的鲜血换来的。2016年我参加学校举办的航海实习时，我曾因所谓“理性爱国”的话题与一些同学发生激烈辩论，也许，在和平盛世长大的同龄人，大概已经不知道什么叫慷慨就义、视死如归。国有难，召必回。这就是我们的铮铮铁骨。

感谢自己这4年来两度逐梦的努力，让自己的青春年华拥有了如此与众不同的回忆。

我没有用任何华丽的辞藻，没有用任何浮夸的故事，只想将自己4年来最真实的逐梦历程展现在大家面前，希望更多的有志青年能够为国家尽自己的一分力，能够在自己最美丽的年华，问心无愧。

清華園

导五师的两年

个/人/简/介

张家蔚，男，汉族，中国共青团团员，1990年6月出生，山东潍坊人。2009年考入清华大学自动化系；2013年9月入伍；2015年9月退伍；曾服役于北京军区空军地空导弹兵第五师93470部队；现为经济管理学院工商管理专业研究生二年级学生。服役期间曾被评为“优秀士兵”，并获得团嘉奖。

两年的军旅生活成就了更好的自我，感谢我人生路上这段难忘的经历，让我领略了不一样的风景，发现了不一样的自己。未来依旧充满变数，我将带着部队给予我的财富，去探索未来的无限可能。

——张家蔚

离别总是会比预期来得早

2015年9月5日，北京的天空湛蓝，我坐在大巴车上，透过窗户，望着前来欢送的战友们。我曾经无数次设想过离别的情景：与战友们握手、拥抱，彼此留下美好的祝愿；抑或抱头痛哭、依依不舍，憧憬着有朝一日能够再次相逢。但当这一天真正来临的时候，没有“终于离开部队”的兴奋，没有“再见不知何时”的悲伤，内心很平静，甚至有些恍惚和空虚。真的要走了吗？再也不会回来了吗？

还来不及把思绪理清，喇叭里已经传来了《军中绿花》的歌声。我的一位老班长说过，营里每年不成文的规矩，当这首歌唱响的时候，就快到出发的时刻了。引擎的轰鸣声传来，车子缓缓开始驱动。外面的人群开始挥舞起手臂，车内的人则大喊着做最后的告别。我向所有战友投去了最后一个微笑，认识的、不认识的，都变得亲切起来。接着，鞭炮在耳边炸开，哨兵向我们敬了一个标准的军礼。再后来，一切都看不见了。军营变得越来越远，直到慢慢消失在视野中。忽然间，一阵莫名的酸楚涌上心头，眼睛也跟着模糊起来。

低头看着胸前的红花，与两年前初入伍时一样的鲜艳。然而，寓意却是完全不同。时光飞逝，过往的一切都像一场梦。但我知道，眼前的一切都是真实的。这次是真的走了，离开部队了。

新兵：单调生活苦作乐

2013年9月16日，是清华大学本科新生开学日，我在7月份结束了4年的本科学习，同时也做出了人生中一次重要谨慎的选择——去当兵。与其他大学生士兵不同，我并没有军人情结，当兵的想法也是在大四下学期才渐渐萌生的。选择入伍2年，更多是出于现实的考量。不算成功的本科生活，让我感觉到自己的性格和意志方面仍有待磨砺。当年的大学生入伍政策也十分诱人，不仅有丰富的经济补助，退役后还提供北京户口。在对自己的未来做了详细规划后，我决定去军营历练2年。

清华园的初秋很美，银杏叶挂在枝头，二校门前聚集了拍照留念的游客。我坐在大巴车上，挥手告别我熟悉的一切，收拾好心情准备迎接未知的生活。

车开得很平稳，而我的内心却被复杂的情绪包裹。有一点畏惧，想象不出部队生活到底有多么艰苦；有一点向往，对全新的生活充满好奇；有一点自豪，想到即将成为一名中国人民解放军，心中充满了骄傲与幸福。

几栋顶着军徽的小楼映入眼帘，绿油油的草地边立着单杠，篮球场的周围则是狭小的沙地。看起来平淡无奇，却符合印象里军队的样子。这就是未来3个月生活的地方吧。

新兵连的生活开始了，单调、枯燥。每日军姿、队列、体能、打扫卫生，重复不断。近乎苛刻的管制，完全丧失的自由。

部队的很多规定，看似是没有任何道理的。软软的被子，非要叠成四方的豆腐块状，棱角要用指头不断地抠，用双手不断地捏；牙缸、牙刷必须摆成固定的角度，毛巾必须掐出印痕；背包不能鼓起来，侧面看得成三角形；鞋子的摆放必须按照固定的顺序，背包绳、背包带需要摆成丁字。这一切的一切，貌似既难以理解，又毫无必要。

吃饭就像打仗。一顿饭不到5分钟，往往是吞下米饭用汤使劲往下冲，再赶快捞几筷子菜吃，才能糊弄个半饱。说什么吃饭体现战斗力，所以要快，逻辑上就很难讲通。人是铁饭是钢，吃都吃不饱，怎么打仗呢？

卫生必须打扫得一尘不染，房间往往用水泼过后，再用扫把使劲蹭干净；水房打扫完，地面可以当镜子用；院子里的水泥路上不能有土，草必须拔得一根不剩。很难想象，这些小石子或小树枝究竟能扎破战车的车胎，还是能绊倒跑步的战士。

初入军营，我对这些规定十分不解，但部队最看重的就是“服从命令听从指挥”，尽管我内心会对这些规定进行评价，但我还是会按照班长的要求，把事情做好。

举个不恰当的例子，新兵连的生活就像一潭死水，但偶尔也会泛起一丝波澜。

最近，黑龙江卫视《见字如面》节目的热播，使书信再次回归人们的视野。现代社会写信成为一种奢侈，而在部队，书信是很常见的事情。在部队一周只能给家里打一次限时5分钟的电话，我们就写信和家里人沟通。每次班长拿着一封信走进宿舍，我们都蜂拥而上，班长高举着信，问：“你们猜这是给谁的？”大家都纷纷高呼：“我、我。”“觉得是自己的就做俯卧撑”班长说。这时，我们就都蹲下开始做俯卧撑，比任何时候都起劲儿。尽管信件是相对隐私的，但在部队里，大家都会一起读信，共同享受家人关心的喜悦。

偷馒头，我从来没有做过的事情，在部队里竟成了我们的家常便饭。由于新兵连的训练量特别大，吃饭时间仅有短短的3分钟，我们不是在吃饭，而是用汤把饭菜冲进胃里，饥饿是常有的状态。为了防止晚上太饿，我们都会在早饭后偷偷拿上一个馒头，放在迷彩裤侧面的口袋里，等到晚上拿出来吃。如果有战友早上没拿到，我们就拿出来一起吃。这个时刻，便是一天中最开心的时刻。

站岗：曾是痛苦的记忆

站岗是战士的天职，但除了警卫排，其他人并不需要像哨兵那样在门前站得笔直。连队士兵的岗哨，更多的时候是在阵地上和兵器一同度过的。虽然不必如苦行僧般在两个小时内一动不动，但面朝荒山背靠岩石，仍然非常寂寞。

夏天的骄阳是岗哨的死敌。毒辣的太阳足以蒸干身体的每一滴水分，烧黑身体的每一寸皮肤。但更可怕的，其实是寒冬的深夜。当你在熟睡中被唤起，迷迷糊糊地穿上衣服走出楼门，瞬间袭来的刺骨凉意会让你马上清醒过来。即使身穿最厚的大衣，脚套最厚的皮靴，不到半个小时，便会完全冻透。

我服役的单位在北京郊区，晚上四周一片漆黑，伸手不见五指，方圆数里之内没有一丝灯光，身处闹市中的我们难以想象竟有如此寂静黑暗的深夜，只有天上的星时而闪烁，却又时而躲进乌云之中。呼啸而来的冷风声打破了寂静，飞沙走石撞得仓库门啪啪作响。整个世界仿佛都睡去了，只有你独自一人经历着风吹雨打，孤零零地等待着天明。

严寒和漆黑，是非常可怕的东西。我每次站岗，神经高度紧张、疑神疑鬼，会因一点风吹草动打开手电筒，制造一点亮光，为自己壮壮胆。

但也只有在这样的环境里，你才能明白，把握自己的内心是多么重要。你有机会，能够与自己的内心对话，倾听自己心底的渴望。渐渐地，你的心性就变得坚强起来。掌控住自己，就能战胜压迫，就能克服恐惧。那之后，便是脱胎换骨的时刻了。

正是在数十个寒冷的夜晚中，我终于能够慢慢静下心来，去认真思考一些事情：思考自我、思考工作、思考生活、思考过去、思考未来。那刺骨的风，让我变得清醒、敞亮，很多之前想不通的事情豁然开朗。

考研：紧张生活再升级

部队的生活单调却紧张，每分每秒都被安排好，有无数件事等着你去做。我在来部队之前，就想好要利用空余时间复习知识，报考清华大学经管学院的研究生。这一决定，无疑使原本紧张的生活变得更加“充实”，也正是这个决定，这段备考经历让我体会到“海绵里的水”挤挤总会有的。

在考前的4个月我开始集中学习，白天完全没有时间来看书，我就利用晚上7点半，看完《新闻联播》后的十几分钟的自由活动时间，争分夺秒地复习功课。站岗时，为了驱除恐惧和孤独，我会带上书，实在坚持不住时，看会儿书，让自己的神经稍微放松一些。

大块用来学习的时间很少，一般都是站岗前后的时间段。一般来说，最不受欢迎的站岗时间是中午12点到14点、晚上12点到2点、凌晨2点到4点。我时常和这个时间段站岗的战友们调换时间，来获得完整的学习时间。比如说，如果我晚上10点到12点站岗，就会换成12点到凌晨2点的岗，先看2小时的书，之后再去；如果我凌晨4点到6点站岗，就会换成2点到4点的岗，站完后直接看书到天亮。

这样的生活持续了4个月。终于，功夫不负有心人，我成功考取了清华大学经管学院工商管理专业的研究生。这也算是部队生活中最难忘的一段日子了。很难想象，如果离开部队这个大环境，我是否还能那样坚持、努力。

锻炼：成就更好的自己

在部队里我接触到了很多之前从未体验的事情，这让我认识到一个全新的自我。

入伍第二年，我担任文书一职，除了训练，还担负了很多和人打交道的工作。不少日常事务的处理，都要靠协调解决。首先是跟连队人的交流，一个连里有老兵有新兵，每个人性格不同。处理问题的时候，想让每个人都满意并不容易。再就是跟连队外打交道，有时各个连队在同一问题上立场不同，甚至冲突不断。作为文书，要知道何时妥协、何时坚持、何时做主、何时请示。既不能让自己的连队被看轻，又不能为自己连队无故添加负担。比如：有一次我们连队着急用打印机打印文件，我就和正准备打印的另一个连队的参谋说“彭参，最近您辛苦了”。曾经，我就是很典型的清华理工男，社交能力很弱。但来到部队后，承担了这方面的责任，就得自己想办法去做好。

当过兵的人，身体上、意志上、技能上固然会得到提高，但很少有人刻意去提为人处世。但在这里，你会清楚地感觉到，每一个青年在军队生活两年后，都会变得更加成熟。而这种成熟，恰恰来自待人接物方面的积累。回学校后，身边的朋友也觉得我比以前好相处，会沟通了。

曾经，我觉得我挺能吃苦，但来部队后，发现自己还是不够坚强。新兵连的时候，我们连队自己建了一座亭子和长廊。弄砖、调水泥、用镐、锄头，这些我都是在部队中做农活时渐渐学会的，尽管每次双手都会磨出茧子，但现在想想，自己的确比之前更懂得坚持和忍耐。

社会：了解的依然太少

在学校里，我很难接触到社会中的底层人群，以致入伍前，从来无法想象贫困地区的生活。那些存在于电视广播里的故事，仿佛距我们无比遥远。但在部队，通过倾听战友们的故事，我才明白，原来世上有那么多的艰难。

一位班长是家里的长子。他在初中成绩很好，但没有机会上高中。因为家里付不起学费，甚至无法担起孩子们的吃、穿、用。父亲残疾后，唯一的收入来源也断了，他不得不来当兵，接济家用。近10年来，他几乎没有乱花一分钱，工资都攒起来，寄回家去。尽管如此困难，但他一直很乐观、很拼搏，德、体、技均是营里的模范。

另一个班长，父母双亡，跟奶奶生活。他的家乡只有一所小学，中学必须到县里去。教育水平的局限，使得他们难以通过读书改变命运。我问他为什么来当兵，他说，想攒点钱，在家里盖间房，就能娶媳妇了，还可以把孩子送出山去。他还说，夜晚站岗的时候，经常会想家，奶奶年纪大了，需要照顾，但他不能陪在身边。

士兵的感情也缺乏保障。

有一位老班长，3年换了5个女朋友。不是他想换，而是每次女方都会很快提分手；还有个班长，去相亲多次，每次对方一听是部队的，就没了下文。除了军队空余时间少难见面之外，收入低也是个重要因素。在2015年涨工资之前，军队的待遇确实难以让人满意。当兵本是件光荣的事，但目前很多女孩子并不这么认为。别说一般战士，就是干部，同样面临婚姻难题。我的指导员和排长，一直都是单身。有时候八卦起来，他们都会吐槽，连认识异性的途径都没有，怎么谈？

连长和嫂子算是正能量的典范了。嫂子人在北京，但每到周末，就放弃大城市的快乐，跑来这荒山野岭。一年52个周，几乎没有间断。连长总是说，自己最怕对不起这么好的姑娘，所以一定要认真工作，让嫂子过上好日子。他一直是全团最优秀的年轻干部之一，专业技术在全师名列前茅，深受器重。今年，他们领证了。相信一定会幸福吧！

在部队的这两年，让我看到了更加真实、多面的社会，想到那句“哪有什么岁月静好，只不过是有人在替你负重前行”。军人也是人，也有自己的亲人、自己的生活。他们把青春献给了国家，把孤独留给了自己，比常人多承受了很多很多，但在和他们的相处中，我没有看到任何一个人向困难低头。他们都靠着自己的努力，让国家更加安全、让亲人过得更好。这种精神，深深感染着我。

归来：携往事继续前行

“当兵后悔两年，不当兵后悔一辈子”。这句堪称经典的话闻之者众，但恐怕只有真正入伍的人才会明白其含义。

两年以来，我疑惑最多的，是“当兵的选择究竟对不对”；盼望最多的，就是快点退伍。不只我，同年兵之间相遇所说最多的，也是“快退伍吧”4个字。

然而，真正离开后，我才开始怀念这段生活，怀念部队的一切。我时常想起自己的战友们，想起同大家一起流汗流血、风吹日晒的艰难岁月，也越来越开始明白，这两年到底带给了我什么。

两年以来，我从一个象牙塔里的书生变得开始关心社会中的弱势群体；从一个不懂社交的典型理工男变得能让身边的人感到舒服自在；从一个每天晚睡、晚起的夜猫子变得作息规律；从一个自认为吃苦耐劳的普通大学生变得真正坚强独立。部队就是如此，你起初厌恶它、痛恨它；但最后，终会怀念它，感激它。

回到学校继续学业后，老友们都觉得我变了。是啊，当过兵，是一定会变的。人看过的书、走过的路都会内化成为自己的宝藏，某个时刻就会外化表现出来。我能够感觉到，自己变得“静”了，遇到事情的时候能够不为情绪左右，认真细致地思考，再不会因为一点点小事就和同学争吵，也不会因为心急火燎忙中出错；变得更加包容和体谅，更能理解他人的难处和不易，也能够给身边人更多的引导和鼓励；变得更加喜欢参与集体活动，愿意为班级建设贡献自己的力量，也从心底里盼着它越来越好。

我想，无论生活究竟是美好还是艰难，都应当用乐观的心态去面对；无论前路究竟是平坦还是曲折，都应该用无畏的精神去闯荡。天行健，君子以自强不息；地势坤，君子以厚德载物。这是一种坚强，更是一种平和；是满怀理想的期冀，更是脚踏实地的努力。倘若如今的我，能比从前更加深刻地明白这句话的含义，并且能够或多或少去影响身边的人，那我必须感谢这两年的经历。

事实上，大四之前，我从未想过自己有朝一日会成为军人，更不曾期待与部队产生什么感情。但如今，我能感受到自己内心对部队的深爱和感激，也为我们国家拥有如此多卓越的军人而骄傲。我庆幸自己当初作出的选择，也为有幸成为这个伟大集体的一分子而深感荣幸。

人生之路不是笔直地通向目的地。感谢人生路上出现的这个岔口让我领略了不一样的风景，让我变成了更好的自己。如今，又要继续前行了。我将带着部队给予我的财富，去探索未来的无限可能！

清華園

寻着英雄的足迹赴南疆

个/人/简/介

聂皓，男，汉族，中国共青团团员，1993年10月出生，云南昆明人。2011年考入清华大学电机系；2014年9月入伍；2016年9月退伍；服役于武警云南公安边防总队机动支队，现为电机系大四年级学生。在校期间，曾获得水利系寒假实践金奖、电机系暑假实践金奖以及马杯男子五项全能第二名；服役期间连续两年被评为“优秀士兵”“骨干集训优秀学员”。

如果让我再选一次，即使没有谢樵，我依然会去部队，在那里你能收获的远超你的想象。

——聂皓

我选择谢樵去的地方

我的军旅选择源于一个人：云南公安边防大队武警中士谢樵，故事要从2014年8月3日云南鲁甸那场大地震说起。

2014年8月3日16时30分，暑期的清华园蝉鸣声声，我在图书馆里安心复习了一下午的英语。那一刻，我还不知在我的家乡云南，万千间房屋瞬间倒塌，山河破碎，哭喊声连成一片。

8月4日下午，谢樵所在的云南公安边防救援队到达震中鲁甸县龙头山镇光明村9社村口。地震形成的堰塞湖堵住去路。面对村民泪流满面的求助，谢樵率先横渡堰塞湖。

“快游到湖对岸时，不幸余震袭来，山上滚下的大石砸向湖中。谢樵被石头击中，数秒后消失在湖面……”亲眼目睹这一幕的战友万艳梅，几乎不敢再回忆下去。

8月8日9时许，漂荡在外4天的谢樵遗体才被寻获。

在网上得知这件事情之后，我突然间受到了巨大的冲击。死亡这个字眼对于这个年纪的谢樵和我来说，似乎还太过遥远。身为“90后”的我们正处于人生中最美好的年纪，本该享受这最惬意的时光，死亡是一个甚至还未进入我们思考范围的话题，可是它就这样真真切切地到来了，还来得那么突然。它无情地带走了这样一个年轻的生命，一个含苞待放，即将尽显生命精彩的年轻人。这对于我来说实在太过残忍，太难以接受。我们可以说如果当时还有其他战友在他身边，如果救援之前做过哪怕丁点的保护措施，如果没有发生泥石流，甚至我们可以说如果没有这场地震，这个鲜活的生命现在应该是面带微笑地在他的岗位上兢兢业业地付出着，而不是现在这张寂静无声的照片。可是我们都知道，生活中没有这么多如果。养兵千日，用兵一时。

作为一名武警战士，我们需要做的不正是在国家和人民的危难关头挺身而出，贡献自己的一分力量吗！虽然生命的代价太过沉重，但谢樵同志完美地诠释了武警这两个字的真正含义。

2014年8月8日深夜，大地震后的第5天，谢樵遗体被找到的当天，我在参军志愿书中写道："此时的我还是一名大学生，一个时时在长辈和社会襁褓中保护的年轻人，缺乏勇气和胆识，缺乏奉献精神。我们从小就被教育要关爱他人、关爱社会。但在接受10多年的教育，甚至是进入大学领略过所谓的高等教育之后，却连最基本的担当都没有，都不敢有，不禁为自己感到羞愧。"

"福建人谢樵，能为我的家乡献出宝贵的生命，而我作为一名云南人，这些年来却从没有为养育我的家乡做过什么。所以我选择去部队，去钢铁之师磨炼自己的勇气胆识，去部队那种大公无私的氛围中，培养自己的奉献精神，为自己的祖国、家乡尽一丝绵薄之力。"

出人意料却又在情理之中的是，当面对"总参、总后、总装"等10多个"优厚"的参军选项时，我当场对老师说："我选择云南边防总队，谢樵去的地方！"

在最艰苦的部队接受最艰苦的训练

虽然寻着谢樵的足迹，我如愿以偿来到了云南边防总队，但更多现实的考验在等着我，新兵连就是第一道坎儿。

从每日定时、定点规定好的一日生活制度，到事无巨细都要向班长汇报的请、销假制度；从必须棱角分明如豆腐块一般的被子，到跪在地上用抹布擦地，打扫得一尘不染的环境卫生，无一不让我们措手不及，而且倍感失落。

除了这些日常生活中的插曲，还有顶着严寒酷暑的训练、让人望而生畏的武装越野，以及突如其来让人毫无防备的紧急集合。但正是这些锤炼让我们在成为一名纪律严明、素质过硬、作风优良的合格军人道路上不断前行。

下连后我被分到了机动支队三大队，机动支队是云南边防总队新成立的机动部队，主要承担维稳处突和应急救援任务，对士兵的体能素质和耐力有非常高的要求。所以算是全总队训练最苦、最累的地方，而我所在的三大队又是整个支队训练标准最高、管理要求最严的地方。

而印象最深的是在下连不久的考核前集训。考核是部队每一个训练阶段检验前期训练成果的一种方式，考核成绩也是各个单位之间评比竞争的依据，所以每个单位都会非常重视考核，在考核前两到三周就会猛增训练强度。

那几周，我所在的连队每天早操、上下午操课、晚上小群练兵4个训练时段开始前都是1个5公里热身，之后再开展后续科目训练，算下来，平均每天都是20km起步。而且后续的训练科目也是一个比一个困难，擒敌拳、应急棍术、警棍盾牌术、擒拿，每一个打一遍下来都让人喘得站不直腰杆。还有倒功，朝着地板上就猛砸下去，一天下来浑身青一块紫一块那是正常，一不小心还有可能骨折受伤，

如果遇到某一天的训练内容是无氧冲刺，那就是末日的开始。无氧冲刺的内容包括1个5公里，1个3公里，2个800m，4个400m，4个100m循环冲刺，间隔休息时间，3公里以上5分钟，3公里以下2分钟，要是哪一趟冲刺没在规定时间内完成还得重来。

第一次无氧训练，我直接跑吐了，吐到脑子一片空白，但吐了就吐了，让你缓一下接着来。尽管如此，下午冲刺过后晚上还有俯卧撑、仰卧起坐、深蹲、单双杠等素质训练。一整天下来，全身上下感觉没一个地方是自己的，累得脑子都不想转了。

集训除了训练量大，晚上还会搞点“小动作”。当时正值缅甸“2·09”暴乱，边境上随时都有可能出任务，所以那段时间连队紧急集合打得也特别频繁，晚上冷不丁一声哨响又得赶紧拿装备集合，第二天早上还得5点多爬起来叠被子，每天都处于漫无天日的循环中。

那段时间整个人无论是身体压力和精神压力都非常大，随时感觉自己下一秒就会垮掉。但转念一想，自己为什么来这里？不就是想像谢樵一样，成为一名优秀的军人？而且身边的所有兄弟们，战友们都在陪自己经历着，这

就是最大的价值和意义。

回到清华后，当别人问我当兵两年有什么收获时，除了提到谢樵对我的指引，我提的最多的就是战友情。在两年军营生活的总结中我写道“在冲无氧、负重跑、素质训练每个人被逼到极限的时候，互相叫喊着、搀扶着、鼓励着，那时候才感受到了真正的血性、坚持和团结，才真正体会到什么叫有难同当。而经历过这些之后培养出来的兄弟情、战友情才是最纯粹、最真挚、最令人难忘的。也正是在这样的战友情谊的支撑下，熬过了这段最艰苦的日子。”

在部队，任何岗位都不会轻松

我在部队的经历还算挺完整的，既在训练场上挥过汗、流过血、体验最艰苦的训练，也在机关里站过岗、写过稿，感受部队另外一番天地。因为清华的名头和自己在摄影方面的特长，在部队的第二年我离开了训练场被分配到文书岗位。文书，顾名思义就是与文字打交道的岗位。部队是一个综合有机体，既要有基层的战士训练、作战、执行命令，也得有人负责制订计划、宣传报道和总结归纳，把握整个部队的状态和走向，这样部队工作才能形成一个有效闭环正常高效运转。而后者总不可能避免要涉及文字工作，文书的工作就是协助军官完成后一类的工作，有时候甚至自己全权负责。

当了文书之后，就不用再每天参与辛苦的训练，还能坐在办公室，似乎是一个天大的美差，这也是大部分人对文书这一岗位的认识。其实并不然，我当文书的时候主要负责会议和训练拍照、采写新闻稿、制订训练计划和课程表、维护日常台账，甚至起草总结方案等工作，每一项都看似不难，但都是极耗时间和耐心的工作。就拿基础台账来说吧，每天都有军事训练、政治工作、后勤工作3个方面大大小小十几个事项要上报，每周、每月、每个季度都有各个阶段的总结和督查，每天仅负责这些内容就已经捉襟见肘，要是再遇上召开会议需要写新闻稿的时候，那加班肯定是跑不了了。新闻稿具有时效性，当天的事情最迟第二天早上就要发布出来。而正常工作时间是要用来训练的，开会就只能安排到晚上。部队规定10点熄灯睡觉，很多时候战友们都进入梦乡的时候，我还在办公室熬夜写新闻稿，经常一个人加班到凌晨才能睡觉，第二天照样得6点起床叠被子、出早操，要是再遇上半夜有夜岗，那这一晚上就等于没法睡了。

除了岗位工作的辛苦之外，还有军事考核的压力。部队每个训练阶段和年终都会有军事训练考核，检验近期官兵的训练情况。考核对所有人都是一视同仁的，标准和要求都一样。平时要负责文书岗位上的工作没时间训练，到考核了还要和平时天天训练的战友们同场竞技，无论是体能素质还是专项训练都压力颇大。所以临近考核阶段，除了要完成日常工作之外，还需自己挤出时间来加强军事训练，经常别人在睡午觉的时候自己要在大太阳下训练。好在皇天不负有心人，每次军事考核我都名列前茅，在5公里、引体向上等硬性体能科目上基本都是第一。

不过有付出肯定也有收获，在文书岗位上的经历让我从另外一个层面看到了整个部队是如何运转的，也让我认识到在部队里任何岗位都不会是轻松的，但也正是这样全方位、多角度的磨炼才让人不断成长，才塑造了军人不同凡响的气质和形象。

军营两年，一生财富

在平时艰苦训练之余，我还当了一把教官，负责带学生军训，这段经历在我看来也十分难忘，因为正是这段经历让我在与军训学员的接触中发现，原来部队带给我的变化如此之大。

长时间在部队，我们几乎每个月才会有一次8小时的外出机会，可谓与世隔绝，所以一直没有发现自己身上的变化。带军训过程中，我发现以前不怎么挑剔的自己也看什么都不顺眼了，比如，有的学员头发乱七八糟、走路弯腰驼背、时间观念不强、服从意识和纪律意识较弱、做事拖沓理由太多等。

每纠正军训学员的一个错误，就会想到我以前也是这样的，而现在的我

已经完全是另外一番样子，不禁感慨还好来了部队，才能养成这么多良好的习惯，部队在潜移默化之中带给我们太多！

在我军营生活总结的最后，我这样写道："两年时光不长，它甚至不够我们完成一次学习阶段的进阶；但它也不短，尤其是这两年的时间能有一段从军的经历，我们能收获的将是一辈子都受用不尽的财富。如今回首两年，从入伍第一天到现在的一幕幕都清晰地浮现在眼前，看着一步步成长起来的自己，我对部队想说的唯有'谢谢'二字。感谢部队让我成长、让我坚强、让我褪去曾经的莽撞和幼稚，不断锤炼过硬的作风，练就一身算不上本事，却终生享用的精神和意志。我也会去怀念，怀念那里的好，怀念班长的责备，我甚至还会去怀念种种不愉快，因为这些才构成我最真实、最完整的军旅生涯。"

清華園

站起来只为自己
—— 向刻着伤痕的青春敬礼

个/人/简/介

杨淇耀，男，汉族，中国共青团团员，1993年7月出生，云南昆明人。2011年考入清华大学材料学院；2014年9月入伍；2016年9月退伍；曾服役于中国人民解放军94303部队；现为材料学院大四年级学生。在校期间曾获“学业优秀奖学金”；服役期间被评为“优秀士兵”“新兵军事训练标兵”“作风建设标兵”“十佳退伍老兵”。

经历别人所不能经历的，才能获得别人所获得不了的。部队把我所拥有的全部撕碎，然后再重建，于是铸就了我的坚不可摧。两年的磨炼让我坚信一句话：只有你不敢去做的，没有你做不到的。不怕粉身碎骨，只求回头无憾，向刻着伤痕的青春敬礼！

——杨淇耀

青春，一个美好的词，想留却留不住，但总会有一些事让你难以忘怀，有一些路口让你犹豫不决，还有一些伤痕让你刻骨铭心。在这段充满阳光的日子里，我却选择了特立独行，相信了那句“不当兵后悔一辈子”，然后，不顾一切地穿上了军装，投身军营，骄傲地成为了一名空军战士。

告别园子投身军营

那是2014年初秋，接到入伍的通知，我一个人从实习的公司回到了学校，还没正式开学，宿舍楼空荡荡的。第二天就要启程奔赴军营了，感觉自己站在了人生一个很重要的十字路口，却不知道该如何选择，忐忑、犹豫和不安在我心里乱窜，一个人游荡在被夜色包围的“紫操”上，无所适从，看着园子里来往的身影，离别的思绪便悄然升起。

2014年9月5日，我早早地就起来了，收拾好东西准备出发。走出宿舍门就看到老师和同学们来为我送行，心中感动万分，谢谢这群可爱的人在我最忐忑的时候给我的鼓励。坐在车上，看着下面的人在拼命挥手，突然想起了妈妈电话那头的哽咽，心里很不是滋味，我暗暗地告诉自己，一定不能辜负这两年的青春。

难以忘怀的新兵连

来到营区已经是晚上了，车窗外只有路灯在不停地闪过，朦胧中看到前方站了一排人，车随即停下了。我用余光偷偷地打量了一下这群人，天蓝的迷彩服包裹着匀称有力的身躯，棱角分明的脸庞带着微微的笑容，他们就是我们新兵连的班长，将陪我们度过这艰难的3个月。

我的班长是个典型的山东大汉，1米85的大个子带着憨厚的笑容，跟我想象中班长冷酷的样子完全不一样，不安的心稍稍放了下来。早上还在园子里和大家拥抱，晚上就躺在了千里之外一个完全陌生的地方，但是我的忐忑反而减轻了许多，不用再纠结这个选择的对或错，只有努力，让自己不留遗憾。

3个月的新兵连训练正式拉开帷幕，部队的整齐划一给我留下了深刻的印象。在进入新兵连之前，所有的私人物品都收起来在仓库存放，士兵从洗漱用品到内裤袜子，穿的、用的都是部队统一配发，整齐划一。

在部队，时间观念很强。从早上4点起床到晚上11点都安排得满满的，凡事都以时间计量，分秒必争，就连上厕所都得跑去跑回，几乎找不出任何自由的时间。

以吃饭为例，吃饭是限定时间的。一般10分钟，有时5分钟，然而这并不是单纯吃的时间，这短短的几分钟包括了排队打饭、吃饭、刷碗、把碗放回碗柜，所以真正留给吃饭的时间已经所剩无几，对于我真是一个不小的挑战。

豆浆和馒头更是让我无计可施，早上的豆浆特别烫，但是又要快速喝完，所以也没别的办法，只能是不管它烫不烫一碗倒下去，嗓子几秒钟都胀疼得发不出声；馒头对于大部分南方人真是难以下咽，但又不得不大口吞，经常卡在喉咙，呛得面红耳赤，但一想到时间不多，又立马鼓足劲儿拼命咽下去，每次吃馒头都像在经历生死时速，然而，不可思议的是，后来居然还对馒头慢慢有了好感，忍不住饿就偷偷拿个馒头，晚上躲在被子里悄悄地吃，这真是那时候最幸福的事。

吃饭有两件事一定要注意：第一，是要节约不能浪费，特别是馒头，否则后果不堪设想。有一次，有一个战友吃了还剩半个馒头时，吃饭时间就到了，情急之下就把馒头扔在了泔水桶里。被发现了以后，所有人坐回了自己的位置，班长把泔水桶里的所有残渣分到每个人盘子里，然后统统吃掉。第二，是要培养艰苦作风，吃完饭不能用纸擦嘴，虽然小心翼翼，然而总有人会犯错，于是班长拿出了一卷纸，让所有人挨个吃一节纸，直到把它吃完。很多事情不可思议，甚至是有些偏激，然而它就在我眼皮底下发生了，而且它的效果也是立竿见影。部队有一个原则，不惩罚就算了，要惩罚就让你记一辈子。

“豆腐块”也是会让我记得一辈子的事。军营里的被子都得叠成“豆腐块”，然而冰冻千尺非一日之寒。每天早上4点起来就是为了压被子，把被子平铺在地板上，用小板凳一点点把它压实、折叠、捏线，让被子变得方方正正，棱角分明。每天都会有内务检查，被子不合格的就扯了，或是扔走廊里，甚至会被扔进厕所，地上全是水还带着泥，然而即使这样被子也不敢拿出去晒，没有空调暖气的宿舍，初冬的晚上寒气逼人，没办法只能盖着又湿又脏的被子睡觉。但也不可思议，感冒的人出奇的少，人的适应能力真是超乎想象。

由于没有手机，想和家人联系，只能等到周末。每个班只有半个小时时间打电话，10多个人的班级，分配给每个人的时间还不到3分钟。这3分钟里，还要等待对方接通，甚至有很多士兵在这3分钟里都没能打通电话，最终只能遗憾地把听筒放下了。当听到电话那头父母一个简单的“喂”，很多战友眼眶就红了，泪珠就顺着脸颊掉了下来，没讲几句话时间就差不多了，又不忍心占用其他战友的时间，就匆匆挂了，然后一个人默默地坐在角落。

我第一次给家里打电话的时候，妈妈刚听到我的声音就忍不住哽咽了，我心里真不是滋味，强忍着激动的情绪，只是笑着说了一句：“这里都挺好，就跟普通军训一样。”在后来的两年里，我都不敢和母亲交流太多，我怕她受不了。

有一次，妈妈忍不住想念和牵挂，“偷偷”来到我们军营，然而到了大门口，我却没勇气让她进来，我怕，怕她进来以后会受不了这个场景而泪流满面，于是，我只能告诉她部队里的规矩不让进，在门口就匆匆告别了。

刻骨铭心的警卫连

新兵连过后，我被分配到机关担任文书，做些文字资料的活和干些杂物，比较轻松，是很多人梦寐以求的单位。然而我并没有接受，既然下定决心来了这里，我不愿意就这样放松，我主动向连队打报告，我想去警卫连，去最锻炼人、最有兵味的岗位。

12月中旬，我如愿以偿地成为了警卫连的一名战士，当然，它也不负我所望，暴风雨来得甚至都超出了我的想象。来到警卫连才是真正地走进了“地狱”。也正是这地狱般的磨炼才成就了我的不屈，才让我真正地站了起来。

如果说新兵连是难以忘怀的话，那么警卫连就是刻骨铭心。

警卫连的任务就是保护整个营区的稳定及全师官兵的安全，所以需要强健的体魄和精湛的擒敌技能，为了达到这个目的，训练的强度自然不言而喻。在这里，令行禁止，等级制度和服从的观念更为突出。相信警卫连的第一年在每个警卫战士脑海里都留下了不可抹去的伤痕，当然也正是这些伤痕才成就了一个个钢铁战士，才让整个营区坚如磐石。

连队里的生活规律而又艰苦。我和战友每天4点钟起床，用小板凳把被子压得四四方方，再把班里所有东西归置整齐。标准就是一尘不染，有时整理完班长还会拿白手套或卫生纸去抹一下来检查。

早操完，吃过早饭，8点钟开始上午的训练：警卫拳、刺杀操、战术训练。所谓战术训练就是在一个30厘米高的铁丝网下面匍匐前进，铁丝网上面有很多锋利的铁钩，稍不注意，衣服就被刮掉一块。我的几套迷彩服都被刮得全是洞，然后缝缝补补，接着又被刮破。所有人的肘部和膝盖全是大片的瘀青，然而听到前进的口令就又把伤痛抛之脑后，像一道闪电一样又窜了进去。

有一次训练，我前面的战友爬完以后迎面向我走来，没走两步，他的血就从头顶沿着脸颊流了下来，就像演电影一样，就因为爬的时候抬了一下头，于是就被铁钩刮破了。

上午训练过后，下午练体能。良好的体能是一名警卫战士必备的素质，体能训练自然必不可少，而且都是长时间高强度狂风暴雨般的训练。每天下午，听到班长的一声“开始”，就在跑道上一圈一圈地冲，每圈都拼尽全力，间隔几秒钟，就又听到“开始”，恶心想吐也管不了，又一头扎进跑道。扛轮胎跑、托举轮胎、抬大圆木、抱着大圆木仰卧起坐……各式各样的训练让你应接不暇，听到结束的哨音简直像人民大解放一样，但已经累得瘫倒在地，爬不起来了。

单杠训练提起来就是心里的痛。引体向上的单杠丝毫没有弹性，训练的方法也相当“简单粗暴”：拼命使劲往上拉，上不去就用手抓着杠，用绳子把手腕绑在杠上。抓不住的时候，绳子就会吊着身体，手腕就会被勒出一道道血痕，手掌上的茧子下面都能磨出一个个血泡。为了让瘀血流掉，晚上用剪刀把茧子撕掉，泼上酒精，再用棉花擦一擦，明天继续。

晚饭后是《新闻联播》时间，提前5分钟把小板凳摆齐，在电视机前坐好，安排得分毫不差。我整整看了两年，所有主持人，甚至连他们脸上的痣我都一清二楚。

每天晚上9点半，“地狱”才真正打开大门。晚上进行体能加练，三个“500”是基础，即500个仰卧起坐、500个深蹲、500个俯卧撑。我一度以为我听错了，但事实就是这么刺耳。做完50个俯卧撑，我已经精疲力竭，然而班长就在旁边逼着你做，于是又一咬牙，拼尽全力再做一个，就这样在漆黑的宿舍里熬到最后，汗水一直往下滴，在地板上汇成一片。尽管一刻也不休息地做，做完也已经晚上12点了，直接趴地上，四肢已经不听使唤，简单的抬手都没有丝毫力气。班里的战友相互搀扶、相互帮忙把湿透的衣服脱下来，然后艰难地爬上床，倒头就睡，有时候累得连衣服都不想脱。

除此之外，半夜还要到机场站岗两个小时，一动不动，寒暑无关，风雪不论。冬夜，空旷的机场上，刺骨的寒风扫荡、撕扯着，就算穿上所有能穿的，再裹上羊皮大衣，寒风也会一下子穿透，过不了多久，脚和脸都冻得失去了知觉。

夏天，酷暑当头，也要穿迷彩服、防弹衣和防弹头盔。很沉、很厚实，两小时后，摘下头盔的时候，汗就像倒水一样“哗”地流下来。

每天训练、干活，夜里还要站岗，每天睡的时间只有两三个小时，其他时间都在高强度地训练和干活，整个人都是迷迷糊糊的，第一次那么真实地感受了什么是“行尸走肉”，根本没有任何空隙也没有任何力气去想别的事情。几乎每天晚上都得经历一遍这样地狱的磨炼，很多时候都觉得自己撑不住了，觉得很委屈，不过庆幸自己没有放弃。也正是这段最艰难的日子，让我深深地感受到战友情，同时也让我飞速地成长。

带着骨折参加空军大比武

清华的身份有好的地方，但也有不好的地方。好的方面就是受到更多关注，认识更多的人，也有更多机会。不好的方面就是因为你是清华的，做得好应该，做不好就不应该，压力很大。到最后大家甚至都直接叫我“清华”，很多人估计连我名字都忘了吧。既然这样，我就应该做得好。我如果叫“杨淇耀”，丢自己的人就算了，但是我叫“清华”，我必须尽力做到最好，不能给清华丢人。

每年7月初，全军区空军会举行一次警卫大比武，项目包括400米障碍、战术匍匐、单杠、5公里、拳术、射击，全师将会选出10名综合素质过硬的战士组成一个队伍参赛。从这半年体能素质和专业技能等方面的综合考虑，我很荣幸地成为了这个队伍里的一员，参加为期3个月的集训。

我欣喜若狂，但我也知道这将会是一个更大的挑战。果然，训练强度比连队的训练又提高了不止一个层次。每天早晚一个10公里，一整天高强度不间断的训练，让我有些措手不及，这就是要不断突破自己的极限，我想要变得更好就得拼尽全力。

然而没想到在练了1个月后，意外发生了，这会是我一辈子都难以忘怀，也受益匪浅的事。

在一次筋疲力尽之后，我从400米障碍训练场的高墙上摔了下来，那一刻我感到右腿小腿钻心的疼，不敢动更别提站起来，后来3个月集训完去医院检查才确认是骨折。缓了一会儿，战友把我扶了起来，每走一步都像有人在用锥子用力地戳我的小腿，我停止了训练，坐在一旁草地上，但这时感觉腿没那么疼了，更多的是心里的失落和遗憾。

面对接下来高强度的训练，我想到了退出。然而令我惊讶的是，连队并没有同意我的请求，“这次机会难得，你既然被选上了就应该坚持下去，你代表的是我们全连的脸面”，我顿时脑子一片混乱，这简直不近人情，我现在已经蹲不下去，每走一步都刺痛，根本训练不了，这不是把我往绝路上推吗？我正要开口，连长的一句话便把我噎了回来，“你是一名军人，只要你能爬得起来你就必须去”。

我恍惚地回到班里，面对部队的纪律——服从，我一肚子委屈没处撒。晚上我没去参加跑步训练，就一个人静静地坐在角落里。班长来找我谈心，“我们是军人，流血流汗不流泪，掉皮掉肉不掉队”。作为一名军人，是该有几分韧劲，敢于吃苦、敢于面对，既然选择了就应该勇敢地去做，我不能输给自己，不能给大家丢脸，留下挥不去的遗憾。

第二天我早早地穿上了迷彩，我下定决心勇敢地站起来，不为别人，就为自己，就让自己任性一次，不顾后果地拼一次。

当然，受伤给我带来的影响是巨大的。疼痛不会因为我的信念而有丝毫的减弱，每跑一步都是疼痛难忍。两米多的深坑，跳下去的时候，因为双脚不能撑地，我只能先摔趴在地上用手撑地；本来需要借着助跑直接跳上去的高墙，我只能靠双手的力量硬撑上来。别人一分钟完成的训练项目，我可能需要10分钟。虽然跟不上别人的进度，但是我一直在坚持。我宁愿承受更多的痛苦，也不愿意再给自己找理由。

有一天晚上练习战术的基本动作要领，要熟练高效，每个人在场地上来回爬，这对于我来说真是有如登天。我一咬牙就趴下开始爬，但是腿脚要比他们迟缓得多，不一会儿我就落下了，我拼命地想快一点，但是心有余而力不足，腿脚根本用不上力，于是就在后面一步一步艰难地挪。

晚上11点，其他队员都早已爬完了，准备回去睡觉。班长说回去吧，我也快坚持不住了，犹豫了一下，但是那句“我也想回去”始终没说出口，又低下头开始爬。班长就在旁边静静地看着我，我的衣服湿了又干，干了又湿，腿的疼痛已经麻木了。不知道过了多久，我终于爬到了终点线，竭尽最后一点力气抬起头看了看，满天的繁星已经升得很高，在闪闪发光了。

人的潜能真是不可限量，我就这样咬着牙一点点坚持，终于撑到了集训结束，这两个月就像一场噩梦一样，我最终没能去参加比赛，但我很满足。

集训结束以后我就去医院拍片，诊断单上的几个字让我刻骨铭心——胫腓骨骨折。我怔怔地看着片子，片子里的骨头为了复原已经长得凸了出来，不再是那么光滑流畅。但是我不后悔，我依旧感谢这段艰难的历程，它给了我自信，教会了我如何突破和战胜自我。

正是经历了这样“魔鬼式”的训练，经历了这样一次骨折，我仿佛获得了重生，一个无比坚韧的灵魂在心中冉冉升起，我觉得自己现在才真正地站了起来。这种毁灭性的训练把我所有的东西都打碎了，然后再重建，重建之后就坚不可摧。

2016年9月1日，那是我在军营的最后一天。

我再次坐上了送别的大巴车，只不过这次车下的人不是拼命地挥手，而是整齐地敬礼。当大巴车从第一个营门经过的时候，我的一个战友，站在门口向我敬礼。看到他眼圈红了，我也有些激动，我把眼泪强忍在眼眶里，给他回礼。等车路过最后一个营门的时候，这个战友他又站在门口，又给我敬了一个礼，他是从营区里面追着车一路跑过来的，跑到这等大巴车，再给我敬一个礼。那一瞬间，我难以控制心中的情绪，眼泪哗哗地往下掉，两年里少有的泪水，我舍不得。

两年的军旅生涯，恍惚中匆匆地到来，却让我挺着胸膛从容地离去。经历越是猛烈的暴风雨，我觉得翅膀就越发有力。经历骨折后的重生，我坚信一句话，只有你不敢去做的，没有你做不到的。不管在任何一个路口，只要勇敢地去做选择，然后勇敢、坚定地走下去，一定有一束光在等着你的到来。不怕粉身碎骨，只求回头无憾。迎着朝阳，向刻着伤痕的青春敬礼！

清華園

第四章　荣誉

荣誉，是贡献的象征与功绩的标志。它是德行与成就的尊荣，也是荆棘编织而成的桂冠，荣光的背后是沉甸甸的使命。对荣誉的追求与向往，是一个人勇往直前的不竭动力。战士的热血为捍卫荣誉而沸腾。

医学院王韬在中越边境，守护祖国的边陲，只为许下诺言时那份豪情壮志；新闻学院武警付光磊入伍两年，在最艰苦的日子里保持着“苦中作乐”的乐观；“平江坦克营”的美术学院奥格蒙岱为了捍卫男儿尊严，面对前所未有的挑战“青筋暴起、拳头攥紧”，迎头直上；法学院女兵杜媛“不爱红装爱武装”，虽然《退伍证》上写着“免服预备役”，但当“那一天”来临，她时刻准备战斗，重返军营；“火箭军形象大使”工程物理系陈宇为了阅兵，带病参加军姿训练，终于成为天安门广场上靓丽的军绿线的一员；化工系刘力瑞誓以渺小身躯守护千家万户的宁静；“钢七连”士兵化工系谭方圆在部队的搏斗中学会了与命运抗争的精神，“永远能够坚定信心保持乐观”；“万岁军里的神射手”地学中心研究生王超驾驶着中国陆军最先进的步兵战车驰骋内蒙古的训练场，32发子弹成就清华“神炮手”；建筑学院通信兵王越主动请缨要去最艰苦的大山里经受磨砺；机械系火箭兵杨昆瑛立誓要在部队里代表清华；工程物理系赵子皓和建筑学院杨亚楠说，坚守是为了成为具有忠诚、勇气、血性和荣誉的军人。

他们在部队牢记清华校训与军人使命，在困难与挫折中砥砺前行，捍卫了军徽的尊严与头顶的荣光。

致 青 春

个/人/简/介

付光磊，男，汉族，中国共产党党员，1989年12月出生，山东潍坊人。2008年考入清华大学新闻与传播学院，2010年12月入伍，服役于武警山东省总队菏泽市支队直属大队二中队；2012年11月退出现役；服役期间荣立个人三等功一次、两次被评为优秀士兵，多次荣获支队、大队嘉奖。2013年8月接任新法1班带班辅导员；2015年8月又接任新法3班带班辅导员。

青春总共只有那么几年，能够抓住青春的小尾巴实现自己儿时的梦想，仅仅从这一点来看，当兵两年就没什么后悔的。更重要的是，当兵，让我偏离了原先的人生轨迹，认识了更多的人，经历了更多的事，收获了更多的成长，在部队里，在园子里，都是如此。本以为只是偏离轨道的两年，没成想却改变了我的一生。所以，我很感激。

——付光磊

12月13日，南京大屠杀纪念日，值得所有中国人铭记。

12月13日，于我还有着别样的意义，这一天是我的生日。

2010年12月13日，对我来说又是一个更加特殊的日子。正是在这一天，我告别了美丽的清华园，坐上南下的火车，参军入伍，把自己上交给国家，成为了一名光荣的武警战士。

中国武警，曾经最陌生，如今最熟悉。

那天下午，宿舍同学都在上课，本来我也应该和他们一起去上课的。但是我却穿着武警迷彩服、背着背包、拖着行李箱，从紫荆公寓二号楼，一个人开始往射击馆晃悠，因为武装部的吕老师要把我和另一位同样要去山东武警的同学送到北京西站。

我不是一个多愁善感的人，所以一路上并没有觉得多么伤感，反倒是一直在纠结：这一身装扮在学校里应该很奇怪吧？路过的同学会怎么想？

到了射击馆，发现吕老师已经在等我们了。早早到了火车站，一直等到半夜才上了火车，火车上发生了什么已经没有丝毫印象，可能神经大条的我睡过去了吧。

第二天早晨火车到达兖州，我们下了火车，改乘大巴，同样去山东武警的同学被分到了济宁支队，和我分道扬镳。直到中午，才到达目的地——武警山东总队菏泽支队新训大队。

人还在车上，车下就开始噼里啪啦放起了鞭炮，夹杂着敲锣打鼓的声音。下车一看，10多个班长在新训大队门里面，整整齐齐排成两队，敲锣、打鼓、擦金钹，甚至还有快板……踢里哐啷的，算是列队欢迎。下车、列队、分班。新训大队一共两个中队，20个班，我们这一批从北京来的，一共40多人，除了个别班分了3个人，其余基本上都是两个人，从一班班长一直念到二十班班长，我才终于听到我的名字。

和我分在同一个班的是首都体育大学的学生——丁钊，山东济宁人，从小习武，十八样兵器样样精通，这让我压力山大。班长来到我俩面前，一边问我俩累不累，一边就把我俩的行李箱“夺”了过去，领着我们回班。回到班里，班长又给我们一人倒了一杯热水，开始询问一些基本情况。交流后才知道，班长竟也是山东的，这让我略微心安了一些。

屋里一共摆了6张上下铺，我和丁钊最先到，自然有优先选择权，于是我俩选了挨在一起的两张下铺。因为这个选择，每天早上叠被子以及晚上紧急集合的时候，我都会庆幸这样的选择是多么明智。除了床铺，偌大的屋里竟只剩下两个脸盆架和两个暖瓶，还真是简单得可怜。不过早有心理准备的我们，倒也并没有觉得多么失落。

万万没想到，刚到下午，令我失落的事情就发生了。因为人没来全，所以我们暂时不用训练，班长给我俩一人发了一副被子板，说这几天的任务就是压被子……我俩一边压被子，一边跟班长聊天。问的第一个问题就是：班长，咱们武警干啥的啊？

这个问题，退伍后我也是无数次被问到，所有人听到答案后的反应和我听到班长的答案后的反应是一模一样的。

因为班长只说了四个字：看监狱的。

“啊？”这就是我和丁钊的反应，也是所有问我问题的人的反应。

听到这样的答案，说不崩溃肯定是假的。

而另一边，班长还趁机给我俩上起课来：武警是按照勤务不同划分为内卫武警、森林武警、水电武警、交通武警、黄金武警和消防武警，看监狱的属于内卫武警……

我的内心更加崩溃：班长，咱能别再提看监狱这仨字了吗？

不过在教育的最后，班长还是给我们留了点念想：一中队是机动中队，没有看押看守勤务，不用看监狱。不过一中队每年都只挑体能最好的新兵，体能不行的肯定去不了。

嗯，总算是有个好消息了。一中队？体能最好？应该没多大问题吧。

或许就是因为比其他人早来了那么一两天，我和丁钊的被子在全班一直是叠得最好的。原来，这就是所谓的“赢在起跑线上”。

后来，又来了一批新兵，山东莱芜的，分到我们班的还是两个人。一个是山东青年政治学院的毕业生，姓孟，家里开诊所，所以我们都叫他“孟郎中”；另外一个是个打工仔，正在外面打工就被家里人拽来当兵了，名字里带着“文成”两个字，所以我们都叫他“文成公主”。

他俩刚来的时候对部队也是一无所知，不知道看肩章确定对方的级别，见着我和丁钊就叫班长，我们俩就答应着，学着班长的口吻跟他俩说，刚来也没啥事，就先压被子吧。

然后相同的一幕上演了：班长，咱们武警是干啥的啊？

看监狱的。

看着他俩一脸的不可思议，我算是理解班长的心情了！

在这之后又来了一批河南洛阳和山东济南的新兵，所有新兵终于到齐。

人都到齐，训练也就正儿八经搞起来了。最开始是队列训练，经过高中和大学军训的我，倒也没有多大压力。而真正毫无压力的，是武术表演出身的丁钊。这家伙从小就练武术，身体控制能力不是一般的强，学起这些东西来飞快，动作非常标准。

其实这还只是牛刀小试，后来开始学擒敌拳、应急棍术、警棍盾牌操以及战术的时候，我们才切实感受到，中华武术真的是博大精深啊！凡是和动作挂钩的，丁钊肯定是第一个掌握的。我们学习这些动作，都是先靠大脑记忆，练得多了才靠身体记忆。但他不一样，看班长做两遍动作，讲解一下动作要领，立马就掌握了，纯粹是多年练出来的身体记忆本能，不过脑子的那种。于是，他就成了全大队都赫赫有名的“功夫小子”。

没过多久，我班从河南来的一个新兵，刚初中毕业，明显能感觉到就是个小孩儿，觉得训练太苦，据说整天晚上不睡觉，扒着窗户看外面的世界。班长好多次跟他谈心都没用，后来他爸妈把他接了回去。

这种事情当然可以理解，不过，有时候我还是会站在窗户边上看着外面，心想，外面就是一片废墟，有啥好看的呢？

过了不知多久，大队组织给几个新兵过生日，指导员让我写一篇新闻稿。这是咱的拿手好戏啊，可得好好写！

“新闻最重要的是讲故事，五个W一个H一个都不能少，要按照倒金字塔结构先把最重要的事情交代清楚……”

越是回想自己在课上学到的知识，越是觉得这新闻怎么写啊？最后我绞尽脑汁躲在被窝里拿着小手电写了1个多小时才终于完工，第二天略微有些忐忑地交给了指导员。

稿子交给了指导员，就没有了下文，也不知道自己写得过关不过关。后来还是借着中队长让我出公差的机会偷偷看了眼最后指导员上传到支队网上的稿子，然后就傻眼了。

“原来部队里的新闻是这么写的啊！早知道这样，我要打10个！额，写10个！”

终于，我们开始训练3公里，一个我期待已久的训练科目。大一的时候，舍友经常开玩笑说光光（我昵称）体育课测3000米的时候，都得先跑个3000米热热身。

这话说的是实话，3公里的确不是我长项，我擅长的其实是10公里。所以后来下连以后听说要跑5公里，我还是蛮开心的，因为5公里没有3公里累啊。不过，在新兵连的时候，有些新兵当兵前抽烟比较厉害，别说3公里，1公里都跑不下来，印象中，我们班最开始3公里能及格的只有我和丁钊两个人。

没办法，大队只好一点一点加练，先慢跑1公里，慢慢提升速度；再跑2公里，然后再加到3公里。就这样，新兵下连考核的时候，还有一部分人3公里依旧不能及格。

部队里的一大特色就是吹哨子，我们最喜欢的哨音是一长两短，因为这是开饭哨；最不喜欢的，是连续短促的哨音，因为这是紧急集合哨。

刚学了紧急集合的那天晚上，我们觉得，晚上肯定会紧急集合，都没敢早早入睡，哪怕上下眼皮打架了，也要强睁着眼。结果躺在床上是左等也不来，右等也不来，最后一个一个都睡着了。

事实证明，“道高一尺魔高一丈”这句话真是实在话，我们这一群新兵蛋子的小心思怎么可能瞒得过排长、班长这些“老油条”。

半夜，排长逐个班检查，发现所有人都睡着了，才在楼道里吹了紧急集合哨。

听到紧急集合哨，我整个人完全被吓醒，一骨碌爬起来直接就铺开被子打背包，结果就悲剧了——我放在枕头边上的眼镜被甩到了地上。

按照规定，夜间紧急集合是不能开灯的，只能黑灯瞎火打背包。所以我只好蹲在床边，两只手在地上摸索着找眼镜，结果一直没找到。眼看其他人都要打好背包了，我只能放弃，眯着眼睛把背包打好，跟着其他人一起跑到楼下集合。

等到所有人都集合完，排长挨个检查。毕竟是第一次黑灯瞎火的打背包，所以绝大多数人的背包都不过关。

排长也不说什么，直接让我们背着背包绕操场跑步。我也知道我的背包打得一般，所以跑步的时候特别小心翼翼，脚步轻得能赶上波斯猫，还尽可能地反手揽着背包，生怕一不小心背包上的鞋子掉下来。

不过显然不是所有人都有顾忌到了这一点。所以在跑第二圈的时候，就开始听见鞋子掉在地上的声音……跑完步，我们被“吼”了一顿，才“各回各家”，鞋掉了的自己去找。

回到屋里依旧不准开灯，摸黑把床铺好后，我开始沿着床沿一点点摸索，最后终于找到了眼镜，但眼镜腿被踩坏了，鼻梁也变形得厉害，镜片还被划了几道。可新兵连是不允许外出的，于是我只能将就戴着，一直到半年后，下了连队允许新兵外出才请假出去配了一副新眼镜，现在想起来都觉得自己好凄凉。

除了开饭哨，我们最希望听到的还有集合时班长喊的“带笔带本、带板凳，学习室集合”。毕竟大冬天的，军姿一站就是1个小时，谁想在外面挨冻？学习室里多暖和！

具体的思想政治教育内容已经忘光了，唯一印象深刻的一句话是大队长说的：“你们就知足吧，你们现在好歹每天还能见到个送报纸的大老娘儿们，我们当兵那会儿唯一能见到的异性是头老母猪。”

后来和班长聊起大队长的时候，才知道大队长当兵时有一次为了抓捕犯人大冬天的在屋顶雪窝里趴了大半夜，才成功抓获，立功提干。想想那个每天见到我们都笑呵呵的大队长，再想想这种只有在影视剧里才能看到的镜头，心里对武警似乎也没有那么排斥了。

下连日益临近，关于分配的小道消息也越来越多，每个人都怕被分到苦逼的中队。我也断断续续地从其他人那里听到了分配的政策。

一般来讲，体能素质最好的，会优先被一中队挑走；然后，各个班长会从自己班里挑他想要带走的新兵，去他所在的中队；最后，所有挑剩下的都去人员缺口最大的二中队。

按照班长的说法，一中队是机动中队，不用站岗执勤，每天除了训练就是训练，有比武演习之类的也都是一中队代表支队参加。所以我对一中队自然是最向往，为此也坚持努力训练，就是希望下连的时候能够被挑到一中队。最后下连考核时，我3公里、单杠、双杠都是满分，射击是优秀，我想这样的成绩应该会被挑到一中队吧。

事实证明，努力并不一定有收获（让我们干了这碗毒鸡汤）。最终，我还是没有去成一中队，想来想去，唯一的解释可能是因为我戴眼镜吧。所以，最终我还是要去看监狱的。

更加悲哀的是，我也没有被班长带走，而是独自一人被分到了二中队。下连那天，每个中队都派车来接新兵，然后我眼睁睁看着丁钊如愿去了一中队，其他人如愿跟着班长去了三中队，剩我一个人，站在二十班的队列里，孤零零的，内心很是凄凉……

下连之后先是一个月的集训，主要训练执勤（看监狱）技能，比如，快速装退刺刀、交接岗哨、遇有犯人逃跑或者暴动等各类紧急情况时的快速处置，等等。到现在印象最深的一句话就是“站住！蹲下！再动我就开枪了！”这是站岗遇到犯人企图逃跑时的警告语，每次情况预演时喊出这句话我都会想起警匪片里的镜头。

后来中队开始安排新兵站岗，第一个月是一个老兵带一个新兵站岗，站岗时老兵可以随时向新兵提问执勤问题，遇到执勤电话响、询问口令或者其他情况都由新兵处理，老兵则负责纠正新兵的错误，偶尔中队的监控员还会提问新兵犯人企图逃跑一类的情况处置。所有这一切都是为了能够让新兵迅速掌握执勤技能，为日后独自站岗时打好基础，站好每一班岗。

不过，老兵也并不总是这么“正经”。有时候新老兵两个人一起站夜岗时，老兵会故意给新兵讲一些监狱里的“鬼故事”，这些都是一批批老兵口口相传下来的，可谓是“铁打的故事流水的兵”。即使是一个漏洞百出的鬼故事，在集众人多年的智慧之后，也会变成“午夜凶铃”，足以让人毛骨悚然，哪怕新兵肩上背着一杆真枪。还有的时候，老兵会给新兵讲笑话，一边讲还一边说不许笑哈，有监控呢，新兵就只能拼命忍着。偶尔有笑点低的新兵没忍住，恰好又被监控员发现，监控员就会打电话过来质问。

当兵两年，我并未真正有机会在站岗时喊出“站住！蹲下！再动我就开枪了！”这句话，反而是有一天晚上监狱清点犯人时发现少了一人，中队立马紧急集合，包围监墙，然后派人进监狱搜索，最终，我们在瑟瑟秋风中冻了两个多小时之后，终于在一个靠近监墙的楼房顶上找到了犯人，算是圆满完成任务。回到中队，中队长让炊事班给下了一锅面条，大家吃了碗热面汤各自回屋睡觉。但我已经没机会睡觉了，因为我悲哀地发现，到我上岗了。

在这两年时间里，几乎有五分之一的时间都是在监狱的监墙上度过，有时候站夜岗，监狱里犯人都已经收监回屋睡觉了，而我们却还要打起十二分精神，防止他们趁夜逃跑。难怪刚下连时有的老兵说咱们武警还没犯人过得舒服，同样是没有自由，他们白天就是干活而已，晚上还可以睡个好觉，我们白天要站岗、要训练，晚上还得站岗。不过，牢骚归牢骚，站岗还是谁都不敢含糊。就像我班长说的，万一哪天你站岗的时候，犯人跑了出来，那你就进去了。这虽然是个玩笑话，但很显然，没人希望这样的事情发生，不然要我们武警何用。

除了监狱，我们还有一个重要的活动场所，那就是菜地，自己动手丰衣足食嘛！可以想象得到，部队里种地也都是横平竖直的，长得好不好先不管，首先一定要种得横看竖看斜看都是直线，就跟阅兵似的。记得有一年我们种了特别多的茴香，每周五下午都吃茴香馅的大包子，即便如此，以一个中队的战斗力还是没能早早吃完，到后来茴香都老了，再包的包子就尤其难以下咽，咬一口包子就像吃一口草似的，直到现在我对茴香馅的包子还有阴影，也算不出阴影面积有多大。

除了茴香馅的包子，给我留下阴影的还有晚点名。晚点名是部队一日生活制度的规定，每天晚上熄灯之前都要点名，并对今天一天的工作进行点评。因为我是清华的，中队准备文字材料的时候都会让我出公差，当兵两年我也不知道自己出了多少公差。但出公差必然会影响正常的训练，有时还会占用打扫班级卫生的时间。所以第一年的时候几乎每天晚上点名都会被副班长和几个士官、老兵轮番批评，这晚点名都要开成我的批评大会了，关键我还无话可说，内心是相当的郁闷。

因为这，第二年我竞选担任副班长，虽说出公差影响了训练，但我的各项训练成绩在中队依旧名列前茅，再加上内务卫生方面一直是我的强项，所以最终竞选成功。这样一来，中队再让我出公差的时候我只需要把班级工作分配好，就可以安心出公差了，除了班长，也没人能说我，这下主动权算是掌握在了自己手中。

说到当兵，就不得不说打骂体罚的事，虽说我入伍的时候就已经强调要“文明带兵，以情带兵”，但要改变风气并不是一蹴而就的事情。印象中当兵两年，我一共挨打了3次，这在中队同年兵里绝对是最少的。倒不是因为我是清华的照顾我，而是因为我的确不该打。一方面，我的军政素质在同年兵里绝对属于拔尖的那一小撮，内务卫生更是我的强项；另一方面，我这人从小就怕疼，犯了错被班长揍这种事情光是想想就够胆战心惊的，还怎么敢犯错？所以当兵两年才很少会挨打，挨打的那3次也都是“城门失火，殃及池鱼”，但部队向来都是一人犯错全班受罚，没有丝毫办法。不过第一年的时候虽说对打骂体罚这种事情深恶痛绝，想着等自己当了老兵绝不会打骂新兵，但到了第二年当了副班长之后，我就发现，有时候新兵真的就得收拾收拾才行。第一次有这种念头的时候我自己都吓了一跳，经过长时间的反思，我得出了一个自圆其说的结论：部队的存在是为了保家卫国，对于部队来讲，最重要的是战斗力，没有战斗力的部队是没有任何存在价值的。为了保持乃至不断提高战斗力，部队必须强调服从意识、纪律意识，强调整齐划一、令行禁止，等等，才会有外人看来特别过分的各种各样的要求，这样的严苛要求远远超出一个正常人的自我约束力，必须要有外部力量强性约束才能实现。而人又是有惰性的、健忘的，上次的教训过一段时间之后就会被淡忘，思想和行为会再次滑坡，需要再次进行教育。最好的教育方式当然是思想教育，但当教育者的思想教育能力和被教育者的思想觉悟尚未达到一定高度的时候，就需要其他手段的辅助，打骂体罚虽然粗暴，但却简单、有效，就像古人说的，棍棒底下出孝子，所以打骂体罚在部队就有其存在的合理性了，总不能为了文明带兵而影响部队的战斗力。

话虽这么说，最终我还是坚持了自己最初的原则，对班里新兵以批评教育为主，至于辅助的打骂体罚，还是交给班长和其他老兵做吧。

虽说当兵的日子很漫长，但再漫长也有到头的时候，终于，我们迎来了退伍。像电视和新闻里演的一样，卸衔的时候，所有老兵眼里都含满了泪水，忘记了昨天晚上自己曾信誓旦旦说早就受够了当兵的日子。卸下衔来，我们就不再是一名战士，再也不用拿鞋刷子一寸一寸的刷地，再也不用半夜起床去站岗，再也不用夜里下岗后偷偷在学习室吃一碗泡面就觉得生活真幸福，再也不用在训练场上摸爬滚打，再也不用在烈日中站军姿，再也不用顶着寒风跑5公里，再也不用时刻准备着……什么都不用了，我们把自己上交国家的日子到了期限，这两年所有的经历都只能成为记忆，在我们的脑海里，挥之不去。

回到校园，曾经的本科同学已经毕业，我成为了他们的学弟，继续未完成的学业。后来又先后担任新法1班和新法3班两个国防班的辅导员，这一当就是4年。“清华路还能走多久，转眼九个春秋。”我终于要从园子里滚蛋了。套用《万万没想到》的一句台词：我想起那些年夕阳下的5公里，那是我逝去的青春，我的生涯一片无悔。

在不同的岗位，做同一件事——守护

个/人/简/介

王韬，男，汉族，群众，1989年1月出生，四川德阳人。2007年考入清华大学医学部北京协和医学院；2010年参军入伍，服役于武警云南边防总队和平边防工作站，先后被评为优秀士兵2次、优秀带兵班长1次；荣立嘉奖2次、三等功1次。

2012年年底退伍到现在已经快4年了，脱下军装的我如今已在医院工作，身穿白衣，我有了第二个身份，做的事却是和戍边相似：守护！常常在夏日的午后，梦回阔别的军营。在梦里，新兵营第一天，宿舍窗外那一轮徐徐落下的夕阳；持枪卧倒后汗水混合泥土的清香；那令人既紧张又兴奋的紧急集合哨；边境巡逻时北望群山，想象着群山后960万平方公里的祖国河山时的豪迈；一切都恍如昨日，一点一滴依然能随时让人心跳不已。每一段记忆，都是一个时空奇点，带我重回那段难忘的青春岁月。

——王韬

我成了班长，才意识到成长

我从小就是一个乐于助人的人，我喜欢感动中国里的人物，喜欢把自己的时间和精力花在帮助别人上。所以，我从小就有志当一名医生，救死扶伤，守护人民的健康。对我而言，当兵让我找到了更好的自己。

刚入学的时候，我其实是有些迷茫的，看着学堂路拥挤的自行车大军往前冲着，我感觉自己是在被人推着走。我还常常去北大自习，放缓我的节奏，我希望自己有明确的目标，明白自己到底想要什么。

我想，如果我是60岁了，我回想自己的人生，我应该是一个体验过多样生活的人，而当兵恰恰是这样一种选择。于是，我向学长、学姐咨询了很多问题，对部队有了一定的了解，就毅然决定要去当兵。我选择了去云南边境，因为我做的事情是缉毒，我想象着自己看到亡命徒面对生死的样子，我想，今后我在手术台上也是要直面生死。可是，最后没能去缉毒部队，而是来到了和平边防检查站工作。这个地方离训练基地有一天一夜的路程，条件也比较艰苦。

在当时严酷的训练条件下，我尽量保持着自己的思想自由，通过学习和努力，我获得了很多机会，也因此有幸参加了新兵连的骨干集训，集训后我通过竞选就成为了新兵连的班长。当班长带新兵，我才意识到当年的自己是什么样子，才意识到自己的成长。我也终于体会到不是所有的人都有自律意识，老班长说的话，老班长的管教方式确实很适用。

后来，我发现边境农村的医疗状况特别差，而且他们很多都是老人和残疾人，因为我本身也学医，所以我就经常去村子里巡诊，发起了定期义诊的活动，和医疗救助单位牵线搭桥一同建立了医疗救助站。

我就是这样，用两年的青春，守护在祖国的西南大门，做着自己最力所能及的事情。

除夕的等待，没打的电话

一、二、三、四、五，前面还有5位战友，墙上的表显示21:30，距离熄灯就寝还有30分钟，按照每个人5分钟计算，我刚好还有5分钟！就冲这满满的5分钟，两个小时的队没白排。

今晚是除夕之夜，万家团圆之时，也是我第一次没有和家人度过。按照部队的要求，平时每周和家人通电话一次，时间每人2分钟，除夕之夜特地延长到每人5分钟，时间长了，排的队伍也长了。和所有战友一样，虽然在寒风中站了很久，但是一想到能听听爸爸妈妈的声音，给他们报个平安，拜个年，家里今年的年夜饭还会不会有我喜欢的糯米香肠？一家人还会不会玩角色扮演？缺一个我怎么办呢？心里想着想和大家说的话，暖暖的，即使我远在千里之外的祖国边境一线。

“王韬，班里出了点事儿，你赶紧回来处理一下！”班里一位战友急急忙忙地跑过来跟我说。“什么事？”自然不会是什么大事，心里却咯噔了一下。“A和B为宿舍装扮的事吵架了，比较激动。班长不在，你是副班长，只有找你了。”“可以让他们等一下吗？我打完电话就回去。”“他们已经快动手了！”“不行，我一定要打完电话再回去，他们不会有事的。”战友听后不再坚持，转身便回宿舍了，转眼间又一位战友打完电话。战友走后，也带走了我坚持留下的任何理由。

曾经在清华园里立下宏愿，携笔从戎，守护祖国的西南边陲。这份责任，绝不仅仅是许下诺言时的那份豪情壮志，也不仅仅是金戈铁马、马革裹尸时的奋不顾身。这份责任，是每一次平凡地守护和坚持。

我转身便向宿舍跑去。

靶场的星空，别样的浪漫

2012年6月4日，日记：“今天是在轮训大队的最后一天了，在这里我度过了军旅生涯的一半：3个月新兵训练、3个月骨干集训、3个月带新兵，最后3个月文化复习队教员。在这里我度过一生中经历最丰富、最纠结、也是最难忘的岁月。而靶场上的那片迷人的星空，太难以割舍了。我会牢牢记住这片星空，和那位像星空一样迷人的她。”

当兵的两年，专程购置了望远镜，借着许多个星夜的站岗和驻地上佳的天象，饱览了春夏秋冬四季星空的轮回。入伍第二年的冬天，我在云南某轮训大队担任新兵连班长，晚上带着新同志在靶场体能训练之余，常常遥指星空，教他们认星，戏谑为“撩妹神器”。殊不知，这绝非戏言。2012年1月30日，我爱着的那个她，第一次来到了离我最近的地方，四川与云南交界的泸沽湖，离驻地800公里。晚上10点，新兵们都已呼呼大睡，而我却辗转反侧。这一晚，是我的生日，所有的思念都抵不过这800公里的距离和一个又一个春秋。浓浓的思念之间，突然收到了一条短信：“亲爱的，愿意教我认星座吗？”我马上翻身起床，裹着军大衣，悄悄来到靶场。拨通电话，指着同一片星空，首先教她如何定位，找到小熊星座尾巴上的那颗北极星；告诉她何为冬季大三角，以及冬日星空里最明显的猎户和全星空最亮的那颗天狼。白天训练得热火朝天的靶场，在星空下也格外静谧。雾气初起，草木清香。冬季的星空，在朦胧的寒雾中格外迷人。其实在我心里，你就是全天最耀眼的那颗天狼!

我不懂星象，但酷爱星空，爱它迷人的深邃，爱它皎洁的星辉，爱它静漫大地，一如星空一样迷人的她。

6年的约定，我守护到底

“叔叔，还记得我们6年的约定吗？”前段时间在QQ空间里看到了这样一条留言。

和平小学，离边境只有3公里，是实实在在的边境小学。在退伍之前的那个夏天，我联系了清华大学校团委，邀请了一支由师弟、师妹组成的书记计划小分队来我的驻地——中越边境附近的和平小学支教。

到达小学是一条漫长而艰险的路。北京到昆明，飞机3小时或者火车30个小时；昆明到市区，长途汽车6小时；市区到县城，汽车4小时；县城到镇，山路，汽车3小时；镇到小学，山路，汽车半小时。师弟、师妹抵达文山市区的第二天，就下起了暴雨，夏天是个山洪泥石流频发的季节，文山地区更是如此。前方哨所发来消息：山里也下雨了，多路段有山体滑坡。进，行车途中我们可能有生命危险。如果泥石流阻断了交通，我们甚至会被困在山里出不来；退，前功尽弃。还记得当年面对唯一的进山路，我们在车上进行了无记名投票：进还是退？投票结果：进！一位长者对我说过，关于佛的信仰有二：一是慈悲；二是智慧。善举也不仅仅需要慈悲，更需要智慧、勇气和坚持。

历尽艰辛终于完成了支教，个中缘由难以详述。但是终究是值得的，因为那一年夏天，每个人付出过的所有努力和小朋友真诚的感谢，还有，那6年的约定。支教快结束时，我们针对小学六年级的小朋友们发起了一项活动：6年的约定。写下6年后的愿望，6年后就是上大学那一年，用6年的时间我们一起去兑现！小朋友们认真地写下了愿望，现在由我收藏至今。退伍4年，离约定还有两年的时间，我静等着那一刻的到来。

“叔叔，还记得我们6年的约定吗？”

“当然记得！让我们一起去守护我们的诺言！”

清華園

被子、步子和旗子

个/人/简/介

杜媛，女，汉族，中国共产党预备党员，1992年8月出生，湖南岳阳人。2009年8月考入清华大学，2013年6月毕业于清华大学美术学院艺术史论系；同年9月入伍，服役于第二炮兵（现火箭军）96211部队；2015年9月退伍；现就读于法学院法律硕士专业。服役期间两次被评为“优秀士兵”、获嘉奖三次。

谁的青春，没有过一次无悔的绽放？这绽放，无关心绪，无关功利，只是单纯地、肆意地一次全身心的投入，一次彻底无保留的爆发。在这绽放中，只余精彩，只留有感受，它也许是转瞬即逝的，但那种昙花一现的印记，深深地、深深地铭刻于脑海。不可名状，永不消颓。

——杜媛

一

转眼间9月，又是一个退伍和入伍的时节。还记得去年9月5日，我和我的同年兵退伍了，离队前我和留队的战友们含泪打趣说：“没事，这当兵的人好比韭菜，割了一茬又长一茬。”现在回想起来，当时说的这句话也不过是对 “铁打的营盘流水的兵”的一种诙谐表达而已，只是这样表述，语言的感情上就能少些伤感罢了。当过兵的人有一套自己的情感语言，不论是已经复员或是尚在部队，两个有当兵经历的陌生人相见，只需互相问清入伍年份，接下来就能天南地北地聊天，共同回忆“往昔峥嵘岁月”了。话题也不确定，或说起自己的新兵营，或说起自己的老连队，但是聊天却几乎无有罅隙。

位卑未敢忘忧国，每一个清华人都有这样的情怀，只是对于报国的理解不同，因此作出不同的选择。如何将个人的发展规划与一腔爱国报国的赤子之心结合起来，清华有无数师兄、师姐作出了榜样：有人援边支教，有人偏远选调；有人兢兢业业，也有人奔走呼号。我选择走入军营，不可否认有出于个人发展的考虑，但曾经从诗歌中得来的些许意象亦成为我义无反顾的缘由。比如，我还记得“马革裹尸”的豪言、“视死如归”的壮语、“铁马冰河”的关山、“长河落日”的大漠，仿佛只有军人，方称得“铁血”，方担得起“纵死犹闻侠骨香”的凛然气概。

我是2013年9月入伍的。接到政审通知时，我刚到深研院，还没来得及把新班级的同学认全，就连夜飞回本部，参加了政审和动员会，领到了入伍通知书和一身迷彩服，然后去C楼把留了3年的长发剪去，很是利落悲壮。当时我还很“厚颜”地用毛主席“中华儿女多奇志，不爱红装爱武装”来称颂了一把自己，现在回想起来，不爱红装这回事好懂，只不过是告别了便服，但“爱武装”的含义却是到了入伍之后才真正懂得。

二

哪想到甫入军营，我就遭受了打击。

第二天一大早，我的新兵班班长一反前一天尚算温和的态度，严厉训斥了我一顿，理由是我出操时被子还没有叠好。天可怜见！我提前20分钟起床的时候，寝室、走道、甚至楼道里都被趴在地上叠被子的同志们占满了，踌躇了一会儿，为了更有效利用时间，我决定先去洗漱，结果回来以后惊觉大家都已经把被子叠好放上了床铺了，我再试图开始叠被子时，出操的哨声响了，我只得随便团了一团，姑且堆在床头，打算出操回来再料理（虽然正常的连队一日生活制度是先出操再整理内务打扫卫生，但可能是出于强势纠正“地方青年”陋习的目的，新兵营规定出操前个人内务必须到位）。结果回来后班长便指着我那一团“不明物体”劈头盖脸对我开炮了：

“你这是什么？”

“被子。”

“不会打报告么？”

“报告班长，是被子。”

“为什么不叠？”

“报告班长，我起来的时候没有地方了，我就先去洗脸了，等我回来就出操了。”我如实回答。

结果班长听了冷笑一声：“洗脸去了？”然后突然拔高了声音：“是被子重要还是脸重要啊？”

班长提出来的这个问题，当时的我没有回答，只腹诽：“当然是脸重要了。”然而这实话却是不敢说出来的，只好默默听训，不再辩解。不平归不平，此事之后，我每天都要提前40分钟起床，先叠好被子再去洗漱，并且慢慢地形成了两年间雷打不动的习惯。说得夸张点，有时午夜梦回，都会回响起班长那句有如平地惊雷的“是被子重要还是脸重要啊？”的话。后来，每每回想起当时的场景，又是感慨又是好笑，义务兵第二年时一次念及此事，还作了篇《军被论》聊以自娱：

军被者，内务之灵魂，和平年代战斗力标准之要也。

新兵入营，始有军被，自此喜怒荣辱，皆系其身。吾入营时，首战即溃，从此惶惶惑惑，不能脱惧内务之苦海。每逢上查内务，腑脏必云霄地狱，忐忑高歌，不得安然，恐见新兵营铺盖满地之惨状矣。

军被其形，曰方曰正、曰整曰平，以甘脂（豆腐一别称）衡之，形之愈似，则誉之愈上。吾曾见老兵被，惊为天“被”，心驰神往，不能拔也。

叠被之法者众，如八仙过海，神通各显。边以熨斗显，角以钢夹定，线以衣架别，夹板尺度，膝盖关节，板凳墙根，莫不各尽其用。每日数度，费时耗力，终具其形。

铺有上下之分，以肉眼观，常有因光线角度而惨遭毒手者，不一而足。同一军被，俯视之优于仰视，诚公理也，且夫灵长社会，资源莫不先供上而后及下也，士兵虽群而居之，然铺分上下，人有勤怠，是以内务有优有劣，有先有后矣。

吾居上铺久矣，内务向来尔尔，盖一则厌烦畏惧，二则心不在焉故，纵有年余之功，却无精进之欲。今始迁下铺，方悟理也，居下铺者固有优势，然必担纲举目，以定全班级内务标准为己务，故生精细侍弄之念，旦夕之间，业见成效。

噫，军被与吾相杀相爱，不逾二载，吾先恨之而后爱之，时势也，岂诚本乎？非也。部队之方寸矩度铭于内也。

士兵与军被的“相爱相杀”，是军营文化独特的风景。老班长笑言军被道：“冷也是它，热也是它，一床被子盖冬夏。”它如一位沉默的战友，陪伴了我们全部的军营生涯，没有军被带来的苦与痛、笑与泪，就没有最终可称得上严整的内务，便也无法体会到精益求精到极处的感觉了。

三

部队有句话：进门看内务，出门看队列。

和平年代，想要天天摸枪是不可能的，然而天下虽安，忘战必危，出于对“刀枪入库，马放南山”式历史悲剧的忧虑，习近平主席指示：“要建设一支听党指挥，能打胜仗，作风优良的人民军队。”于是，哪怕身处基层，我们也努力思考，如何才能“打胜仗、强作风”，最后摸索的结果自然是从士兵的精气神儿抓起——于是，更加要“进门看内务，出门看队列”了。

比起内务，队列可以算得是我的强项。我个子高，永远是排头兵。“排头兵”在部队是个非常常见的词，标语宣传、教育标题都爱用这个词，它不单单是指一个队列的排头兵，更被赋予“个中翘楚”“不落人后，永争第一”的延伸意义。那么，作为一个队列的基准和灵魂，在真正的队列中时，排头兵又怎么能不以最高要求、最好状态去服从指挥员的每个口令和指示呢？

整理内务都是在室内，我的战友们大多更喜欢整内务，我却更喜欢队列训练，这种偏向性的形成，也是新兵营就奠了基的。倒也不是因为我基础有多好，可能是在新兵营时，每天日程都排得满满当当，体力消耗非常大，因此吃得格外多，但部队伙食太好，于是囤积的脂肪必须通过更多肢体的活动来消耗掉。我想，新兵营时班级的“队列标兵”称号一直被我“垄断”，这大概也是一个重要原因。至于根本性的原因，大概也是一次挨批带给我的转变，不同之前的那次批评，班长很少见地用了更高级的兵法——不再直面冲杀，而是釜底抽薪，当了一次甩手掌柜，让我当指挥员，亲自体验一把口令得不到100%执行度的恼火情绪，以起到切身的教育效果。

身处于集体环境中，角色和看问题的角度不一样时，呈现给各人的是不同的矛盾，若总能做到推己及人，便可使集体更加融洽，生活如此，工作如此，训练亦如此。之前的训练，我总是严格遵守条令的规定，动作是到位了，但不是齐步跑步行进中步伐太大队尾战友跟不上，就是动作速度太快导致队列整体参差不齐，班长让我当过几次指挥员后，当我再站在队列中时，想的就不单单是自己了，还会考虑他人的节奏、整体的效果，在全心全意做好动作的同时掌握整个队伍的步伐大小、节奏频率，效果当然有好转。这件事后，同班的战友有次私下告诉我，大家觉得我“好了很多”，毕竟在部队，大家虽然喜欢先进的个人，但却不欣赏不合群的个体。

高呼“能打胜仗，作风优良”无益于真正的转变，但伴随着“一二一”口令行进的，是每一个士兵的的严格自律，是真正的强军希望。我们曾立志要把最热血的青春磨炼成耐得住寂寞的坚忍，也实实在在地将那不长的两年光阴，燃烧成了强军、兴军的热烈火炬。

四

长剑腾空是山川壮美，我心飞翔是和平赞礼。

不爱红装爱武装的我们离开了部队，军装脱下来，继续求学、继续生活。那一身戎装的自己却成了永不褪色的记忆。我不用再每天叠“豆腐块儿”了，也不必再每天喊着口号一丝不苟地队列行进，一并远去的，还有扛枪时的激情、体能时的酣畅、值班室的装备、连队门口的岗桌……还有必然一生铭记的，我的战友们！即便离开了，再谈起军营时，我依然神采飞扬。我会关注重大新闻，会关心国防和军队改革，会回想部队生活的点点滴滴，会不时联系老班长或者战友絮一回话。

回到学校再反思当兵这段经历，从未有过负面的情绪，如果有，那也只是一种没能做得更好的遗憾，我没能为部队做到最好，但部队却无私地给了我最重要的东西，那是一种习惯，一种为他人着想的习惯，如果非要找一个词来概括这种习惯，我认为应该是责任感。也正因为此，我会在班级干部为“一二·九”指挥人选的事情发愁时毛遂自荐，会在宿舍洗手间脏了其他姑娘不愿意打扫时默默打扫，会在班级聚会聚餐之后主动留下善后，会在家里每顿饭后包揽了洗碗和收拾的活儿，不是因为喜欢做这些事，而是因为知道他人也同样不喜欢。

我从清华走进部队，又从部队回到清华，清华教我致知穷理、学古探

微、自强不息；部队教我方寸矩度、敢于担当、脚踏实地；清华将我培养成为知识的人；部队将我塑造为责任的人。我爱清华，我也怀念部队。我想说，虽然我希望家国和平远离战火，虽然我的《退伍证》上写着“免服预备役”，但当“那一天”来临时，不论何时，不论何地，我都要回到军营去，不仅因为我是老兵，也因为我是清华人。部队的精神就是我永恒的旗帜。

清華園

清华志，平江魂

个/人/简/介

奥格蒙岱，男，蒙古族，中国共产党党员，1992年6月出生，内蒙古包头人。2011年考入清华大学美术学院；2014年9月入伍，服役于中国人民解放军66295部队。在校期间曾任美术学院学生会主席、校团委网络电视台副台长；曾获社会工作优秀奖学金、清华大学学生会优秀学生干部称号。入伍期间获得师“十佳新兵”称号，被评为优秀义务兵，荣立个人三等功一次，并于部队入党。

不仅要当好学生，还要做个好男儿！

——奥格蒙岱

我是美术学院2011级本科生奥格蒙岱，2014年9月入伍，服役于中部战区陆军第38集团军平江起义团坦克营；2016年9月退伍返校。

我相信参军的大多数人都和我一样，从军梦是儿时便萌芽的。身披迷彩、手握钢枪、冲锋陷阵、保家卫国，这是所有男孩子都有过的理想。在我儿时内心深处播下这粒种子的一个是从兵工厂生产线上驶出的下山猛虎般的陆战之王；另一个是电视里1999年国庆大阅兵中排山倒海般的天地雄阵。而我当初绝不会预料到，坦克和阅兵，这两个元素不仅是自己儿时从军梦的起点，也几乎成了后来不长的军旅生涯的全部。

确定了当年入伍同学名单后，学校在分配部队时为我们提供了报志愿的机会。可选的部队包含了5大军种，部队所在地也分布在祖国四面八方，但我从一开始就下定了进入陆军第38集团军这支战功卓著的王牌万岁军服役的决心。

来到新兵连，我才知道自己被分配到了38军第一团——由彭德怀元帅于1928年建立的平江起义团，而这支部队，就是我入伍前举行的“和平使命-2014”上合联演中的主力，更令人惊喜的是，在演习中震撼亮相的最新型99A主战坦克，也正是我所在坦克营的装备。这一切都让我激动不已、精神抖擞。但欣喜过后，我感受到更多的则是巨大的压力。

王牌部队不缺牛人。除了很多同样慕名而来的大学生士兵之外，这里的军官也大都是军中名校毕业，看似普通的战士中也暗藏了许多“五特精兵”“全能兵王”以及在各类军事比武中折桂的尖子。仅靠母校光环，在这里一定做不出成绩。况且这个“光环”带给我们的，是别人更多的关注，我们的一举一动、一言一行似乎都会被拿来与其他人做比较，小到内务质量、队列动作，大到体能素质、专业水平，再到思想觉悟、作风养成，如果不做到样样拔尖，那一定会得到类似“清华学生也不过如此”的评价。所以，我相信所有踏入军营的清华学子和我一样，为了学校的荣誉、为了自己的理想，在这两年中不敢有丝毫懈怠，无不青筋暴起、拳头攥起，以面对各种前所未有的挑战。

这两年中，我们这批清华学生兵在不同的地方、不同的岗位，演绎着不同的故事，而唯一相同的是，我们都痛并快乐着。至于所谓痛苦或是磨砺，已经是每个退伍战士老生常谈的话题了，我更想分享的是自己在这两年中两个比较深刻的体会。

第一个体会，是正确面对得失。2015年9月3日，中国在北京举行了盛大的阅兵式，以纪念中国人民抗日战争暨世界反法西斯战争胜利70周年，我们团因为在抗战期间战功卓著而被选为受阅部队，抽调人员和装备组建了99A坦克方队。

清华的学生算是同龄人中的佼佼者，从小到大，我们似乎没经历过什么失落或挫折，自己想得到的，努力争取往往都能如愿，而这次阅兵，却成为我一生的遗憾。

我做梦都没想到自己也有机会参加大阅兵。阅兵的9个月前，团里展开了受阅队员遴选工作。我自认为可以顺利入选，可一条“身高178cm~182cm”的硬标准却把我拦在了入选名单之外。多数落选者都是因为身高不足，而我却是因为身高超出上限2cm，可结果都是一样的。

正如之前提到的，我正是因为受到1999年那次世纪大阅兵的震撼，才立下了从军的理想。当时刚上小学一年级的我，竟能够牢牢记下那次阅兵中所有方队和装备，背下了多数方队的解说词，还能模仿着徒步方队的受阅姿态有模有样地踢一段正步。但是选拔负责人并不能因为这些而忽略我多出来的两指高。

我太想坐着自己的坦克昂首挺胸地在天安门前接受检阅了，我太想在长安街上全副武装、英气逼人地在全世界面前展示中国军人的风采了。我不甘心。从小到大，我没有一次迫切想得到的东西是我争取不来的。我和连主官说，我可以把头盔调低，作战靴可以不垫鞋垫，要是再不行我可以把鞋底磨掉一些，怎么都能“协调”出两公分来；我和方队首长说，我可以跟着方队训练，哪怕最后还是因为身高被淘汰，我也认了；我甚至冒昧地托父母联系了校武装部的熊老师，希望学校能出面帮我想想办法；即使后来因为特长而进入受阅方队机关从事文宣工作，我也没忘记按照受阅训练科目悄悄加练，希望如果有一天真能成为受阅队员也能跟得上训练进度。

但硬标准就是硬标准，所有的争取和设想都是徒劳的。平时引以为豪的大个子，现在却成了挡着我实现梦想的一堵墙。在新兵连经历超强度训练和巨大身心压力的时候，我没掉过泪；在中秋夜和除夕夜伴着漫天烟花和万家灯火站哨的时候，我没掉过泪；踩着满脚血泡、顶着寒风暴雪负重急行军200公里的时候，我没掉过泪。可这次我没忍住。

后来，首长和老师肯定了我的态度，父母也不停地开导我，我也明白自己不能因为这件事影响本职工作，慢慢地端正了心态，知道在幕后工作同样是接受检阅，更何况军队是个说一不二的地方，服从命令是天职。再后来，我也渐渐明白，人不可能一帆风顺，再努力的人也不可能没有遗憾，经历些失落并不一定是坏事。这不是认命，而是成长，而是学会了正确面对得失。

第二个体会，是懂得多想想“我能做什么”，而不是“我能得到什么”。所有人在参军之前设想军旅生活的画面中，一定有脸涂伪装油、身穿特战服、手持狙击枪在丛林里搜索；或是伴着夕阳的余晖在茫茫戈壁演习场上坐着坦克、步战车飞驰；甚至是机降到敌后，用一把冲锋枪、一套捕俘拳、一柄战术刀大杀四方。可当我们真的来到部队，才发现军队不只有作战人员——机关需要公勤兵，后勤需要炊事兵，运输需要汽车兵，通联需要通信兵，还有防化兵、工程兵、修理兵，等等，即使在作战连队，也不一定都能分配到能上阵杀敌的岗位。

所有清华走出来的士兵，一定是不会惧怕危险和艰苦的，所以都会想方设法进入一线作战连队，正如我能留在坦克营，也是因为婉拒了很多“舒服”岗位一样。因为只有这样，两年军旅生活才算充实而精彩——当兵就当能上战场的兵。然而，正当我在连队刻苦训练大半年、刚刚分配到属于自己的坦克的时候，首长的一纸调令把我从作战连队拽到了机关政工部门。既然是首长的命令，我也没有了拒绝的余地。

我的专业是艺术设计，双学位还修了新闻传播学，平时也爱写写东西，所以在机关工作算得上得心应手，可我始终没忘了和部门领导提希望回到连队的想法。有一次，我的想法被首长知道了，就被他叫去谈心。也正是因为这次谈话，我才明白了首长这次调动的意图。他说，刚从校园走出来的战士想待在艰苦的连队，他很欣慰。但是，一个高等学府出来的学生，眼光不能仅仅停留在“来部队体验军旅生活”的层次，而是应该考虑能在部队作多少贡献。连队的岗位很多人都可以胜任，而机关岗位并不是。在更大的舞台才能充分展现能力，才能作出更大的贡献。

首长的一番话令我羞愧难当。我们往往都在想，参军可以强健体魄、磨炼意志、体验不一样的生活，甚至还有一些功利的想法，于是我们都在争取自己想要的——争取受阅时我是这样，争取留在“充实而精彩”的连队时我还是这样——自己并没有考虑过部队需要什么。我忽然明白，一个人，尤其是受到学校和国家无私支持的清华学子，不能总想着“我能因此得到什么”，而应该多想“我能为此做些什么”。身处军队应该这样，步入社会同样也应该这样。在付出之后，既可以实现自身价值，也可以获得认可和回报。也正是因为我在机关工作期间制作的多部影视作品受到军师首长的认可和广大官兵的欢迎，还出色完成了其他任务，我在阅兵期间火线入党，并在退伍前荣立个人三等功。

其实，我的入伍体会绝不止这些，或许离开部队越久，越能发现那里带给我的成长。临近退伍，我仍希望能在离开前为团里多做一些事，即使在退伍的前一晚，我还穿着已经摘掉军衔、臂章的军装通宵工作，于是，我甚至忘记留恋，忘记和一些人告别，也忘记哪一次点名是我参加的最后一次点名，忘记哪一个军礼是我敬的最后一个军礼。

退伍和开学几乎无缝连接，我顶着一头圆寸、带着一脸黝黑见到了新同学们。回到学校便觉得，这个曾经生活过3年的地方却变得些许陌生。还没来得及适应身份的转变，我便迎来了推研面试和满满的课表，即便到了今天，我仍然得提醒自己进门不需要喊“报告”，点名答“到”不需要洪亮干脆，接电话也不需要满口的“是”和“明白”。

曾经有过这样的担忧：自己的专业需要开拓的思维和自由的创意，部队模式化的生活会不会让我无法适应专业。然而，当重新回到课堂上时，我发现除了工作标准变得更高、更能静下心来钻研之外，我没有遇到之前令我担忧的变化，甚至返校这一学期的专业课成绩超过了我之前的任何一年。

我现在的生活到处可见部队的影子——书桌上停着一辆99A坦克模型，

旁边放着一顶头盔，水杯是连队退伍纪念品，腰带扣上还印着八一军徽和“PLA”，军线手机仍然常年开机，而我写这篇文章的时候，披着的正是一件陆军常服大衣。我大概不会把这些标签轻易地从我生活中抹去了。母亲劝我，要往前看，不能总揣着过去。我觉得，得揣着过去，带着故事才能走得更远些。事实上，我经常会觉得自己仅仅是做了一场梦，仿佛自己只是在紫荆公寓的寝室里睡了个午觉，做了个长长的梦，睡前我是学生，醒来我还是个学生。

这两年过得实在太快了。

用同在平江起义团服役、被陆军树立为重大宣传典型的清华七字班国防生田悦连长的话说，“我们都是幸运的，有机会在底蕴深厚的最高学府学习，也有机会在历史厚重的精锐部队服役，这让我们有了清华志，也有了平江魂”。现在回顾这段时光，要感谢的人太多，感谢团首长对我的培养和关怀，感谢营连主官和机关领导的鞭策与鼓励，感谢战友们的包容和帮助，也要感谢学校和学院的老师们，更要感谢我的父母。感恩之情，无以言表。

前段时间看了陆军最新的征兵宣传片，看的时候仍然像一个中学生那样单纯地热血沸腾，但也像一个退伍战士那样激动到热泪盈眶。对于当过兵的人来说，那种三军列阵、铁甲生辉、炮火齐鸣的画面才配称作心灵鸡汤。很多人用“当兵后悔两年，不当兵后悔一辈子”这句话来鼓励自己勇敢踏入军营，但我从来不会后悔，无论是那两年，还是这辈子。

把青春推上枪膛

个/人/简/介

陈宇，男，汉族，中国共产党党员，1995年1月生，湖北荆州人。2012年考入清华大学工程物理系；2014年9月入伍；2016年9月退伍；曾服役于火箭军96361部队，服役期间荣获个人三等功；现为工程物理系大三年级学生。

谁都无法否认，军营是锻炼真男人的地方，一个男孩想要成长为男人要干两件事：一是上大学；二是参军。而想要成为真正的男子汉，就要提高标准，对于我，已经上了最好的大学，就要当最牛的兵。

——陈宇

写这篇文章的时候，我已经退伍半年了，当兵的两年和退伍的半年内，被问过无数次“当时为什么当兵？”我也给出过无数种回答，比如，为了完成“小男孩”时期种下的梦想；比如，在学校待久了想换种活法去经历一些帅炸天的事情；还有，甚至是受到军旅题材影视剧的影响，突然一股子热血冲上天灵盖；当然，也有官方发言式的“献身国防释放青春”。可是现在，我突然又觉得这些都是我生硬地想出来的原因，或许是因为我心中的英雄情结。

上最好的大学，当最牛的兵

我一直认为，一个男孩想要成长为男人要干两件事：一是上大学；二是参军。而想要成为真正的男子汉，就要提高标准，对于我，已经上了最好的大学，就要当最牛的兵。

我来自湖北荆州的一个在1998年的特大洪水中被人民子弟兵用生命保护下来的小镇，本来就对军人有着格外的好感。而在我进入大学之后的第二个年头，一次偶然的机会，一个退伍返校的同系学长评价我说：“你这个身体素质很适合去当兵”，虽然不是第一次听到类似的评价，但是这却是我第一次真正动了念头，当天晚上我就连着回去找到曾经看过的电视剧《士兵突击》和《我是特种兵》，课都没上连着看了一天一夜，越看越向往、越想冲进部队，去当个英雄。

我家曾经就出了个老英雄，我的曾外祖父是一名新四军战士，在抗日战争中壮烈牺牲，至今外公家还挂着“革命英雄永垂不朽”的牌匾。

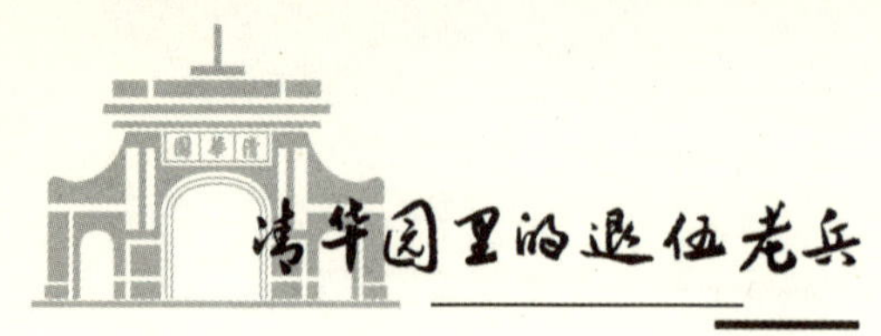

可是当兵的选择肯定不是简单地拍拍桌子、捶捶胸膛的事儿，于是满怀热血却又在现实中摇摆的我在QQ空间发了一条“陈宇要去当兵了！”一瞬间10多个头像在电脑右下角闪动，“为什么？”“你脑子抽了吗？”“你疯了？当兵多苦啊”，可也就是在那一刻，我的想法坚定了，我就是要完成他们都觉得疯了、做不了的事情，何况年轻人就是要到最艰苦的地方去，年轻的时候不吃苦要等到什么时候？

于是，2014年9月，即将升入大三的我投笔从戎，到了青藏高原上的火箭军某导弹旅，成为了一名高原火箭兵。选择火箭军，一方面，是因为我觉得这是我们国家的战略底牌与王牌，最牛的军种；另一方面，作为走出了许多“两弹一星”元勋的清华大学工程物理系的一员，有着对导弹部队特殊的向往；选择青海，是因为我觉得青海在当时能选择的地点中，青藏高原是我觉得环境最艰苦、条件最差、挑战最大的。

从新兵蛋子到阅兵场上的“高才生”

进入新兵营之后，被特种兵系列影视剧迷得神魂颠倒的我表现得非常兴奋，甚至做梦都梦到自己是“小庄”，要和自己的班长干一架、要当兵王，也正是在这段铆足了劲头想跟班长干架的过程，是我训练最拼、进步最快的过程。

新兵下连后不久，年底我所在的部队接到了上级关于抽组人员参加阅兵的消息，没有丝毫犹豫，我第一时间递交了申请书，可是第一轮的筛选之后我只是一个备份队员，因为身体偏瘦。后来为了转正，我每天加练体能，疯狂补充蛋白粉，一个月增重15斤。

可以说，阅兵是我这两年来参加的最大任务，也是经历最多、感触最深的事情。因为阅兵，我真正体验到了想象中那种当兵的感觉，一群年轻的士兵为了共同的目标同风雨共患难，不抛弃、不放弃。

大年初二阅兵集训队集结完成，西北高原还是大雪纷飞，日平均气温零下10多度，可以说是滴水成冰、寒风刺骨，每天我们都在大雪和寒风中训练接近10个小时，一天下来，脚失去了知觉，睡一晚上都还是冰凉的；薄薄的手套根本无法抵御寒风，手冻僵了吃饭都不利索，耳朵被冻伤了，一进屋子就痒，一到室外就疼。阅兵要求40秒不眨眼，为了练眼神，我们直面寒风使劲瞪眼，双眼睫毛冰晶闪闪，时间一长眼睛又酸又疼眼泪直往下淌，到最后甚至眼睛都闭不上了。后来转训到北京，又正值盛夏，烈日骄阳，阅兵训练使用的95式自动步枪，尼龙材料的枪背带极易吸热，在阳光的烘烤下能达到60多度，不一会儿就能把皮肤烫得红肿起泡，训练结束后的相互消毒处理成了家常便饭，第二天又咬着牙，忍着汗水浸渍伤口的剧痛继续训练。每名受阅队员都经历了这一遭，在日复一日的训练中，皮肤烫伤、成茧、变厚，最后很多同志的肩上、背上、胸前都留下一道深深的“枪带印”。

参加军训的时候都站过军姿，虽然不舒服，但是也没想到会这么痛苦。阅兵训练每次站军姿，钢盔、防弹衣、迷彩服、战术手套、作战靴和轻武器，20斤重的随身装具把我们裹得严严实实，特别是防弹衣，一穿上就跟穿了件小棉袄站在桑拿房里一样，不到5分钟便汗流如注。有一次阅兵联合指挥部统一组织的极限军姿站立，一般是4个小时左右，那天我的身体感觉不是很好，刚站立不到一个小时我就开始两脚发麻、膝盖发痛，伴随着头晕目眩胸闷难受；第二个小时两腿开始发胀、全身僵硬、肩膀酸痛；等到第三个小时的时候，体能已经到了极限，只能完全凭着意志苦苦支撑，潜意识里不断地提醒自己：无论如何也不能成为“全军第一倒”，无论如何也不能给高原火箭兵丢人。站到最后，两只脚就像在地上扎了根一样，每动一下都钻心的疼，头晕得更是厉害，甚至有想要呕吐的感觉，我强忍着吞咽了几下，便开始咬自己的舌头，想将不适感转移，咬完了左边咬右边，咬完了右边又接着咬左边，不知道咬了多少下，终于挺到了最后，那一刻才发现舌头已经被咬破，嘴角渗着鲜血。

现在我都还记得，训练了3天之后，最好的兄弟半夜在上铺小声说“我们回去吧”，我对他说：“200多天的训练，就算是条狗都能规规矩矩、整整齐齐站到长安街上，阅兵阅的不是结果、不是形式，而是阅人、阅过程，比的就是谁能坚持到最后！”高强度训练200多天，军姿站立近千小时，无论风吹日晒、生病受伤，我没有缺席过一次训练，没有请过一次假。

现在回头一想我都后怕，当初自己是如何坚持下来的，也许这就是信仰，军人的信仰是完成任务！也正是经历过，才知道自己这么强大！

锋芒终将铸成城墙

两年的军旅生涯的磨砺，苦过、累过、爱过、恨过，点点滴滴，我收获了军人身上特有的气质、血性、责任担当和自律能力；也收获了宣传的光鲜，各种荣誉与露脸。但我一直觉得，两年很短，在谈到军营两年时不仅仅是部队如何改变了自己，带给了自己什么，更应该“让自己带给部队的比部队带给自己的多”。

第一年除了阅兵的时间，我处在基层连队，一个长期以来以“躺着奉献”为荣的典型高原连队，依然沉浸在新兵营严格管理和与班长干架快感中的我肯定是看不惯的，记得第一次在连队发言，我就说了一句“感觉这不像一群军人，而是一群工人”，说得很多老班长面红耳赤。后来自己又多次为了连队建设谏言，给连队带去了很多的正能量，我也见证了一支落后连队逐步转变成一支人人争先的先进连队。

第二年，我担任火箭军征兵形象大使和青海省征兵形象大使，频繁在外进行各种活动，很遗憾没能在连队待更久的时间、给连队带去更多的贡献。但是我一直觉得第二年干的事情更加有意义，清华兵两年很短，弹弹吉他、写写毛笔字说实话贡献不大，走了除了留下清华兵的传说没有别的什么，作为形象大使把火箭军的正能量带给了所有人，通过征兵给部队带去了更多的力量，我是满意的。

至于当兵两年最大的遗憾，应该是在阅兵方阵的一件事情，因为自己天生嗓音很低沉，每次喊“首长好”和“为人民服务”总是比别人低几个调，我尝试用假声喊，可是根本发都发不出假声，有一次和隔壁方阵比拼喊答词，拿分贝仪测分贝，第一轮我喊了结果102输了，第二轮我没喊108赢了，第三轮我又喊了，结果101.6又输了，后来我就没敢喊了，很难受，很想给方阵出力可是又使不上力，后来，每一次我都拼命地喊又拼命把声音压下来不能发出去。最后在长安街上的一次，看见主席从面前经过，真的很想喊“首长好”，可是第一个字刚出来，感觉和别人的声音不太一样，显得格格不入，又咽下去了。至今仍然为自己没能出力而愤懑。

可以说，当了兵才知道过去的模样太放松；当了兵才知道自己的骨头硬不硬；当了兵才知道什么是孬种和英雄；当了兵才知道祖国和山河在心中，从当初仅仅一句“当兵很酷”，到最后感受到保家卫国的神圣使命，为自己与祖国强大的国防力量联系在一起而倍感自豪，我是无悔于自己选择的，当了兵，我无愧于这个伟大的时代。因为，我为人民站过岗，为祖国放过哨。

我想，很可能这两年将是我人生中最难忘的时光，而青春最酷的事情，也莫过于把锋芒铸成城墙，把青春推上枪膛了吧。

渺小身躯守护千家万户的宁静

个/人/简/介

刘力瑞，男，白族，中国共青团团员，1995年7月出生，贵州盘县人。2013年考入清华大学化学工程系；2014年9月入伍；2016年9月退伍；曾服役于中国人民解放军66028部队。在校期间被评为“清华大学国旗仪仗队优秀队员”；服役期间连续两年被评为优秀士兵。

最基层的部队，最基层的岗位；最平凡的身份，不平凡的责任。在奔腾翻涌的江河中，自己只是一朵小小浪花。那些为共和国默默奉献的人让我明白了：记住清华，更要“忘记”清华！

——刘力瑞

“升旗仪式，现在开始！”

我拔刀出鞘，指挥刀伴着嘹亮的口令声划破黎明清华园的宁静。

2014年9月1日，那是我在国旗仪仗队最后一个升旗仪式。

再过几天，我就要踏上开往军营的列车。

国旗仪仗队：离军营最近的地方

相信参军入伍是每一个男生心里都有的情结，我也并不例外。从小到大，“当兵”这两个字都一直在我心头。

军训过后，我难舍这来之不易的军旅体验，于是报名参加了国旗仪仗队。辅导员告诉我，或许，这是清华离部队最近的地方。

“沐朝露、伴夕阳，是我至爱的生活；能亲手升起五星红旗，是我无上的荣光；护卫国旗、报效国家，是我一生的担当。”这句话是仪仗队的队训。这句话也就是我在清华第一年的生活。

天还未亮，不用闹钟我也能从梦中醒来，穿上军装，带上“天下第一刀”骑车赶往主楼。

出鞘、挥刀、收刀、入鞘。一遍遍重复、一遍遍练习，我幻想自己真的是一名国旗卫士，守护着五星红旗的荣光。正因为此，我对部队火热生活的向往越来越强烈。

仪仗队授衔仪式后，我曾拍了一张军装的照片发给了母亲，她吓坏了，还以为我真的参军入伍：“这是怎么回事？你不要吓我。”我赶忙打电话回去，告诉她事实。

可是没想到，这件事偏偏成了真。我如愿以偿成为了中国人民解放军的一员，来到了野战部队，成为了最普通、最平凡的一个士兵。

“清华园”到“狮子园”

当我们从驻地火车站下车时，已经是深夜，还没缓过劲来就被挤进了“解放牌”的车厢板。几十个人挤在一个卡车厢里，动弹不得，只能跟随车子一路摇晃。身边的清华战友杨亚楠兴奋地说：“狮子园？‘兽营’要到了，‘兽营’要到了！”我的也按捺不住内心的激动，期待着即将到来的部队生活。

然而，又一次没想到，这里似乎和我的想象不太相同。我曾经以为野战部队是驻扎在深山老林之中，四处硝烟弥漫、炮火连天，可是“狮子园”却是在皇家园林——避暑山庄的旁边，站在窗户旁还能望见“小布达拉宫”。没有想象中的坦克火炮、没有想象中的舰队机群，甚至连机械化的装备也没有，这开始让我感觉有些失望。

可这里毕竟是野战部队，说的最多的就是“一杆枪”和“两条腿”。开始大家摸枪都比较新鲜，到了后来，看见枪就犯怵。持枪训练，7斤重的铁疙瘩就拿在手里，手腕绷直，枪身离开身体10公分。对于我们新兵来说，简直是噩梦，1分钟都坚持不住。肩枪时拇指顶住枪背带，枪托高于身体，背带要呈三角形，也就是说枪完全撑在肩上，背带借不到一点力。这个动作一撑就是20分钟，拇指到最后都弯不回来。

后来进入了举枪瞄准，“这个好啊，趴在地上多舒服。”话还没说完就看见班长冷冷一笑，有你好受的。如果要射击精度高，一个重要因素就是持久稳固地举枪。举枪看上去趴着一动不动，实际上双手要向下向后使劲，把整个枪身牢牢抱在身上，身体牢牢扒紧地面，要用上全身的力气才能适应这个姿势。班长时不时过来检查一下，抬一抬枪口，如果被发现偷懒了，好办，“上道！50秒，一圈回来，回不来再一圈。”记得有一次，前一天是高强度训练，下午训练瞄准，中午都没怎么休息，有个战友头靠在枪托上竟然睡着了。班长也没说话，走到他身旁，一脚把枪托踹开，“咣”一下啃了一嘴土。雪天训练才是煎熬，哪怕穿上了保暖绒衣、棉衣、外套，可是与大地亲密接触的时候，寒气还是刺骨。在那样的天气中，因为戴着手套对击发有影响，我们需要练习裸手击发。在零下的温度里，手指没几分钟就会被冻僵，冻僵了就站起身来活动活动，“上道，来一圈”。一圈回来过后立马趴下，模拟在战场急促环境下如何调整呼吸。

谁都爱打枪，可是又怕打不准，打得好好说，班长、连长什么奖励都有。可要打不准，那惩罚的方式也是花样的。我们靶场的纵深差不多有350米，硬土地，上面还有许多碎石子。一旦打不好，全连新兵从头低姿匍匐爬到靶壕，衣服磨破，肘皮出血都是常有的事。有一次步枪操作射击，10发子弹命中8发以上为优秀，6发以上为良好，4发以上为及格。三轮射击过后已经接近中午，班长黑着脸拿着成绩过来，我们一看知道不妙，“一会儿部队带回，你们几个留下。”我们班8个人，5个人优秀，2个良好，只有一个战友不及格，只上了2发弹。我们被带到靶场旁的小树林，一列排开，“低姿匍匐，准备！”扑通扑通，平时卧倒时干脆果敢的大家，今天像下饺子一样稀里哗啦。我们趴在地上，大气不敢出，突然听到班长说：“为啥人家能打好就你不行？怪我没教好，我当兵5年头一次，我也爬，我带着你爬。低姿匍匐，前进！”班长一个劲地往前冲，我们使出浑身力气也只能跟在后面，围着小树林一圈，还没出去一半我们已经筋疲力尽，咬着牙、绷着劲、闭着眼，总算爬完，大家站了起来。班长说：“那谁，全班就你不及格，刚刚大家陪你爬了一圈，你觉得对得起大家吗？”小朱没有说话。“自己上道！”他二话没说，又开始爬。都说新兵连的感情深，我们也是晚上在被窝里分过馒头的弟兄，眼看他自己受罚，我们心里也不是滋味。“报告！我想陪他一起。”话音刚落我便卧倒，追上了他。其余6个战友也纷纷加入，我们在他耳旁鼓劲加油，每个人都一点力气都没有了，他“哇”地一下哭了出来。当然，我们班最后成为了营里的射击全优班。

征战训练场

我所在单位是野战军中最基层、最普通、最纯粹的摩托化步兵连队。听老兵说，没有步战车，演习的时候只能跟在坦克后面跑，除了黄土还是黄土。从一开始我就特别期待，心想着这样的机会什么时候才能到来。

下连还没几天，部队就接到命令，即将千里机动，参加“跨越·2015 训练场”冬季适应性演练，立即由日常战备转入戒备状态，迅速展开演习准备。单兵基本技能还没有掌握的我们，就要准备“上战场”了。

这时候，全旅的车都从车场开了出来，停在各个连队的集合区，从跑道的一头望去，几十辆卡车标成一条线，哪怕一公分都没有超出。准备战备物资、调整武器装备状态……每天最主要的事情就是临战训练。训练宿营，要求9分钟之内，迅速完成班用寒区帐篷的搭设；训练执勤，熟悉多种口令的使用、明暗哨的设置；训练战斗队形，跟随坦克通过通路。紧急出动是必须要提的。全员全装紧急集合，就是在规定的时间内要将帐篷、给养等战备物资全部装车，而后集合列队。临战前几天，整天都在训练拉动，不光是那几天，后来这也是我们日常的训练科目。每一次的标准就是，只要配发实弹，就能拉出去打仗。而后转入了一级战备，24小时武器都不离身，吃饭也带着，晚上武器不入库，睡觉不铺床。枕戈待旦，兴奋地我半夜都睡不着觉。

“一年一场风，从春刮到冬”。1月份正是训练场最冷的时候，最低气温-43℃，方圆千里难见人烟。加上伪装衣，从里到外总共穿了7层，还要戴两层手套、防寒面罩。夜里站岗还要再加一件羊皮大衣。野战条件下，吃得比较简单，食材都是营区准备好的半成品肉、蔬菜和主食。放到大锅里炖熟就算是一顿饭了。十二三个人挤在一个帐篷里，睡觉的时候腿都伸不直。为了取暖，帐篷里的炉火不能断，大块的煤烧不着，只得拿到帐篷外砸成小块放到煤筐里备用，每天要倒腾好几次。再加上帐篷里煤灰比较重，常常弄得满脸满手都是灰。皮肤早已被干冷的环境冻裂，形成了深深的沟壑，煤灰深藏在里面根本洗不掉。看到过去只拿笔杆不拿枪杆的手变成这个样子，心里有种说不出的滋味。在宿营地，吃水都困难，更不用提洗漱，每天只有一趟水车来送水。帐篷离水车有一段距离，我们不得不提着水桶去打水。在没掉脚踝的雪地里行走踉踉跄跄，再加上提着两个水桶，晃晃荡荡水溅了一身，还没进帐篷就已经冻成冰了，衣服裤子硬邦邦的。

在演习的第3天，所有老兵外出执行勘察任务。一个排只有几个新兵留守。那本是一个晴朗的早晨，然而我们突然收到“敌”军“锁眼”卫星过境的消息，上级命令我们迅速将寒区帐篷反搭，将里面白色一面外露，以便伪装。接到命令后，我们毫不犹豫，明确分工，松地钉、解绳结……立即开始工作。然而，刚把篷顶的绳结解开，我们最不希望遇到的事情发生了，这时突然下起了雪，刮起了白毛风。风在呼啸，篷顶被吹起来，拉都拉不住，感觉整个帐篷都快被掀翻。我们顾不上冰雪打在脸上生疼，顾不上天气的严寒，拼尽全力将绳子系牢，为了动作方便，甚至把手套都脱了下来。

当搭好帐篷那一刻，我们站在那片无边无际，白茫茫的草原上，相视一笑，一片暖流涌上心田，所有的苦累在那一刻都化作乌有。什么皮肤冻裂、什么严寒难耐、什么灰头土脸，这些经历，在学校温暖明亮的图书馆、教学楼里学习的同学们这辈子都无法体会。现在它们都沉淀成了我记忆深处里最晶莹剔透的结晶。

草原的再淬火

第二年上等兵，因为工作做得还算出色，加上思想过硬，组织安排当副班长。我也从一名轻机枪手变为步枪手。夏天的时候，部队到草原上展开为期5个月的野外驻训。大草原上的环境没有训练场那么恶劣，但条件也是较为艰苦。

5月初到了康保却不得不添上厚衣服。机动途中到张营村疏散隐蔽，刚一停车就看见乌云密布。“迅速搭设车边帐篷，进行车辆伪装。”伪装网刚一撑开，暴雨就下了起来。“不对啊，这怎么动静这么大呢？怎么还往里渗水？”我赶紧带上两个人，披上雨衣带着锹镐出去查看。原来外面在下鸡蛋大的冰雹。为了不让雨水进入，冒着暴雨挖出排水沟。还好有树林和伪装网的掩护，不至于被砸得太惨。等到回到帐篷里，只听见对讲机里连长的声

音："各单位注意了，都不要随便乱跑。刚刚某连有个兵，脑袋被砸出个大包……"一到了驻训点，我们赶紧把棉大衣从前运包里拿了出来。老天好像是迎接我们似的，当天晚上就让我们见识了草原的5月飞雪。

刚到驻训点的前一周，基本上都是在整治营区环境。草原昼夜温差大，风沙也比较大。白天顶着烈日，扛沙子、和水泥，劳动量比较大，风沙一吹，皮都得掉好几层。炊事班也没准备好，只能在狭窄的排房里胡乱吃些。每天干的活又脏又累，满手泥土，来不及洗干净抓起馒头也能吃得很香。

等转入正式训练了，我们就要开始强化"两条腿"了。营门口有个高地叫1545，意思就是海拔1545米，绕山一圈差不多6公里，每天早晨出操就是一圈，上午训练结束再来一圈，下午体能训练还是一圈，每天跑量十几公里都是家常便饭。带出训练，坐着车到几公里以外的地方组织战术演练。等训练结束，大家累了一天了觉得该坐车回去了。一下山傻眼了，哪还有什么车，只剩下车轮印了。"调整装具，武装奔袭！"

每年除了年终考核之外，最重要的就数建制连比武考核。表面上不说，大家心里都暗着较劲。我们连连续7年被评为"军事训练一级连"，新兵连的时候老兵用"连续5年了，你们要好好干"来激励我们，上等兵的时候，我们用"连续6年了，你们要好好干"来激励新兵，等退伍返校了，我再次听到了老单位传来的佳绩。"跑得快"我们连是全旅数一数二的。建制连武装越野5公里比武前夜，我准备一个教育材料一直到凌晨3点，第二天早晨6点出早操，下午2点的时候正式比赛，当时的确比较累，身体感觉都是飘的，在跑前喝了罐红牛，尽可能让自己比较兴奋。比武时记全连最后一个人通过终点的成绩，所以不会落下任何一个兄弟，帮忙扛枪、推着往前跑，跑到前面的再回到后面保障，每一个人都很拼，冲过终点那一瞬间，有3个兄弟体力不支晕倒在终点线，我当时只有一个感觉，懵了。后来听到成绩之后，全旅第二，虽然没拿第一比较遗憾，但我们连队上场人数比较多，这也是客观因素之一。不过"战场无亚军"，没拿第一就是输了，这就是部队。

最后的话

“我给别人只放两年的哨，可别人要为我站一辈子的岗。”

无论在哪里，总会有人问为什么要去当兵？我想，这句话就是最完美的诠释。

曾经在哈必日嘎的一个夜晚我负责执勤，那里的星空壮观到令我动容，夜空是那么深邃、那么清澈，只有繁星和月光，别无杂物。环顾四周，无边的草原上只剩下帐篷和伪装网，众多帐篷里透出的炉火光又在大地上织出了另一张星网。为了躲避寒风，我们只敢躲在帐篷后面靠它来挡风。星空、草原、黑暗、火光。在那一刻，我感到了前所未有的震撼；在那一刻，我才感受到当兵的真正意义，“炉火星网”在我眼前已经成为了万家灯火。

此刻我站在这里，用自己渺小的身躯守护千家万户的宁静。

我在钢七连的日子

个/人/简/介

谭方园，男，汉族，中国共青团团员，1995年1月2日出生，湖南娄底人。2011年考入清华大学化学工程系；2014年9月入伍，服役于武警8652部队；2016年9月退伍；现为化学工程系大四年级学生。在校期间曾获学业进步单项奖学金、文艺优秀奖学金；服役期间被评为“优秀士兵”两次、团嘉奖两次。

每个男人一生中会成长三次——第一次是发现自己不是世界中心的时候；第二次是发现无论怎么努力有些事终究是无可奈何的时候；第三次是明知有些事可能无能为力，仍然竭尽全力去争取的时候。在最大的逆境中尽最大的努力，这是我在橄榄绿的两年里最大的收获。

——谭方园

初　心

一切的一切都要从那年那个晚上说起。那时的我年少轻狂、想法过分简单，总是困囿于“想做这个又想做那个”却永远停在原地的怪圈里，整天蓬头垢面透支精力，明明有种清醒的自觉——自己离一个合格的清华人的标准还差太远，却又不知从何开始改变。

2014年6月6日晚上，我的邮箱里突然出现了一封“征兵启事”，“妈妈，我高中毕业就去当兵！”的儿时宣告又被从我记忆深处拽了出来。8日报名截止，时间不多，所以也没有太多时间留我考虑。

我赶紧向身边的人报告——

“爸，我想去参军……嗯，我知道了。”

“妈，我今年9月当兵去了……没事，就想去当兵……嗯好的。”

“振文师兄，能和我说说您在海军的感受吗？能说说您两年来的改变吗？”

“吕老师，哪些是作战部队？机动师？……好的我愿意。”

“史老师，我祖辈、父辈从没出过老兵，家里也没什么红色传统，我就是觉得军人特朴素，我想成为一个朴素简单的人，所以我选择入伍。”

拎着箱子，里头塞了一身便服、一把牙刷、一张入伍通知单，我戴着红花、披着绶带，一脚就踏进了8652的门。

磨　　炼

在机关楼前，我们海淀区几十个人列了个方队，特勤连的干部一看面相、二捏手脚地把“精英苗子”提前挑走了，我在剩下的“凡人”里被分到了新兵一连。

班长是个湖南人，预提士官，长相平凡，瘦小憨厚。连长是个蒙古大汉，素质提干，不怒自威。我顶着一个小平头，努力挺直腰杆，小心翼翼地四处张望，仔细地打量着这个要生活两年的地方。

前两个星期的“警营”生活并没有如“老兵”们描述的那样紧张忙碌，无非就是叠叠被子、踏踏齐步、上些课程。可能是年少时很早就离家，因此比较独立自主；也可能是年龄较为年长的缘故，我冷静地接受了眼前的这一切，并没有像其他的战友那样觉得有多么不适应。第一个中秋节发手机时班里战友红了好几对眼睛，也有人成天私下里嘀咕怎么“跑”合适或者怎么被退兵才能显得光彩些且不那么狼狈。当然他们的想法都没能如愿。

我在军营第一次崭露头角是体能摸底。那时3个人一组跑西操场的环形道，前面的战友最好成绩是55秒，到我时我们这组已经落了单，二班长吕顺江捋了捋袖子，刚上道就说要陪我“飙”一趟，可能是成为猎物的危机感鞭策着我，52秒，我竟然比吕班长快了两个身位跑到终点，但是那时的我心里倒没有什么骄傲感——毕竟我一直都想当最快的那一个。

虽然95-1式自动步枪发到我手上时不激动是假的，但是第一个上午验枪和装退子弹时我满头大汗也是真的，更不要提第二天转入的战斗操枪时的窘态，还记得那天我们被要求要提着步枪，结果没有几个人能够提动，连长和班长们一边单手拽着下护盖甩来甩去，一边嘲笑着我们：“这7斤重的玩意儿你们怎么就提不动？”没过几天，又一道“操蛋”的命令下来了——鉴于新兵们手腕力量普遍不足，接下来每天行军途中采用单手持枪行进，到靶场后先单手持枪慢跑活动身体。还记得听到这道命令时，一班长陈云龙的一句话特别有人味儿：“领导都操蛋了，这下完了！”

说到一班长，新兵连最令我感到痛苦的记忆基本上都是他带给我的，他称呼我的几个关键词和嘲讽句我现在还记得——“烂人”“别带坏了风气”。第一次弹药库旁的蛙跳，我有些吃不住膝盖的酸疼落在了最后一个，集合队列时被班长点名批评：“你们这些大学生，不起啥好作用，你们就是这锅汤里的老鼠屎，我跟你们说，你们别在这烂人，你们要烂，我值班指定就闹你。”那时候我心里还挺委屈，也非常不理解：我素质全连绝对排得上号，龙虎榜9个科目一个人占三四项，上教育学理论也是聚精会神，干活、公差积极勇猛不打折扣，平时也没有什么高谈阔论多嘴多舌的毛病，怎么就不遭人待见了呢？后来我大概明白了一件事：班长们在这社会大染缸里浸泡了五六年的火眼金睛远比你想象得厉害，人家看的是你在无路可退时有多少破釜沉舟的勇气。换言之，如果你累了、痛了就立马停了，那体能上限准定不会高，于是，我也许就这样在班长心里被打入了“表面光鲜，败絮其中”的那一撮人里了。

当然，在部队，各项科目的成绩有好自然也有坏，成绩坏了就得受罚，别指望班长、排长和连长能“春风化雨”一般地关怀你、爱护你。我第一次印象深刻的“从排头干到排尾”的经历是一次夜间射击，那是第三次实弹练习，我侥幸上了3发弹，班里河北新兵王佳那天18岁生日，可他报靶成绩却是“鸭蛋”，结果被召进一个屋里，班长一个冲膝和前蹬把他踹到墙上，好一会儿都没缓过神来。从此那间小屋成了一个梦魇般的地方。一旦什么时候“所有人小屋集合”，就知道又有人“沦陷”了。不过少年们的心思还是单纯，后来王佳知道自己是因为“报错了的成绩”而白挨了一顿“干”后，他还总是笑着以“特别的成人礼”来自嘲这个晚上。所以，在新兵连这个地方，作为一个新兵，就要常怀着一颗崇敬之心去看待任何一位“班长”（备注：军龄比自己长的战士，无论职位，统称班长），连长有句话说的挺好：“班长为什么能站在队伍的最前面？为什么班长说一句话我也会想想？因为他们吃过的苦，经历过的困难你们永远都想象不到！”四班长在带我们那个小队列班的时候，一时兴起说起他当新兵的故事：“青海的冬天是真冷啊，大便坑都冻得梆硬，我们就搁那趴着做俯卧撑，嘴前面可能就是一滩一坨，真不知道哪天冰面碎了会是什么个画面！”那时的通讯员，后来成为我的好伙伴的四班副班长崔宗广也常说些有趣的故事：“湟中的训练基地大啊，那天我们正练着全团处突队型呢，装甲车一发催泪弹打歪了，逆风一路吹了回来，然后就是团长、参谋长开始疏散队伍了，满靶场跑的都是人，回头你们也该感受一下鼻涕眼泪流一脸是个什么情况！”

下　　连

下连前最后一个星期，周计划上写的全是复训补训，但在我看来其实是提前给你些颜色看看，让新兵到了老连队不要那么“蹦跶”。还记得有天下午起床后，我们被拉到八连楼前集合训练，全排精神不太振作，于是，又一次弹药库前的“奇怪的体能”开始了，那时我手头拽着一根应急棍，背着两米长的棍子就在楼前青蛙跳、鸭子拐，别提当时有多别扭、多难受了，来来回回折腾了1个多小时都没停，大伙儿心里估计也是直骂娘，这些事儿也直接导致最后一次班务会，班长问我有关下连的想法时候，我毫不迟疑地说道：“无论怎样，不和陈云龙班长一个班，也不要在一个排，如果改不了就想办法调走。”

现在想想，3个月的新兵连确实没能改变自己，骨子里透出来的仍然是意气风发和不畏强权，无论怎样，我终究还是下连了，下到了这个“一声霹雳一把剑，一群猛虎钢七连”的英雄连，可靠线人的情报也很准确，我分到了连里第一“冷面教头”的手下。

第一次大扫除就让我看到了什么是“七连”的标准，那么大的一个屋子，每一个角落、每一寸表面都擦了至少两遍，掀起床板挪开衣柜，暖气片缝隙看不到的地方也拿着抹布使劲儿往里够，地面用刷子沾着洗衣粉来来回回刷，鞋子之间、杯子之间、衣架之间的距离都要拿着尺子比画，这一切的一切都让我瞠目结舌——原来这就是标兵连。

到了晚上满心以为班长会鼓励鼓励大家的我却跟着老兵们埋头被训了半个小时：“你们干活太磨叽！这点东西，随手就来的事情，一个下午还没整明白？还有那几个被子，太恶心！该洗的洗，要改线的重新叠，叠不出来的联系老兵服务社买！大衣柜标准太差，衣袖线没出来，距离没标准！天窗的棱上还有灰，椅套脏了也不知道洗，明天再给你们一天，再是这个样子你们看着办吧！”听着班长大声的呵斥，坐在两侧战战兢兢的我们动也不敢动，脑子使劲记着班长说的每一句话。

班长是安徽阜阳人，快1米8的个头，但是很瘦，眼神锐利自带气场。“去年我们四班每次武装5公里前3名占两个，一个班年底评了4个优秀士兵，你们跟着我，踏实心思好好干，保证什么立功受奖都少不了你们的！”在后来的1个月里，我在班里屁股总不敢沾床头柜，总觉得这儿没做完、那儿没做好的，班务会也受了几次表扬，现在回忆起来觉得那时的自己真是简单，用心想事儿、努力做事儿，然后只要受到表扬我就很开心，像小学生戴红花一样。

班长张三期带训练很有经验技巧，赶着全排新老犊子们绕着靶场大圈冲了七八个来回也不会引起什么怨言。每周他值班时，从来不担心有人调皮捣蛋不配合，周日晚上点完名把下周主抓重点声明一下，“谁要敢碰红线就等着挨操练吧”。“不行就练”是班长的口头禅，前一年每天早上4点半被拽起来跑10公里的彭昊、每天最少来一次4000米障碍的赵强都是我们的前车之鉴。到我这一批时，班长因为年底三等功落选有些意志消沉，但对待工作的标准从没下降过。一个冬天的早上，饭前张班长履行了他之前对我们说过的话：“路光辉，二楼厕所是你班的卫生区，你转过去看看灯关没关？班里人这事都做不好，班长就是猪。”那个早上，8个人连带副班长谁也没吃饭，一列蹲在班长床前等处置。

第一次4类棍术会操前，三期站在连门口的台阶上说得很简单：“七连从来没有第二、第三，只有第一，明天拿了第一，咱们这个周末正常过，大家各玩各的，只要拿了第二，这个月后面的日子你们自己想想！”有很多时候我很不理解，把角角落落擦得那么干净是给谁看的？每时每刻保持那样的一种姿态是给谁看的？为什么上面无论有什么事情总找七连，甚至只是保障个场地打扫个卫生？后来我才明白，原来优秀也是会渗透进骨子里的，那些老士官们并没有觉得这是优秀，这只是日久自然而然形成的一种标准和习惯罢了。标兵连的荣誉感是在老家伙们血液里流淌着的，是他们汗流浃背时从写着“攻守钢铁英雄连”的连旗顺毛孔渗到骨子里去的。

4类棍术占据了我们老兵连的前两个月，常常是新兵练棍定步法、老兵上道10公里，那段时间，内心实在是十分复杂——既觉得练棍枯燥乏味，又担心不好好练哪天真上道10公里，也为45分钟全体老兵飙完10公里感到不可思议。“其实从第6圈开始，你整个人都没感觉了，越跑越舒服，越跑越快！”，老兵们第二天早上打水的时候如是和我说，1个月后我因为一个3+5的组合岔气蹲跑道上半天没法动弹的时候，心里直骂这帮老犊子尽糊弄人，却没想到他们在青海冲那些冲不完的饭堂圈和750米圈的时候，我还在学校里晚上不睡觉，早上起不来。说到“跑不死的机动师”，我对此是比较汗颜的，一是清华优良的“阳光长跑”传统让我丢了20分，新兵连我的3公里一直在13分半打转；二是在标兵连挨了两年操练，5公里离连队的19分标准还差了半个外环道。每每看见连里那几匹野马以百米的速度冲完了第一圈，依然不减速追风而去的时候，不免心里几分羡慕几分无力。

在跑400米障碍前，满天的流言早已筑成了一座大山：有老崔说的曾经大跨步过云梯从天上自由落体、有班长说的给团里做个实障课目示范结果眼冒金星大吐一场、有二期老司务长尿过半个月血、有“宁跑5000米不跑400米”的经验之谈、也有“一入弹坑深似海”的不归故事。可能是看我冲小圈有点儿意思，爬了几次高板墙后，在一班长和班长的撺掇下，我和奇葩东来了一场菜鸡互啄。在姿势无比丑陋缓慢地过完第一路实障转杆后，两条腿好像灌了铅，铁丝网也好像突然高了一截，死活跳不起来，无奈只好一步一步跨，接着又是蠕动过了高板墙、用20个小碎步过独木桥、垂死挣扎般地双脚乱蹬上了弹坑、如死狗般地挪回了终点线，2分29秒33，及格了。班长笑了笑，我顿时感觉虽然天上还有不少星星在转，但它们也许是金色的。后来的一个星期，每天下午体能时间，班长喊上号称 “走完最后100米障碍也能及格”的王亚班长开始了对我的特训之路，最好的一次35秒过完第一路实障，心中揣着1分45秒能跑完全程就去比武拿个三等功回家的梦想，全团机动去了海关。

任　　务

一年的海关生涯最后留下的东西并不多，一方面，是战士们365天每天

24小时看守祖国经济大门后的腰肌劳损；另一方面，是首长们对部队体能一年没有太大提升的担忧，但是正应了一句话“你在这儿，就在为祖国奉献了”。也是这一年里，我们送走了20多位老兵，摆脱了新兵的帽子，承担了更重的责任。班长们常说的一句话就是：“都当老兵了，七连后面这一年都看你们的。”

老兵走了后，屋子空了一大片，我们心里也是空荡荡的。可能为了填补这离情别绪的空虚，连长和班长们加大了体能的强度。除了每周两次雷打不动的保税区里的5公里晨跑外，每天下午4点和5点“下勤”回来各加一趟，那时候每天驻点大楼下面最常见的场景就是指导员带着一帮人在打球；大部队的60圈任务刚跑完一半，连长在后面推着掉队的同志。晚上8点到9点也是常规体能时间，电梯口的俯卧撑和深蹲，“不是10个，不是100个，一直做！”，这句话每次看见都自带音效；一班门口到四班门口50米的走廊，曾采用各种姿势通过；至于执勤点上，那更是热火朝天，想去教导队的某战友曾有在两班勤务间连续战斗6个小时，完成3500个俯卧撑的壮举，那个冬天可谓是体能增长最快的一段时间了。

回　首

自从回校以来，两年前送我入伍的同学与朋友们还会时不时地对我这“人间消失”的两年感到好奇——“很辛苦吧？很虐吧？每天都干些啥啊？演习抗洪具体都是什么情况啊？”除了问这些在部队生活的具体情况，他们都很默契，都闭口不提“你感觉部队给你带来了什么改变”这些只会出现在报纸或者访谈里的问题。然而，这个问题终究是没法逃过内心的自我拷问。

近退伍的那半个月，在回北京的火车上，在再次回校后恍若隔世的彷徨情绪里，我常常想这个问题——我变了吗？这究竟是成长还是世故呢？这一切首先得从军营说起，有人说军营是一个至简的地方，也有人说踏入军营就像步入了社会，我想这些都对——在这里我们剥去了身上一层一层的光环，无论你来自清华、北大、还是湘西乡村，大家起点相同，目标一样，今天你

凭着过人的理解力遥遥领先，过几个月旁边人靠着毅力拼劲儿迎头就能赶上。因为惫懒性子，两年里我当了不少次那些黑马们的背景，刚入伍时，我是二十几个新兵里3公里跑第一个达优的，也是第一个完成器械二练习的，但直到他们去参加团里的武装越野比武、直到他们在杠上一到五练习可以一口气做下来，我仍在“中不溜”的地方停着。

这时我才明白，人生就是一场无休止的搏斗，憋住气你就能给命运的脸上再重重地来一拳，所以今天我不会再因为短期的投入付出看不到回报成长而沮丧，不会因为一些天灾人祸沮丧绝望，永远能够坚定信心保持乐观。

当然，军营又不是一个只有起点和目的地的地方，作为义务兵的你，上面有连长、排长、班长，有老兵同志，下面还有新兵蛋子。而人总是要活在其他人评价当中的，你给予他人的感受，他们会毫不委婉地反馈给你，也许今天是班长晚上劈头盖脸骂了你一顿，也许是连长把你喊过去在你一头雾水中说了不少表扬的话，活成许三多那样是需要勇气的，你只能把所有的指望都留给时间，然而在这短短的两年里，也许你等不到周围战友发现你顽石外表下其实是块璞玉，他们就走了或是你就走了，从此你作为一块死硬死硬的石头活在了人们的心里。到达目的地的路有千百种，我有自由选择自己的路，但也有责任选那条让大多数人都满意的路，所以与人为善，努力做一个好人，去受人喜欢、受人尊重。

在推研面试里，我把自己的成长总结成了一句话：仰望星空，脚踏实地——因为头顶璀璨的星空，所以心怀憧憬向往，能容难容之事；因为走在人间路上，所以踏实做事、做人，泥泞道上能行。我想，这大概就是两年的军旅生涯给我烙下的印记吧。

清華園

万岁军中的清华神射手

个/人/简/介

王超，男，汉族，中国共产党党员，1990年8月出生，山东临沂人。2013年9月考入清华大学地球系统科学研究中心，攻读硕士学位；2014年9月，参加中国人民解放军，服役于陆军第38集团军。在服役期间，担任新型步兵战车射手岗位，积极训练、大胆创新，投身部队信息化建设，取得新装备列装以来最好的成绩，打破新装备列装记录，连续两年获得“优秀士兵”，并获嘉奖一次；2016年9月至今，就读于清华大学地球系统科学系，加入清华大学红十字会外联部、清华大学图书馆学生顾问团；现担任地球系统科学系地研13班团支部书记；返校半年，积极投身科学研究，发表SCI 1篇。

在最美好的青春年华，豁出命地苦练自己有可能一辈子也用不上的技术；明知是短期义务，却偏偏把自己的智慧倾注在那里；这是一种情怀，是一生当中最有价值的回忆。投身军旅，一身戎装，是我一生无悔的追求！

——王超

诗人晓桦的一句呐喊：我谨向世界提醒一句，从我们这代起，中国将不再给任何国度的军人提供创造荣誉建立功勋的机会！这句呐喊在王超心中如火般地燃烧起来。这句呐喊，被深深地镶在他所在部队的师史馆里。

与这句呐喊齐名的是他所在部队的师魂：英勇胜利！这4个字是在1935年11月，毛主席亲自指挥王超所在的连队参加直罗镇战役，在连队大获全胜的时候，激动地在指导员的笔记本上亲笔题词：英勇胜利！用来褒奖全连官兵。这是毛主席生平唯一一次直接指挥一个连队作战。

从沂蒙老区，到水木清华，到投笔从戎，到万岁军，到王牌师，到红军团。一路走来，王超实现了沂蒙山娃的从军梦，实现了清华学子到钢铁战士的人生蜕变，实现了青春热血到献身国防的责任担当。

军 人 血 性

王超最喜欢老团长的一句话：逆境是一种磨炼，经得起考验才是强者。因为,他知道人在逆境中保持自强不息不难，但在逆境中迸发出反弹的力量，才是内心真正充满“血性”的表现。

他说：“没有军人的血性，怎么对得起身上的这身军装！未来，一旦上了战场，子弹是不长眼的。”

“跃进准备，杀！前方10米处，占据有利地形。前进！卧倒！”这样的指挥口令在王超的脑海里不知道重复了多少遍。在一片布满碎石的草地上，他一遍遍地练习单兵战术动作，即使到处是血。至今在他的身上还留着战术训练时的伤疤。王超说：“看到了这些伤疤，让我想起了当兵的日子，那种满腔热血浑身是胆的血性又重新爆发出来。”

“杀！杀！杀！”士气如虹，杀声震天。这是他在练习刺杀操。营长说：“刺杀操是最能体现军人不怕死的，那就是白刃战，那就是和敌人面对面拼刺刀。

他一招一式，高标准，丝毫不敢马虎。即使手臂一点知觉都没有，也不放松对自己的要求。因为他知道这样的刺杀操，不但能磨炼战斗精神，还能培养一不怕苦、二不怕死的军人血性。

军人的血性就是英勇胜利。他所在的连队参加过红军长征。血战湘江，连队拼到最后不到一个排。但越是在危急关头，官兵里的红色血液就越沸腾。正是连队的这种血性让他觉得即使以后回到地方，也没有什么样的沟沟坎坎过不去。因为自己身上具备了军人血性。

信息化建设的尖兵

连队将他选为新型步兵战车的射手。看重的是他学习新知识和创新新方法的潜力。连长对王超说：“希望你能充分发挥才智，开创连队炮长的一个新天地。”

连长的这句话，一直在他的脑海里反复出现。他对自己讲:一定要刻苦训练，掌握新装备。

白天的训练场，王超顶烈日、扛炮弹、练计算、学射击，反复熟悉装备操作的流程。好几次拆卸火炮炮闩的时候，被装备划伤，鲜血直流，他愣是没叫一声苦、喊一声痛。

除了白天练精手中的装备，他还要求自己，晚上坚持必须完成两个任务：一个是掌握火炮的基本参数、性能、火控系统的架构、各组成部件之间的关系；一个是探究新装备的射击原理。

不管白天训练多么辛苦，他都坚持下去，因为他知道武艺练不精，不算合格兵。

检验训练成绩的时刻到来了。在射击训练场，他参加射击12次，次次都是优秀。然而，王超并不满足优秀，因为他知道命中4发，也是优秀，36发全中也是优秀。

他问老班长，新装备最好的射击成绩？老班长告诉他："最好就是20发，这么多年，从来没有人超过这个成绩。"

但是，王超认为新装备在射击上一定存在非常高的精度，成绩低的原因或许是射击方法上存在问题。于是，他苦心钻研找寻其中的方法。

就这样，又是一次实弹射击，他用自己新的方法快速完成射击。几秒过后，只听对讲机喊道：注意了，一个射手命中32发，其中7号命中6发、4号命中8发、3号命中6发、1号运动目标命中12发，是个清华射手！

正是这32发子弹，让他创造了一条轰动性新闻。他创下了新装备列装以来命中弹数最多，创造了最好的纪录。

旁边的营长说："这个清华兵厉害啊！36发命中32发！运动目标12发！这么多年我还是第一次见到。以后上了战场，消灭运动敌人就靠他了！"

连队教他射击的是一个四级军士长，老射手激动地说："我当射手13年，别说别人，就是我自己也打不出这么高的成绩。就4发子弹没中，而且运动目标命中12发！他真是神炮手，我教不了他了！"

营长问他有什么秘诀吗？王超说："射击最主要的就是找准射击瞄准点和修正量。我已经严格计算过射击距离和射击夹角。在这之前，可能没有人考虑过瞄准标志的精度分析和修正量的关系。"

王超紧接着对营长说："美军和俄军在战场上射击精度非常高，几乎弹无虚发，我们要能达到这样的水准就厉害了！"

营长高兴地讲："信息化装备，还是需要高素质人才。以后，射击任务就交给你了。"

就这样，每次实弹射击，第一发炮弹总是交给二连。在他的帮助下，连队的射击水平明显提高，大大缩减了培养射手的训练时间。

在纪念红军长征胜利80周年访谈时，王超高兴地说："我们就是要为陆军转型发展逢山开路、遇水架桥，现在我们掌握数据链、了解信息化，只是万里长征的第一步，距离打赢，我们还有很长的路要走！"

该吃的苦都吃了，还怕什么

训练场的7月，火辣辣的，脚下的戈壁砂岩热得烫脚。因为心中有梦，他驾驶着中国陆军最先进的步兵战车驰骋在训练场。因为心中有梦，他操纵着中国最先进的火炮，炮声震天，杀向敌人。他说：从军两载，手握钢枪，操纵火炮，血性依旧。勇往直前！

在这美丽的戈壁草原，只有零星的几顶帐篷。王超和他的战友们在这没水没电、通信中断，几乎与世隔绝的地方一住就是3个月。

然而，他的心情十分激动，因为这里是神舟飞船返回的地方，是铁血男儿的练兵场，在这里实现的军旅梦，是值得的。

就在这样严酷的条件下，王超几乎全副武装用双脚丈量了训练场的每一个角落。

在训练场的铁塔，王超看到了传说中的标语：从这里走向战场，经训练学会打仗。与铁塔笔直相连的是一条看不到头的道路。

在这条道路上，他不记得全副武装跑了多少个5公里；他不记得多少次的卧倒、起立、前滚、侧卧……他不记得自己流了多少汗水；他不记得绝望的时候，是如何一次次重新站起来的；他不记得他和他的战友是怎样一次次相互鼓励战胜困难的。

他只记得在这条道路上，什么是为了胜利别无所求。

他只记得在这条道路上，当全副5公里过后，喝点水，那简直是天堂的味道。

不当兵永远体会不到，在数尽100颗电线杆以后还没有到达终点时的那种绝望的心情；不当兵永远体会不到，战术训练时，手臂都是血的时候还在顽强地坚持；不当兵无法体会到，身心疲惫的时候，听到一声紧急集合的长哨时的那种满血复活的感觉；不当兵永远无法体会到痛到极致的感觉。

每次外出训练，王超讲：就像洗了个澡。身上的汗渍干了又湿、湿了又干，一天下来都不知道会重复多少次。

每次合成营演练后，直到第二天的凌晨3、4点才能带回，白天接着训练，这样的日子不知道重复了多少次。

王超对自己说：该吃的苦都吃了，还有什么好怕的。

训练场的苦与累，都深深地融进他的血液里，他的生命里。他无怨无悔地说：生命里有了训练场的日子，这辈子都是值得的。

明天等待他的，不管是什么样的暴风雨，他都会欣然接受挑战。

王超最高兴的时刻就是每天晚饭后，在帐篷周边盘地而坐欣赏夕阳西下。四子王旗的日落非常的漂亮，真是古人描写的那种大漠孤烟直，长河落日圆。

训练场的深夜极其寒冷，他照例还是一件军大衣，手握冰冷的钢枪。在帐篷周边来回地踱步，恪守哨兵的职责。

此时的月光，多么的皎洁啊！就这样，他一个人、一杆枪、一轮边疆的冷月，独自享受人生的惬意。

他想起了古代英雄们的金戈铁马，八千里路云和月……他知道自己在经历一场蜕变，一场彻底改变自己的锤炼。

退伍不褪色，在清华园留下最美的自己

在回清华的客车上，王超在自己的笔记本上写下一段话：今天正式脱下军装，告别军营，返回清华。2014年9月7日到2016年9月5日，在军营里度过最美好的两年青春。都说，生命里有了当兵的历史，这辈子都不会后悔。在部队学到的东西永远终身受用。再见了战友，再见了军营，我会永远把你们记心中。

王超想起他的红二连。那里有几句叫得响的口号：不做强中强，愧对何万祥；二连面前无困难，苦难面前有二连。他说，虽然他离开了部队，但是他身上依旧流淌着二连的血。他要把二连的红色基因带回清华，做红二连在清华的传人！

他要把英勇胜利的旗帜深深地埋藏在清华园中，把忠诚、勇敢、血性带回清华园，去感染身边更多的同学。

不畏艰难闯天下，人生无悔曾为兵。

相信在不远的将来，英勇胜利的革命血性、行胜于言的作风将伴随着他走完未来的每一步。

穿梭在秦巴山脉上的通信兵

个/人/简/介

王越，男，汉族，中国共产党党员，1992年12月出生，浙江宁海人。2011年考入清华建筑学院；2014年9月入伍，服役于联合参谋部某通信团；2016年9月退伍；现为建筑学院大四年级学生。服役期间连续两年被评为“优秀士兵”。

多少年以后，或许我会和无数普通人一样，走在大街上，行色匆匆地过着自己平凡的生活。但有些事情经历了便会深深烙印，一样的世界，却变了样子；那些曾经竭尽全力为之拼搏与努力过的所得，也会被永远地紧紧抓在手中。

——王越

男子汉就应当去当兵

这一切都躲不开一个问题，尤其是一个从小在北京长大，并且在清华上学的人，我为什么要去当兵。他人问起时，我母亲往往会回答说："或许是之前受过的教育吧。"我父亲则会在一旁满面愁容地表示："我们之前也没做什么呀？"

你如果问我，我也答不出来什么所以然。很多男孩子小时候都会舞枪弄棒，或多或少地会爱好战争题材的书籍和影视剧，崇拜驰骋沙场的英雄，但又有几个会到了这个年龄依然会坚定地把当兵当作一个现实的选择？"每个人小时候都或许会这么想，但那只是片面地了解世界，经历了更多事情后人是会变的，会知道许多事情是行不通的。"当时的年级辅导员在得知我报名参军的消息后是这么说的。

或许吧，但我知道我有一部分是没有变的。

"男子汉就应当去当兵"我是这样回答我的新兵连连长的。这个想法或许在成长中被埋藏了很久，但它在我大学最迷茫时、不知道自己真正想要什么的时候，给了我一个机会，让我得以跳出这个环境，从另外一个角度——更加"原始"的角度，重新认识这个世界和自己。

失去了才懂得感恩

事实的确证明，我在象牙塔里生活得太久了。军营的生活完全不比屏幕上的热血沸腾，而自己也远远比想象中的脆弱。每天单单是内务、队列、体

能、战术，就已经让我身心俱疲，有时晚上做梦还在和之前的朋友在一起享受校园生活，醒来却面对着冷冰冰的铁架床，5点钟的天还未亮，翻下身子，脚刚着地就是一阵刺骨的疼痛，但也要忍着赶快收拾内务准备出操。想象着学校里的同学这会儿还舒服地躺在被窝里，心里肯定是很后悔的。直到九十点钟，太阳完全升起，以我之前校园生活经历，我相信还是会有很多人窝在被子里的，而此刻我已经在训练场上站了两三个小时。看看自己军装与日渐挺拔的军姿，便不会觉得后悔了。

人们都说在部队会学到许多东西，包括坚忍、忠诚、使命、血性，等等。但我觉得这些对个人而言都不是最重要的。珍惜与感恩，这是对我而言会记得一辈子的事情。

之所以珍惜与感恩，是因为被剥夺一切，这是我对部队生活最直观的感受。再也没有什么事情是理所当然的了，休息、吃饭、睡觉、洗澡、与家人联系，所有的一切都需要自己去努力争取。我们要努力训练争取吃饭的机会，狼吞虎咽争取把饭吃饱，认真背题争取睡觉的时间，列着队一路急行军争取洗澡的位子，抓住一切时机努力表现，争取给家里人打电话的时间。很多事情被剥夺后才发现原来是如此的重要；当然，很多原先认为是很重要的事情被剥夺后却发现其实可有可无。剥夺，然后重新争取，所有的事情在心中得以重新排位，然后当知最应珍惜之物与对原先无偿赐予者之感恩。

参军前我对于平时联系父母都不是很在意，由于碍于束缚，也不大愿意和父母多待在一起。直到在部队里第一次和家里打电话，只有短短的5分钟时间，准备了千言万语想和家人诉说，但电话里刚一听到我母亲的声音，眼泪便控制不住地往下掉。“挺好的，都挺好的”，强忍着情绪，就这样一直重复说到了结束。什么是最重要的？我很难理性地说清，只是一个人在黑暗中摸爬滚打，无可依靠、也无人诉说时，才真正体会到了亲情在我心中不可替代的地位。

战友情亦是如此。多年之后或许回想起来，集体5公里越野时为了不落最后一名，有人跑不动，就两三个人一起帮忙架着跑，也有人一气背两三个背囊，直到所有人都过了终点，往往刚一松劲便直接瘫倒在地；也有训练间歇时，一战友拿出一个苹果，就如同珍宝一般，一个班的人传着一人一口，竟还能传个两圈；或是晚上拉练完回来后，跟战友躲在被窝里，一人掏出从食堂“顺”出的馒头，一人拿出一袋白砂糖，两人一起摸黑蘸着吃。这些必定成为美好的回忆，也让我更加珍惜现今舒适的生活。

主动请缨 行走在秦巴山脉

不同于野战部队，结束为期半年的训练后，我便被分到固定通信部队。一个驻扎在秦巴山脉中的偏僻小连队。由于属于技术保障类部队，训练与任务并不是很重，作为小远散单位，管理也远远没有之前严格。刚结束训练的我来到这里，一度觉得来到了天堂。每天一觉睡到6点多才起；早、中、晚饭可以在食堂吃得肚子溜圆再走；日常训练也不过是接接光缆、爬爬杆子，再也没有之前各种极限训练；任务、训练、学习之余也有相当多的自由时间可以在院子里休息。我曾一度觉得把这里撤掉交给地方维护也没什么不同。

后来由于更高的学历，我被调任为连队的文书。虽说不用参加训练，每天干的活却是连队最多的，经常晚上熄灯后依然在挑灯夜战，而第二天还要和其他人同一时间起床并开始工作。开始的一段时间，我还会想着不断改进工作质量，提升工作效率，但无论怎样做，唯一的结果只有更繁重的任务压过来。每天接电话、写文件、打扫卫生，等等，经常还要接受来自上下级各方面的抱怨，日复一日这样的生活磨去了我的性子，只想着什么时候能够休息一下，什么时候工作会少下来。安逸，那时我唯一向往的就是安逸。

但这不是我到部队的目的。我最害怕的就是感到后悔，因为后悔意味着我白白浪费了两年时间。而这时，从新兵连与学兵队结束后，我感到了后悔。这不是我想要的，而我也不打算就这样度过我在部队里余下的时间。

“我想下到外线班。”我去找连长、指导员申请了几次，一开始他们都以外线工作辛苦，并且我应当发挥自己的优势而拒绝我。但我最终几经坚持，终于得到了同意。

外线班一直被称为是连队的顶梁柱与一线，但平时大家在一起也就是在院子里打打闹闹，故不觉得什么，直到真正加入进去跟着一起巡线才有了新的体会：在大山中，当地高温潮湿，我们为了防蛇虫及灌木全副武装，在没有水的状态下走了一天；山上往往没有路，甚至经常是60°的陡坡，我们便一路砍掉杂木，一路手脚并用地在山上行进。巡线经常早上6点出发，半夜才回来，往往是躺床上就睡，第二天又是精力十足。至此我才知道不同于西安平原地区，全团上下唯独我们连的巡线任务是最艰苦的，也是地方人不愿意接的活。

一次去线路排障，40多度的高温，为了往山上拉器材，一处近10米的陡崖，自己一个人背着几十公斤箱子上上下下爬了四五次。由于没有任何安全保护措施，也没人在附近照应，每次爬心都提到了嗓子眼，硬着头皮一点一点蹭，也顾不得周围到处带刺的灌木，一抓就是一手的血窟窿，最后外套也被刮烂了。更有老班长为了熔接光缆在太阳的炙烤下在电线杆子上挂了一天，回来时脸上晒得血红。

陕南这边最害怕下雨。一次半夜风雨大作，连队接到消息说山上倒落的树木砸到了光缆。我们一整个外线班立即赶赴现场，在没过脚踝的泥泞的山上，顶着风雨对事故现场及其附近的枝干清理，爬到树上一个一个拿砍刀砍断后再齐力拖走，一直忙碌到天亮。

但我确是很乐意的，从文书的岗位调过来，看到了连队的另外一面，一个艰苦但却充满热情与使命感的一线，让我对这个小小的连队有了崭新的认识。

结　语

所以同样是要争取，没有理所当然的享有，也没有理所当然的道路。和之前选择参军一样，对道路迷茫与怀疑时，不一定要拘泥于主流或是传统，不妨大胆去追求自己希望中的路。走在新的路上，视角变了，世界也变了样子，或许对之前的道路同样会有了新的理解。当初是因为要争取一切所需而学会了珍惜与感恩，而今争取所走之路而对周围建立了自己新的深刻认识。

两个争取，大致就可以概括了我两年的收获。未来，还有更多事情需要去主动争取，而我会更加珍惜身边之物。

一颗火箭军里的螺丝钉

个/人/简/介

杨昆瑛，男，汉族，中国共产党党员，1992年7月出生，陕西汉中人。2011年考入清华大学机械系；2014年9月入伍，服役于火箭军96610部队；2016年9月退伍；服役期间被评为“优秀新兵”“军事训练标兵”，连续两年被评为“优秀士兵”；退伍后继续在机械系就读。

宝剑锋从磨砺出，梅花香自苦寒来。成长过程中的崎岖小路常常会有别样的风景，需要我们有明知山有虎偏向虎山行的魄力。

——杨昆瑛

入伍两年说长不长说短不短，但是穿着军装的日子，将成为一辈子的荣光。

说起去当兵的时候，那时火箭军还是二炮。填报志愿时，我就想，第二炮兵听起来很有科技含量的样子，不如就去二炮当兵吧，于是第一志愿报了第56基地，第二志愿报了二炮唐山训练团。后来吕老师告诉我说："有个工程物理系的同学也报了56基地，让他去吧，专业对口。"我说："好啊，我都行。"所以，后来就被分去了唐山训练团。等到了唐山才知道，所谓唐山训练团就是专门给二炮司令部直属单位训练新兵的地方。新训动员会上团长说："既然是司令部的兵，就要训得比基地的严、训得比基地的更好才行，你们可不能给司令部抹黑。"当时我听了心里一紧，默默念道，看来苦日子真的要来了。

如我所想，新训可不是练练花拳绣腿似的过家家，每个动作看似简单，但是一旦教官提高标准就并不容易。新训期间最爽的还是拳卧撑。那时水泥地面粗糙不平，我们整个队双拳着地做俯卧撑，其实难点不在需要胳膊和胸的强大力量，而是手指关节皮肤被粗糙的地面挤压和摩擦所带来的阵阵剧痛。那次几十个拳卧撑下来，我的指关节皮肤被磨蹭出血，第二天再做伤口又被撕裂扩大，那种连着几天的疼痛到最后就是麻木了。所幸的是，带我们的排长也比较有意思，看到我们后来做拳卧撑时没那么疼痛，可能感觉这招也难再制服我们，就再也没让我们做过拳卧撑。

记得后来有一次新上任的火箭军政委来我们单位视察，为了准备迎接，我们几个战士花了快一周的时间把单位大楼仔仔细细打扫了一遍。有时候累得话都说不出来，但是谁也没有抱怨过，大家都想给首长留个好印象。政委来的时候我们列队欢迎，首长对第一年、第二年的义务兵格外关注，在我前面驻足问道，部队苦不苦啊？我立马回道："报告首长，我不觉得苦！"首长拍拍我的肩膀说："小伙子不错，好好干！"我说："是！"其实那时我特别紧张，后面回想起来觉得，那么大的首长对我们义务兵如此关心，真是很令人感动和振奋。

虽然火箭军和技术兵种这两个名称提起来会让人好奇我到底在部队做了些什么工作，但是因为事务性的工作较多，多是例行的公务，也没有什么特别的事情发生，所以也不便多提。作为园子里最年轻的退伍老兵中的一员，我还是很乐意分享两年服役生活的所见所感，同时我也有些顾虑，怀疑自己的经历能不能给其他人什么借鉴。总之希望现在写的东西，能真正给即将入伍或者有入伍想法的学弟、学妹们一些帮助。为了回应大家的关切，突出重点，我的总结以自问自答的形式展开。

如何在部队赢得尊重?

在军营里，没有人会因为你是大学生或者你是清华大学的学生而真正尊重你，唯一赢得别人尊重的方法只有一个，就是变强。刚进新兵连的时候，班长和战友们听说我是清华的，有人羡慕有人嫉妒，更多人的想法其实是“看看这个清华的有什么了不起”。所以从一开始我就暗下决心，我绝对不能让别人说“原来清华大学生也不过如此”。队列、体能、战术、内务、理论，每一项我都会全力以赴地训练，因为我知道在军营里只有我一个清华的，那么我的表现就代表了清华，那么我就一定不能比同营里北大的差。中期考核结束，我的综合成绩排名全营（近400人）第一、全团第二。那一刻我终于可以松口气，我听到有人说“清华的果然不一样”，走在楼道里也有别的班我不认识的战友笑着打招呼，甚至去食堂打饭，同营的战友会开玩笑“小清华给你多打两块肉”。就是在那时候我明白了，部队是残酷的，因为在部队里没人管你什么学历、高考考了多少、GPA多高，想要赢得尊重只有变得更强，在各个方面都做排头兵。3个月新训结束，我取得了优秀新兵、嘉奖、军事训练标兵的奖励，我知道我至少没有给清华丢脸。

入伍一定能立功吗?

这个真不一定，能在部队立功是一件特别光荣的事情，不过确实是很有难度的。通常来说，如果参加了大项任务或者演习，立功的可能性会大一些。可以肯定的是，立功一定是建立在素质过硬的基础上的，如果素质不硬、能力不强，就算机会来了那也抓不住。但是换个角度，如果当兵没能立功，也不用特别难受和遗憾，毕竟这是个可遇不可求的事情。

两年前我也是怀着建功立业的心进入军营的，但是下连了才知道，能立三等功谈何容易。新训结束后我被分到一个火箭军司令部直属的研究单位警勤班，当时心里想，自己好歹是新兵团军事训练标兵和优秀新兵，怎么就分到了这个警勤班，没有驻训、没有演习、更别提什么大项任务了，每天要做的事情跟昨天的没什么不同：起床，出操，训练，岗哨……我觉得自己就像一只困兽被禁锢于牢笼之中不得动弹，好像一身的气使不出来，从头到脚不自在。

情绪很快影响了日常的训练和生活，眼前的一切都让我提不起兴趣。训练中开小差、态度消极；上级交代的事情也不愿全力去做、完成得马马虎虎。甚至我会觉得手头的事情都是在浪费时间，我选择来当兵就是个错误。

后来在一次班会上，军务参谋说的话让我如雷贯耳："你们来部队，不能只考虑部队能给你带来什么，而应该考虑自己怎么服务部队、服务国家。军人的天职在于服从，不打折扣地服从命令是一个军人最起码的要求。"会后我去找军务参谋单独聊了很久，晚上又想了很久，的确，自己从入伍之前到下连以后，都是在想部队能带给我什么、能教会我什么、能锻炼我什么，却没有想过自己怎样能为部队、能为国家更好地服务，这样未免太自私。现在手头的工作不合心意便牢骚满腹，这不是一个合格的军人应有的状态。军队是一个大的系统，军营里面有各种各样的岗位，担负着各种各样的职责。只有在自己的岗位上尽职尽责、勤勤恳恳，做一颗普通但可靠的螺丝钉，才能更好地服务部队、服务国家。从另一个角度看，眼前的一切其实也是一种历练。到部队吃苦，身体的苦尚可忍受，心里的苦能否扛住？如果事事都顺心，恐怕这两年的经历也没什么价值。

心结打开，我端正了态度重整旗鼓，安下心来干好工作，积极参加训练和活动。我的转变也渐渐得到上级和战友们的肯定：连续两年获优秀义务兵，并在军中光荣地成为正式党员。

怎么与战友和谐相处?

好多大学生士兵入伍以后是孤独的，往往觉得自己被孤立。其实从深层次讲，是自己的潜意识里与自己的战友们划清了界限。按照现在的兵员比例，大学生士兵还是很少的一部分，等下了连以后会发现大部分战士只是高中学历，甚至有的只上完了初中，怎么与他们和谐相处是个很大的问题。在我看来，在与战友们相处时不要给自己贴上“高学历”“清华生”这样的标签，你真诚待人，别人也真诚待你。但是作为大学生士兵，还是可以给战友们带来好的影响。在我们单位，空闲时间都被战士们用来看电视、打牌了，但是我往往会选择在学习室看书学习，一段时间以后有几名战友也渐渐地来自习室，有的会问我怎么学英语让我教教他，有的会找我推荐几本有意思的书，甚至渐渐地促成了“每月新书”的活动：每个月由战士们自己上报自己想看的一本书，如果上个月的书看完了，单位给他免费购买新书。能够在军营里带来一些好的改变，我想这也是大学生士兵应该发挥的作用吧。

从部队返校后，本以为脱下军装就是真的退伍了，但是没想到在学校继续学习与生活时，部队仍在我身上延续着。比如，刚回学校那会儿，每次有人叫我的名字，我都会立即答：“到！”这常常引得周围的人注目。我这才意识到自己已经不在部队了，心中不免有些感伤和怀念。再比如，吃饭和走路还是保持比别人快一点的速度，站立的时候也常会习惯性地带点军姿的要领。那时在部队的时候盼着能够早日回学校学习，但是回到学校又想，还是部队好啊，过得简单。老单位平时比较聊得来的两个战友也有时候来学校找我，听他们讲最近发生的事：什么队列训练又严了，副政委来视察了，单位并改到研究院了。突然间，我明白了这么一句老话，铁打的营盘流水的兵，不变还是战友情。别人的经历永远不能变成自己的，军旅生活中的酸甜苦辣还需要诸君自己去经历。

两载军旅白驹过　一生无怨金牌兵

个/人/简/介

杨亚楠，男，汉族，中国共青团团员，1993年3月出生，贵州遵义人。2011年考入清华大学建筑系；2014年9月入伍，服役于中国人民解放军66028部队；2016年9月退伍；现为建筑系大四年级学生。在校期间曾获“新生二等奖学金”；服役期间被评为“优秀新兵”、两年“优秀士兵”“优秀新闻报道员”。

“终于这一刻，我也踏上了归程……再见了战友，再见了军营，我会永远把你记心中。”营院广播单曲循环着《别军营》的时候，才发现时光匆匆，两年的军旅生活结束了。兄弟们夹道送行的场面，至今仍不时浮现在脑海。

——杨亚楠

跑得快、打得准的步兵连

两年，与苦累同行。“两眼一睁，忙到熄灯！”这句话描述军人的一天很贴切，从早上6点起床到晚上10点熄灯，期间塞满了内务、训练、学习、读报等各项内容。而且，军营的时间是以分秒计，所以，时间观念是穿上军装就必须严格控制的，这对于在建筑学院“昼伏夜出”的我来说，确实是挺费劲才适应。

自己所在的部队属于野战军，所在连队又是步兵连，所以练兵备战的目标在于“跑得快、打得准”。说到打得准，新兵连的固定胸环靶基础射击训练就给了我一生难忘的体验。我们9月入伍，在经过了一段时间的适应训练后，接触了射击训练，想象的射击训练是给你子弹，然后不断地在射击中训练自己。然而事实并不是这样，现实是在实弹射击前，我们首先要进行瞄靶训练。北方的11月，寒风刺骨，每一次瞄靶都会让我们冻得四肢麻木，我们就这样对着靶子训练了两周。最后，期待已久的实弹射击却让我们更加失落，子弹出膛的声音让人很紧张，每人5发弹，不及格的人不在少数。但是，教官们并不会因为你是第一次实弹射击而放宽要求，不及格的代价就是在射击结束后加时训练，那是一次饥寒交迫最真实的体验，当然也让我对军人有了更深的认识。体能训练方面，徒手跑往往是4分钟的配速跑5公里、10公里，其实大家听到训练科目是徒手跑都会舒心一笑，因为有时候一言不合就是武装10公里。技能训练方面，凡是能够在战场上保存自己、消灭敌人的技能都要掌握，在射击训练基础上进行战术训练，顶风冒雨、爬冰卧雪是常态，暑天，衣服干了又湿、湿了又干。

记得新兵连刚结束，部队就参加冬季适应性训练，零下二三十度的茫茫

草原，寒风粗暴得能掀翻钉在冻土中的帐篷，11天，我们野营、训练、警戒、演习，双脚在回到营区之后还缓了两周才没有了麻木的感觉。记得有一天是为了保障友邻单位实弹射击，我们连担负警戒任务，那天是早上3点就起床准备，简单的早餐，调整装备分发干粮，然后乘坐运输车到实弹射击场地周边，我们就两人一组沿途设点位，顶着寒风在警戒哨位站上整整一天，漫天飞雪并不是下的，而是寒风从地上刮起来的，饿了就吃干粮，就着白水啃面包，更坏的情况是随身带的保温水壶也冻上了，壶盖怎么也拧不开，两个人都拧不开，也就只能坚持着，一直等到射击场再没有传出炮弹爆炸的声音，然而那时已经是晚上9点过了，整个身体都被掏空了，这大概就是那时的感受吧！坐上了来接我们的运输车，本以为这漫长的一天终于结束了，结果突然天降暴雪，原本能看到车辙的路面都被积雪覆盖，司机迷路了，1个小时的距离颠颠簸簸找了两个小时才回到了我们的宿营地，最后是吃完留守的战友准备的晚饭，倒头就睡过去了。那算是人生中刻骨铭心的一天了。

都说“不要在最能吃苦的年纪选择安逸”，现在想来，当过兵、站过岗的我，还有什么苦不能吃，有什么困难不能战胜呢？

金牌连的精神

两年，也对集体荣誉感有了更加切身的体会。我们连是全旅军事素质最好的连队，号称“金牌连”，是全旅公认的名号，在历次的武装5公里越野建制连比武中，从来没有拿过第二。但是，就在2016年春节过后全旅组织的一次比武中，红旗被同在一个营的五连扛走了，我们连以1秒之差屈居第二。虽然存在诸多客观原因，但是结果就是那样，没有拿到第一。自那之后，感觉连队的气氛有点变化，大家训练的积极性以及卖力程度都有提升，因为大家心中都憋着一口气。那是一种不服输的精神，也是对连队的认同感。

值得一提的是我们的连长，本来对于我们连带出训练最早、带回休息最晚的节奏大家都是颇有微词，但是我们连长作为一个主官，并没有像其他连队主官一样仅仅是在一旁指挥，而是把自己融入我们之中，每次体能训练，都会看见连长帮助那些素质稍弱的战友，推着、拉着、鼓励着，大家都明白自己跑都会难受，何况还要带个包袱呢！看着这样的情景，大家也都把心中的不满压抑着，而是更加卖力地投入训练之中。经过半年的努力，全连兄弟们厚积薄发，在7月份野外驻训期间全旅组织的建制连比武中，我们连再次夺回了“金牌”，以23秒的巨大优势。记得在冲过终点，计时员报出我们的成绩之后，全连兄弟们压抑在心中的一口气终于爆发，呐喊、流泪、失声，这就是集体荣誉感！特别真切的感受。从起点到终点的5公里，那不是个人的路，大家互相帮助，难受的时候会有鼓励的声音，到极限的时候会有助力的推手，因为那是兄弟们一起摸爬滚打的连队，是一个集体。

两年的收获

两年，态度上有一个很大的转变。认真、一丝不苟是军人的标签。同一件事，投入100%的心力和50%的心力，所达到的效果必然是不一样的。对于军人来说，没有什么是可以投入50%的心力就可以的，凡事必然全身心投入，做到满意为止，锱铢必较。可能这会显得死心眼，然而这就是军人。无论是大项任务，还是生活琐事。在武器分解结合中，就是这样，合格已然不是大家的标准，一遍遍地拆解、组装，左手卸下副品的同时，右手顶开枪托栓子，每一次的训练都是对自己的挑战，要纠正习惯动作，只为了点滴的进步。军营给人的印象是干净、整洁，这都源于军人的态度，接受的任务是打扫地面，那就由不得地上残留并不能看清的半个脚印；任务是擦玻璃，结果必然是能让你不小心撞上落地玻璃门。记忆犹新的是踏入军营第一天就开始的无休止地叠被子。班长常说的话是“连一床被子都征服不了，还能干啥！”一天之计在于晨，起床第一件事就是叠被子，日复一日，每一次都一丝不苟，所以才会看到四四方方如豆腐块一样的存在。

“不打无准备的仗！”是至理名言。当然，这也是一个态度问题。在没有战事的而今，靠什么检验部队的战斗力？那就是考核。两年来，部队也迎

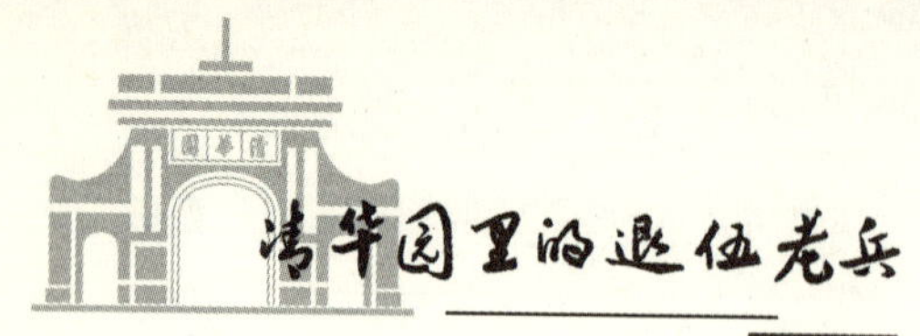

接了几次集团军、战区的抽考。请注意是“抽考”，因为考核组也没有足够的时间精力普考，所以大多情况都是抽考。集团军抽旅团、旅团再抽营连，其实最后真正中签的概率挺小的。但是，军人的态度则是每一次都做好必然被抽中的准备去训练。连长常说的一句话是：“999次你都做足了准备，没抽中，而1次侥幸心理作祟没有准备，就很有可能被抽中。”机会总是留给有准备的人的，每一次都做好充分的准备，才能在机会来临的时候，从容应对，并取得满意的结果。

我这两年

个/人/简/介

赵子皓，男，汉族，中国共青团团员，出生于1992年9月，山东潍坊人。2011年就读于清华大学工程物理系；2013年9月入伍，服役于中国人民解放军66172部队。服役期间，被评为“优秀士兵”，获营嘉奖，先后担任连队文书、副班长。

怀揣梦想，走进军营；脚踏实地，千锤百炼。部队两年，体会酸甜苦辣，站岗执勤，无怨无悔。平凡而普通的军旅生涯，将成为生命中最精彩的一页。

——赵子皓

每个老兵都会思考这样的问题：我当兵这两年收获了什么？这两年过的值不值？如果要考虑这样的问题，似乎就要回忆：我为什么要当兵呢？是谁让我来的？

2013年选修了吕冀蜀老师的“高技术战争”。在学期结课的时候，吕老师说：“有没有胆大的？”我就想：胆大？在学校我什么时候怕过啊？吕老师继续说：“胆大的可以去当兵啊，今年兵役制度改革，9月份开始征兵……”然后我就开始考虑了，当兵是我非常向往的一件事，但是我已经读大学了，再去当兵是不是不太合适。考虑了几天就放在一边了，因为当兵可能会影响自己的学习、工作，等等。后来又上课，史宗恺老师的课，讨论的是中国的未来需要什么样的青年？史老师与我们分享了几位学长、学姐的故事，讲述了他们的梦想、奋斗与坚守。我记得老师说：“在清华园有一群老兵，在老兵身上有着其他大学生不具备的品质：忠诚、勇气、血性、荣誉。”当时我是非常激动的，我相信我已经找到让自己成长的路——参军，后来我如愿以偿走进军营。

每个人到部队都会有一个适应期，当你适应部队生活训练，也就要退伍了。适应的过程可能是痛苦的，甚至是没有尊严。这里我就不说在部队的训练、工作、生活。我想分享两句话：

（1）不忘初心，方得始终。不忘初心，不要忘记的是自己到部队的目标是什么，追求的是什么。不要遇到挫折、困难，就轻言放弃，如果放弃了何谈勇气？不要羡慕其他人轻松的工作岗位，只图轻松，何必参军？不要抱怨，只会徒增烦恼，何妨鼓励打气，利人利己。学会忍耐，无论在哪都会遇到一些很难接受的事实，淡然接受，坦然处之。以上要的不要的，都只是为了一个目标：服从命令、听从指挥、磨炼意志、锻炼体魄。我要成为具有忠诚、勇气、血性、荣誉特质的军人。在部队、在学校、在社会，忠诚、勇气、血性、荣誉都难能可贵。不忘初心，坚持自我，积极训练，认真工作，有意义地活着。

（2）如痛定之人，思当痛之时。退伍之后能记住的、印象最深的大致都是自己跟战友一起被操练的情景吧。当然，我并不想说自己在部队有多么痛苦。当我离开部队，还是会怀念部队的点点滴滴，部队规律的一日生活制度、日复一日的训练、常抓不懈的战备、让人“畏惧”迎检、忐忑不安的内务检查、寒冬拉练、美味野炊。回想起来，无论是自己喜欢厌恶的部队的一切都会成为自己想回部队看一眼的理由。最让人思念的还是部队的人——一起摸爬滚打的战友，每一位战友都会成为记忆中最可爱的人。正是这些可爱的人让我两年的军旅生活丰富多彩，成为刻骨的记忆。部队的一切都是自己的牵挂，部队真是让人放不下。

或许一个老兵，退伍离开了并不能给连队留下什么，但我想留下的让人记住的是：我的坚持。希望我的同年兵、我带过的新兵能够坚持自己的原则，坚持自己的目标。在部队我会尽可能地用自己的一言一行影响身边的人，踏踏实实地当好一个兵。成为老兵之后，我从来都不想操练新兵，想着言传身教，带他们训练，教他们做人，让他们不吃堑也长智。

我们常说“军人铁骨”“流血流汗不流泪，热血男儿有出息”，也会说“男儿有泪不轻弹”。我想跟大家分享我在部队哭过的两个故事。

首先介绍一下故事背景：下连的时候，我被分到了一排一班，班内有3名老兵，4名新兵。在步兵连队的一排一班，对于体能的要求是最高的，我的体能并不突出，那个时候的我还患有俗称“新兵腿”的骨膜炎，只要一跑步腿就特别疼，又担心给班级拖后腿所以倍感压力。班内4名新兵里面，有姜翔翔和计伟跟我是一个新兵班的战友，李蔚楠是另外一位班长带的新兵。我跟翔翔、计伟在一起待了3个月，也都是跟我聊得来、能玩到一起的人；李蔚楠就属于稍微有一点个性的新兵，我们有时候就会因为他的个性受到老兵的操练。因此，在我看来，翔翔和计伟对李蔚楠略有怨言。我考虑到大家都是一个班的新兵也不能“搞分裂”，平时就比较注意跟李蔚楠交流，尽可能拉近4个人的关系。3名老兵里面，有一个是平时大大咧咧，另外两个都比较

“注重细节”。

第一次，我们下连之后的1个月内，接受着来自新连长、新指导员进一步的“改造”，也接受着诸多老兵对我们的操练和考验。有一天，连队收到上级的通知，包括翔翔和计伟在内的9名新兵要去司训大队学习驾驶。那时候，我就感觉特别失落，班内两个聊得来的战友都要走了，只剩下一个比较有个性的新兵，感觉自己以后的日子会过得更惨。他们要走的那个下午，我内心极其孤单，我以为他们走了就不会再回到连队。我想了很多，或许他们即将成为我生命中的过客。下午送他们出门上车的时候，我都一直没跟他们说话，担心他们在路上没钱用，就把身上的200元钱拿出来交给翔翔和计伟，翔翔说：“不用，我还有钱。”听他说完这句话，我就哭了，现在想起来，原因大约就是觉得战友分别，自己却没为他们做些什么。他看我哭了，就抱着我说：“你怎么了，我又不是不回来了。”再后来一边哭一边抱了抱计伟，就把他们送走了。从送他们走，到我们集合开饭，感觉我的眼睛都是有泪珠在晃动，现在觉得实在是不好意思。几个月后，翔翔和计伟真的又回到我们班，大家还是好朋友。另外李蔚楠也成了我的好朋友，他的性格也在慢慢地改变，棱角一点一点地被磨掉。

第二次，在准备军区基础训练考评阶段，我们训练特别辛苦。由于我们连队担负夜训试点任务，因此晚上要有夜训，白天还要有正常的训练任务，整个人都折腾得疲惫不堪。在这样的情况下，有一天晚上学了一首新的强军战歌：《当兵前的那晚上》，学着学着，眼睛就进沙子了。歌词是这样的：

参军前的那晚上兴奋又紧张
翻来覆去难入睡 索性下了床
望着窗前明月光 心里空荡荡
父亲悄悄来身旁 扶住我肩膀
他这样对我讲
参军入伍把兵当 当兵为打仗
父亲的一番话，我浑身添力量。

想到自己每周只能给爸妈打一次电话，只会告诉他们，我过得很好、训练不辛苦、没人欺负我、吃得也很好、不冷、不热、不累，这就是我两年的电话主题。想到自己从学校来到部队，参军前的那晚上爸妈没能在我身边，也没能悄悄来身旁扶住我肩膀。那天晚上是在想家的思绪中度过的。儿行千里母担忧，只能报喜不报忧。

第三次哭，就是退伍离开部队的时候了。

哭，可能不会发生在每个人身上，但是这种感情——挚友分别、思念父母，是在每个人身上都会有的。在部队这种“与世隔绝”的环境，这种感情尤其强烈，经历了，人也会成长。我真的感谢在部队两年的经历，感谢让我成长的每一个人、每一件事。

我要说，到部队要磨炼自己的同时，还要做好清华人，记住“自强不息，厚德载物”；记住“行胜于言”；记住清华的标准。刚到部队，我们可能做得不是最好的，但可以是最努力的，付出总会有回报。尊严来自实力，实力来自坚持，坚持来自汗水。加油！

词不达意，文题不符。最后还要说，我这两年值了！

后　　记

《清华园里的退伍老兵》记录的是园子里一群敢于脱离熟悉的舒适环境，到铁血军营经受淬炼的勇士的“传说”。本书以“忠诚”“勇气”“血性”以及“荣誉”四个关键词对老兵故事中的特定品质进行分章。虽有章节区分，但是我们相信每位经历过军营血与火淬炼的退伍老兵身上这四种品质都闪烁着耀眼的光芒。本书主要采用老兵自述的视角，以老兵的笔写老兵的事，力图还原老兵们在入伍前、军营中以及退伍后的真实心路历程，让读者们更为贴切地感受到青涩书生向钢铁军人转变的历程。

征召义务兵工作自2005年正式开展以来，已有12个年头。在这10几年的发展历程中，清华大学征兵工作取得了丰硕成果。截至2016年，已经有134名同学应征入伍。目前退役返校的88名同学中全部被评为优秀士兵，30人在部队立功，其中1人立一等功，4人立二等功，25人立三等功，31人在部队加入中国共产党（另有22人入伍前已经入党），7名同学转为国防生，有20多名退役同学担任辅导员，继续在校园内外发挥作用、做出表率。我们希望通过这些故事，读者们能够感受到有一群心怀家国天下的清华人，支撑起祖国的脊梁，用热血青春点燃祖国的未来与希望。

本书由校党委副书记史宗恺担任主编并作序，丛振涛、熊剑平与邴浩担任副主编，主持全书的编辑与撰写工作。邓宇、郑云峰、王晓丽、王和中、吕冀蜀担任执行编辑。此外，刘弼城、张舒媛、刘哲铭、徐雅倩、张进宝、邹军军、李凌杉、华垚迪、寇纪美9位同学也参与到稿件的具体编辑与修改工作中。感谢所有对本书编撰出版给予支持的老师与同学，因编者水平有限，书中难免出现错误与疏漏之处，还请各位读者不吝指正。

编　者

2017年7月